A New Theory
of News Gathering

新闻采访学
新论

段 勃◎著

项目资助

2020年度河南高校哲学社会科学应用研究
重大项目（2020–YYZD–08）

河南师范大学学术专著出版基金

新华出版社

图书在版编目（CIP）数据

新闻采访学新论/段勃著.—北京：新华出版社，2021.5

ISBN 978－7－5166－5803－1

Ⅰ.①新… Ⅱ.①段… Ⅲ.①新闻采访 Ⅳ.①G212.1

中国版本图书馆 CIP 数据核字（2021）第 075263 号

新闻采访学新论

作　　者：段　勃	
责任编辑：李　宇	封面设计：彩丰文化

出版发行：新华出版社

地　　址：北京石景山区京原路 8 号　邮　　编：100040

网　　址：http：//www.xinhuapub.com　http：//press.xinhuanet.com

经　　销：新华书店

购书热线：010－63077122　　**中国新闻书店购书热线**：010－63072012

照　　排：涿州市彩丰文化传媒有限公司

印　　刷：北京明恒达印务有限公司

成品尺寸：170mm×240mm

印　　张：23	字　　数：260 千字
版　　次：2021 年 7 月第一版	印　　次：2021 年 7 月第一次印刷

书　　号：ISBN 978－7－5166－5803－1

定　　价：68.00 元

图书如有印装问题请与出版社联系调换：010－63077101

目　录

第一章 采访概念篇

第一节 新闻采访概念的缘起与流变

司马迁在《报任安书》中说："近自托于无能之辞，网罗天下放失旧闻……亦欲以究天人之际，通古今之变，成一家之言。"他一方面解释了自己撰写《太史公书》的缘由，同时也阐述了一种治学方法，即通过历史追溯的方法寻找事物演变和发展的规律，最后得出科学结论。遵循这种方法，如果要对新闻采访活动有正确和深刻的认识也需要梳理新闻采访相关概念和活动的历史脉络。

新闻学者对"新闻"的语源争议较大，大体有"唐代说"、"南朝说"和"西晋说"三种。传统观点认为，"新闻"一词出现在唐代神龙年间。《旧唐书．隐逸．孙处玄传》中有"孙处玄，长安中徵为左拾遗，颇善属文，尝恨天下无书以广新闻"的记载。[①] 2009 年，焦中栋、孔正毅考证"新闻"一词在中国最早的出现可以追溯到南朝宋代人朱昭之的《难顾道士夷夏论》："圣道弥纶，天运远被，玄化东流，以慈系世。仁众生民，黩所先习，欣所新闻，革面从和，精仪复兴。

故微言之室，在在并建，玄咏之宾，处处而有……"① 2013 年，邵天松又撰文认为，"新闻"在中国作为一种非词语的语言结构最早出现在西晋时期僧人竺法护的《佛说当来变经》："佛告比丘：复有五事，令法毁灭。何谓为五……三、新闻法人、浅解之士，意用妙快。深达之人，不用为佳……"②

尽管"新闻"的语源还存在一些争议，但是我认为作为一种和现代意义相近的词语无疑是从唐代开始的。除了"尝恨天下无书以广新闻"外，唐代诗人李咸用《春日喜逢乡人刘松》中的"旧业久抛耕钓侣，新闻多说战争功"所使用的"新闻"一词也是代表新近听来或者社会上新近发生的事情。另外，唐代还出现了以"新闻"命名的书籍——《南楚新闻》。书中记载了中国南方一带发生的奇闻逸事，有些文章和现在的新闻非常类似，例如《孔子庙衙官》：文德中，赵滔尹平陆，有人马逸，入孔子庙，触倒十哲塑像二座。镇将孙恽走报曰："马入孔子庙，触倒衙官两个。"文章不但包含人物、时间、地点、事件等要素，还包括了事件的背景。

"采访"一词最早出现于三国时期魏国刘劭所著的《人物志》中，在"七缪第十"中有这样一段话："夫采访之要，不在多少。（事无巨细，要在得正。）然征质不明者，信耳而不敢信目。"③ 东晋史学家干宝在其撰写的志怪小说集《搜神记》中也讲："今之所集，设有承于前载者，则非余之罪也。若使采访近世之事，苟有虚错，愿与先贤前

---

① 僧佑：《弘明集》（四部备要本），[M]，北京：中华书局，1971 年版，第 59 页，转引自焦中栋：《"新闻"一词首次出现时间新考》，[J]，北京：《国际新闻界》，2009 年 7 期。

② 邵天松：《也说"新闻"一词首先出现的时间和词源》，[J]，北京：《国际新闻界》，2013 年 4 期。

③ （魏）刘劭著，（西凉）刘昞注，杨新平、张锴生注译：《人物志》，[M]，郑州：中州古籍出版社，2007 年第 2 版，第 181 页。

儒分其讥谤。"① 这两处的"采访"都有搜集寻访、探问了解的意思，和新闻领域中"采访"的含义已经非常相近了。

"新闻"和"采访"两个词连起来作为一个词组使用是在 19 世纪近代中文报刊出现之后。1872 年 5 月 28 日、29 日，上海《申报》连续两天刊登征求新闻的广告《采访新闻启》。② 而"新闻采访"则在 1922 年任白涛出版的《应用新闻学》中可以看到，"余录——世界的新闻学"中说："新闻学最重要的一点，便是使报纸有成效，怎样叫报纸有成效呢，要回答这个问题，最注重的有五个条件……新闻要真确老实，不应伪饰或捏造以丧失信用、自贬价值。新闻采访的时候，要审慎，将要传播的时候，要注意他（它）的来源是否正确。"③ 从此以后，"新闻采访"成为了近代新闻工作者和新闻学者常用的词汇，不但出现在新闻学论著中，还有了以新闻采访命名的新闻机构，例如 1929 年，成都市就开办有成都社会新闻采访社。④

第二节　新闻采访活动的变迁

正如杜威所说，社会不仅仅是由于传递、传播而得以持续存在，而且还应该说是在传递、传播中存在着。人类社会从诞生之日起，信息传播活动就已经开始，而有文字记载的新闻信息采集和传播活动在

---

① （晋）干宝撰，贾二强校点：《搜神记》，[M]，沈阳：辽宁教育出版社，1997 年版，序 1。

② 方汉奇、李矗在 2005 年版《中国新闻学之最》第 6 页，蓝鸿文在 2010 年版《新闻采访学》第 2 页都提到这则广告的题目是《新闻采访启》，这是有误的，《申报》最早出现"新闻采访"一词是在 1925 年 7 月 14 日第 11 版的《上海上公学校小学部阅读室作业情形 道尔顿制兴小学课外活动》，其中介绍作业概要时有这样一句"第二段 新闻采访法"。

③ 任白涛：《世纪人文系列丛书 应用新闻学》，[M]，上海：上海书店出版社，2011 年 11 月版，第 127 页。

④ 文电：批示：《批成都社会新闻采访社社长吴尧恕等为呈请立案一案文》，[N]，《成都市市政公报》，1929 年 12 月 21 日，第 3 期，第 160 页。

中国出现较早，以春秋战国时期的史官记事和乐官采风为标志。

一、古代新闻采访活动的萌芽

史官是中国古代记录和编撰历史的一类官吏。正如《汉书·艺文志》中所讲："古之王者，世有史官，君举必书，所以慎言行昭法式也。左史记言，右史记事，事为《春秋》；言为《尚书》。"春秋战国时期，各个国家普遍设立史官，"夫诸侯之会，其德刑礼仪，无国不记。"[①] 史官不仅采集、载录天下大事，而且会将这些信息对外传播，《左传·宣公二年》记载：太史书曰："赵盾弑其君。"以示于朝。[②] 这说明太史不仅记录下赵盾弑君的过程，而且将它公之于众。更重要的是，以董狐、南史氏、司马迁等为代表的史官秉笔直书、直言不讳，不隐恶、不虚美，他们的这种高贵品质成为了新闻工作者的精神烙印和职业风骨。

乐官是古代掌理音乐的官员。西周以后，乐官的一个重要职责就是采风。每年孟春时节，乐官就会摇着用木舌金铃做成的木铎穿行于市井乡村，一方面宣达政令，另一方面采集民风、了解民情。《诗经》中有不少作品就是乐官采风而来，正所谓："古者太师陈诗以观民风，饥者歌其时，劳者歌其事，使乘辒轩以访之，乡移于邑，邑移于国，国移于天子，犹民报也。"[③] 乐官的这种职业行为和现代记者十分相似，他们一方面使皇命得以下达，另一方面使民情得以上传，最终使社会信息流通能够畅达，客观上发挥了新闻媒体的沟通和协调功能。

中国报纸从唐代出现到 19 世纪初一直属于古代报纸阶段，无论官报还是民报都以抄报为主，很少有独立的新闻采访活动，只是民间

---

① 左丘明撰，蒋冀骋标点：《左传》，[M]，长沙：岳麓书社，1988 年 12 月版，第 57 页。

② 左丘明撰，蒋冀骋标点：《左传》，[M]，长沙：岳麓书社，1988 年 12 月版，第 121 页。

③ 梁启超：《论报馆有益于国事》，见复旦大学新闻系新闻史教研室编：《中国新闻史文集》，[M]，上海：上海人民出版社，1987 年 11 月，第 24 页。

小报中含有一些报人独立采访的消息，其中一些还属于"不逞之徒撰造的无根之语"。① 明末清初出现的京报开始设立报房，虽然已经有了编报、抄报、探报、印报和送报的粗略分工，但一是人员不固定，二是整体内容没有脱离官文书的范畴，所以新闻采访这一时期仍然没有大的发展。

古代时期西方国家的新闻媒介主要有两种形式：一是公告性质的官方公报，像《每日纪闻》、《元老院通报》；另一类是用于传递信息的新闻信。和中国一样，这一时期西方国家也没有专职的新闻记者，因此不存在专业的新闻采访行为。

二、近现代新闻采访活动的发展

16 世纪，意大利的威尼斯开始出现手抄小报，一些机构和商人专门搜集商业行情、货运信息，然后抄写成报纸向公众出售，售价为一个铜币（Gazette），后来人们就把这种早期的近代报纸称作"格塞塔"（Gazette）。从事抄写新闻信息的商人就成为了早期的新闻记者。

19 世纪初，中国也开始有了近代报纸，职业新闻记者随之相伴而生。尤其在近代商业中文报刊诞生后，新闻记者开始在中国大量出现，例如《申报》创办后就开始聘有本埠和驻外访员，② 到 1875 年，《申报》已经在北京、杭州、南京、武昌、汉口、扬州、宁波等 26 个城市设立了特约记者，他们采访了大量新闻信息。在遇到重大突发事件的时候，《申报》还会专门派出采访人员前去采访。1874 年，日本借口保护侨民兴兵台湾，《申报》专门派出记者漂洋过海来到台湾采访，对战场做了较为详尽的描述："……沙漠中者，计营十座，兵士七百人……中驻东兵千五百人。傍有石笋一枝，高插云表；东人于逼近番社一带，又有千五百人为之环守。然观于琅　之东兵，则漫无纪

① 《禁小报御笔》，《文忠集》，[M]，清文渊阁四库全书本，151 卷，第 1282 页。

② 记者当时的称呼很多，例如友人、访事、访友、笔者、访员、笔受者、笔耕者、采访等等。

律，不足为训练之师也……"① 可以说，这是中国报刊中较早的一次军事采访。

虽然新闻采访活动已经在报刊中较为常见，但是新闻学意义的"记者"一词还没有被惯常使用，人们分别使用"访员""访事""友人""访友""探友"等称呼他们。《申报》是1893年7月开始出现"记者"这一专门用语的，后来的《清议报》《新民丛报》在报端逐渐使用这一词汇代替过去的称呼。

19世纪30年代，电报在新闻传播中的运用直接催生了一种全新新闻机构——通讯社。通讯社使新闻信息的传播速度更快、更广，这给新闻记者的采访带来了新的机遇和挑战。他们的采访已经不局限于一城一国，于是通讯社和有些报社开始设立驻外记者。例如世界知名通讯社英国路透社在发展到19世纪中叶时已经在上海、纽约、孟买、开罗、墨尔本、开普敦、渥太华建立了7个分社，国内职员仅有600多名，分布世界各地包括各种国籍的职员在2000名以上，再加上在世界各地的通讯员共约25000人，每年采访经费在500万英镑以上。② 中国出现最早的通讯社是路透社远东分社，该社不但负责中国还担负西伯利亚、日本、朝鲜、菲律宾等国家和地区的新闻采访任务，这些国家和地区的国际新闻基本被路透社垄断。

上世纪20和30年代，广播和电视节目正式播出，它使新闻记者的采访步入全新阶段。广播和电视传播速度快、覆盖范围广、可以进行现场直播、更加生动形象，交互性更强等传播特性冲击着传统的新闻采访行为，新闻记者采访的工具、行为、语言、意识都出现了巨大的变化。

当然这种变化和上世纪90年代开始勃兴的网络对新闻传播的改

---

① 《台湾军务实录》，[N]，上海：《申报》，1874年7月22日，第2页。
② 军委联络部编印：《欧美主要报刊及通讯社介绍》，[M]，北京：军委联络部，1954年9月版，第83页。

变还是相形见绌。网络不仅在上述方面革新着新闻采访行为，更重要的是它变革了新闻采访主体。随着互联网络的日益大众化，博客、微信、微博、抖音、梨视频、头条等网络信息平台的诞生，越来越多的普通民众参与到新闻制作和传播，他们扮演了和传统媒体中的职业新闻记者一样的角色，成为新闻信息传播的重要主体，新闻采访呈现出去中心的泛化趋势。

第三节　什么是新闻采访

在追溯了新闻采访的词源和行为变迁之后，我们需要再探讨一下新闻采访的含义。正如有一千个读者就有一千个哈姆雷特，关于新闻采访的定义也是众说纷纭：

新闻之采集者，乃将记载某事之各种材料，集合于一处之谓也。①

新闻采访，是记者认识客观事物，寻找与挖掘新闻事实的调查研究活动。②

新闻采访是记者、通讯员通过各种方式寻找和采集新闻素材的活动。这种采访有自己的工作对象，有特定的工作途径，有各种各样的工作方法，也有自己的工作目标、工作原则、工作程序等。③

新闻采访是新闻记者（包括业余通讯员在内的新闻采访者）为写

---

① 松本君平、休曼、徐宝璜、邵飘萍著，余家宏、宁树藩、徐培汀、谭启泰编注：《新闻文存》，[M]，北京：中国新闻出版社，1987年12月版，307页。

② 梁一高：《新闻采访学》，[M]，北京：北京广播学院出版社，1989年5月版，第87页。

③ 申凡：《当代新闻采访学》，[M]，武汉：华中理工大学出版社，1999年9月版，第4页。

作新闻而进行的了解和掌握客观事实的活动。[①]

新闻采访是新闻工作者搜集新闻素材的活动。[②]

从上面的定义可以看出，大家在新闻采访的主体和新闻采访究竟是一种什么活动等方面还有争议。

笔者认为，新闻采访不是新闻记者的专有活动，凡是参与到新闻采制流程中的每一个人都可以成为新闻采访的主体。新闻线人（为新闻媒体提供新闻线索的人）在发现新闻线索之后进行的初步访问和了解就属于新闻采访的范畴，尤其网络的普及使新闻信息传播活动门槛降低，普及化、大众化、私人化、自主化成为网络新闻采访的特点，这些特点决定了新闻采访不再是专业新闻媒体工作者的专属职业活动，只要个人或者群体从事了新闻采访活动，不论他是否专业新闻记者，他都属于新闻采访活动的主体。

再一个，新闻采访活动不单是新闻素材的简单搜集，有时候需要新闻工作者见微知著、举一反三；有时候需要他们运筹帷幄、对症下药；有时候需要他们去伪存真、去粗取精。所以新闻采访活动是一种脑力、体力相结合，融合了分析、推理、综合、判断、概括、抽象、比较等过程的一种高级思维活动，所以用调查研究来概括就显得更加合适。

综合以上分析，笔者认为新闻采访是新闻工作者运用各种新闻采访方法对新闻人物和事物进行调查研究活动的总称，其目的是为了实现新闻信息的大众传播。

---

① 罗以澄：《新闻采访学新论》，[M]，武汉：武汉大学出版社，2000年3月版，第41页。

② 刘海贵：《新闻采访教程》，[M]，上海：复旦大学出版社，2002年3月版，第2页。

第四节 新闻采访的地位

新闻采访在整个新闻流程中占据着非常重要的地位，这主要体现在以下两个方面：

一、新闻采访是新闻活动的开始

在报社中，一篇新闻稿的见报要经过采访、写作、编辑、审稿、排版、印刷、发行等环节才能和读者见面。在电台、电视台中，新闻则要经过采访、写作、编辑、审稿、录制、播出等步骤才能和听众和观众相会。在网络媒体，新闻生产相对简单，但是大体也要经过采访、写作（录制）、编辑、上线等环节。

由此可以看到，无论是报社、电台、电视台，还是网络，采访都是新闻活动的第一步，是第一道工序，它引领着整个新闻工作的展开，没有新闻采访，新闻活动就无法迈出第一步。

再来看单个新闻工作者的新闻采制活动。新闻工作者采制新闻作品一般要经历发现新闻线索、采访策划、实地采访、梳理观点、提炼主题、安排结构、写作成稿等过程，在这七步中，前三步肯定属于采访的范畴，有经验的记者还会将梳理观点、提炼主题和安排结构放在采访时完成，这样就可以大大节约写作的时间，提高新闻的时效性。

从以上分析可以看出，无论是新闻媒体还是单个新闻工作者，新闻采访都是新闻活动的第一步，如果离开了新闻采访，新闻工作者的新闻活动必然会成为无源之水和无本之木，就不能很好地完成新闻信息的生产和传播任务。

二、新闻采访决定新闻写作

辩证唯物主义认为意识和物质是不可割裂的，意识是物质的产物，是物质发展的一种形式，社会存在决定社会意识。用这一理论观照新闻活动可以发现新闻采制最重要的就是新闻采访和新闻写作两部分。新闻采访针对的是事实性问题，而新闻写作针对的是意识性问题。新闻工作者通过新闻采访搜集新闻事实，在新闻事实的基础上形成意识，然后再通过创作新闻作品将意识表达出来。正如俗话所讲：巧妇难为无米之炊，新闻采访解决的是"米"，而新闻写作解决的是"炊"，如果一名厨师无"米"可下或者只有已经变质的"米"，即使他有再好的厨艺也做不出一顿好饭。

也正因为新闻采访决定新闻写作，所以对新闻作品的要求应该一以贯之，从新闻采访阶段就开始注意。

例如真实性是新闻的生命，新闻作品必须真实。要保证新闻作品真实首先需要新闻记者采访到真实的素材，如果记者缺乏实事求是的态度或者在新闻采访时作风不实、急躁浮夸就有可能采访到虚假信息。2016 年 2 月，一篇题为《春节纪事：一个病情加重的东北村庄——返乡日记》的文章在《财经》杂志微信公众号推出后立刻吸引了无数眼球，这篇文章描述了东北农村的种种"乱象"：父亲濒死，儿子却在用低保金"行乐痛快"；老人因为活得高寿倍感内疚，经常被晚辈打骂……这篇文章后来被证明是一篇假新闻，《财经》的致歉揭示了这则假新闻的来龙去脉："这篇文章系《财经》春节期间系列随笔文章中的一篇……记者今年并未还乡，只是根据过往返乡见闻和今年春节电话采访而成，却发表于'返乡日记'栏目，是不严肃和错误的，对于随笔中所述家乡的部分故事，在时间、地点、人物名称等细节方面，记者也进行了加工，影响了文章的准确性，文字表述多有失当之处。"[①] 由此可以看出，这则假新闻的出笼就是因为新闻记者缺乏扎实深入的采访。

---

① 年度虚假新闻研究课题组：《2016 年虚假新闻研究报告》，[J]，上海：《新闻记者》，2017 年第 1 期。

二维码 1.1　《春节纪事：一个病情加重的东北村庄——返乡日记》

图 1.1　谌贻照采访工作照

除了真实，新闻还必须有时效性，缺少了时效性的新闻必然是"明日黄花蝶也愁"。尤其随着媒体竞争日益激烈，新闻信息传播速度的快慢决定了媒体兴衰。新闻采访是保证新闻时效性的关键环节，有经验的媒体和记者总是在提高新闻采访效率和速度上下功夫。2017年 8 月，广西柳州杆洞乡突发山洪，广西日报柳州记者站站长谌贻照驱车 8 小时来到灾区，在第一时间通过广西日报的官方微博发出了灾情信息。由于洪水二次来袭，灾区的交通、电力、通讯全部中断，杆洞乡成为了一座孤岛，谌贻照和外界失联数十小时。在这期间，谌贻照并没有因为水势凶猛就放弃采访，他用随身携带的手机和相机将灾情和干部群众抗洪抢险的画面都记录下来。为了将灾情尽快向外界传递从而赢得救援，同时也处于新闻工作者的职业责任，谌贻照开始向外突围。第一次他艰苦跋涉了 8 个多小时，但是终因道路塌方、乱石挡路而功亏一篑。第二次他把其他设备都留在杆洞乡，在当地干部的帮助下仅仅带着两部手机和充电宝越过了 40 多个塌方区终于冲出重围。通讯一经恢复，谌贻照没有片刻休息，就开始整理编辑短视频，并且以最快的速度发回后方。报道一经发布就引起强烈反响，不但在两微一端覆盖数百万网友，成为新华社、中央电视台、人民日报、柳州日报等中央和地方媒体的权威信息来源，同时还在灾区和后方搭建起沟通桥梁，为抗洪抢险提供了重要信息。

总之，新闻采访是新闻写作的决定因素，正如《新民晚报》老社长赵超构所言："多年从事新闻工作的同志，都有这样一点体会：如果采访的时间是一，而写作的时间是十，就颠倒了新闻采访与写作的常规。应该是采访的时间是十，写作的时间是一。在写作之前，必须深入采访，下大功夫。

第五节　新闻采访的特点

正如前文所言，新闻采访是新闻工作者运用各种新闻采访方法对新闻人物和事物进行调查研究活动的总称，其目的是为了实现新闻信息的大众传播。新闻采访既是一种调查研究活动，但是又不同于普通的调查研究，具有自己的个性和特点：

一、新闻采访搜集和获取的是新闻信息

新闻采访搜集和获取的是和普通信息不同的新闻信息。普通信息具有客观性、抽象性、感知性、传递性、存贮性、共享性的特点[①]。新闻信息在具备普通信息特点的基础上又要具备新闻价值，能够满足新闻受众对于信息的需求和兴味，受众对信息有求新、求异、求美、求真、求趣、求变、求善、求近等心理需求，这就要求新闻信息要具备时新性、重要性、接近性、趣味性、显著性、冲突性、不确定性等价值要素，请看下面这篇广播消息：

总理向我问灾情

听众朋友，今天下午5点，国务院总理李克强抵达雅安芦山地震震中龙门乡，指挥抗震救灾工作。下面请听本台记者刚刚从现场发回的录音特写：《总理向我问灾情》。

记者：总理辛苦！

总理：谢谢你啊，你也辛苦了。你是哪个台的？

记者：我是川台的，我们刚刚到了宝盛……

总理：宝盛你去了吗？

记者：我去了，我到的宝盛玉溪村，前面路断了，车也过不去，人也堵在那儿，然后又余震不断，所以滚石、滑坡就不停地在出现。然后我们在那看见有大概50个官兵，分成若干个小组往前走。

总理：那就是你亲眼看见他们进去了？

记者：4点钟的时候已经进去了。

总理：你们要如实向社会报道，我们的队伍已经进去了，情况也基本掌握了。

---

① 邵培仁：《传播学》，[N]，北京：高等教育出版社，2000年1月第1版，第154、155页。

记者：然后包括玉溪村。

总理：那个村你进了没有？

记者：我也进了。

总理：伤亡情况怎么样？

记者：死了一人，然后其他的有一些重伤员和轻伤员……（对话中，成都军区司令员李世明插话）

成都军区司令员李世明：总理，宝盛这块我去了，这有一个大桥断了，另外这里有九公里的山体塌方，彻底把道路给断了，部队把车全部停在大桥以南，徒步进去了，现在已经进去 1100 人。

总理：（总理对成都军区司令员李世明说）你们把这个徒步的生命线要让人守护住，这边道路可能短时打不通，但是徒步也要守住，这样你们人能进去，让里面的人能够感觉到出得来，不能说被封锁住了出不来了，这样他心里面就安定了。再一个就是空中通道，因为你这个徒步通道可能运载食品啊、药品啊或者其他的物资，困难一些，那么就空中，空中把这个所谓的孤岛一定要变成活岛。我们可以随时进人保证信息和物资畅通，保障生命线。

总理：（总理对记者说）你把这个情况向全社会发布，讲清楚。

记者：好。总理，给我们四川人民说两句。

总理：四川人民有着抗震救灾的、自强不息奋斗的经验、传统和精神。在灾难面前是压不垮四川人民的，而且有全国人民的支持。大家携手共渡难关，最终会战胜这个困难，一定会建设更好的家园。

记者：谢谢总理。

（四川广播电视台 2013 年 4 月 20 日）

这篇报道反映的是芦山地震发生后，新闻记者在第一时间深入震中龙门乡采访，在采访中巧遇正在指挥抗震救灾工作的李克强总理并和总理对话的场景。新闻采用现场连线播报的形式，不但真实、快速地满足了听众对芦山地震这一重要新闻事实了解的心理需求，而且展示了党和国家领导人心系灾区群众的务实作风。

二、新闻采访活动的主体是新闻工作者

新闻采访和一般调查研究活动的主体不同，它的主体是从事新闻信息采集和制作的人，包括新闻媒体的专业记者、通讯员、新闻线人等等，以专业新闻记者为主。

从事新闻采访活动首先要具备一定的新闻采访知识和技能，目前世界各地很多高等院校都开设有新闻传播类专业。以中国为例，截至2015年，新闻传播学类7个专业点（新闻学、广播电视学、广告学、传播学、编辑出版学、网络与新媒体、数字出版）全国布点1244个，在校生23万人，如果再加上和新闻相关的播音主持以及广播电视编导等专业，在校生数量将会更多。这些学生在校期间要学习和新闻传播相关的学理和术理课程，为今后从事新闻传播工作做好职前准备。

其次，新闻工作者还要遵循相应的职业道德规范，正如日本新闻学者松本君平所言："国家对此（新闻）职业，正须立一道德精神标准，并授以证书，而后可日就范围。"[①] 民国著名新闻记者邵飘萍也认为新闻记者的品性是第一要素，"所谓品性者，乃包含人格、操守、侠义、勇敢、诚实、勤勉、忍耐及种种新闻记者应守之道德。贫贱不能移，富贵不能淫，威武不能屈，泰山崩于前，麋鹿兴于左而志不乱，此外交记者之训练修养所最不可缺者。"[②] 目前世界很多国家都建立了比较健全的新闻工作者职业道德规范。我国在1991年由中华全国新闻工作者协会制定了《中国新闻工作者职业道德准则》，以后又经过了1994年、1997年、2009年和2019年4次修订，2019年的修订版要求新闻工作者做到：

---

① 松本君平、休曼、徐宝璜、邵飘萍著，余家宏、宁树藩、徐培汀、谭启泰编注：《新闻文存》，[M]，北京：中国新闻出版社，1987年12月版，105页。

② 松本君平、休曼、徐宝璜、邵飘萍著，余家宏、宁树藩、徐培汀、谭启泰编注：《新闻文存》，[M]，北京：中国新闻出版社，1987年12月版，388页。

第一条 全心全意为人民服务。忠于党、忠于祖国、忠于人民，把体现党的主张与反映人民心声统一起来，把坚持正确舆论导向与通达社情民意统一起来，把坚持正面宣传为主与正确开展舆论监督统一起来，发挥党和政府联系人民群众的桥梁纽带作用。

第二条 坚持正确舆论导向。坚持团结稳定鼓劲、正面宣传为主，弘扬主旋律、传播正能量，不断巩固和壮大积极健康向上的主流思想舆论。

第三条 坚持新闻真实性原则。把真实作为新闻的生命，努力到一线、到现场采访核实，坚持深入调查研究，报道做到真实、准确、全面、客观。

第四条 发扬优良作风。树立正确的世界观、人生观、价值观，加强品德修养，提高综合素质，抵制不良风气，保持一身正气，接受社会监督。

第五条 坚持改进创新。遵循新闻传播规律和新兴媒体发展规律，创新理念、内容、体裁、形式、方法、手段、业态等，做到体现时代性、把握规律性、富于创造性。

第六条 遵守法律纪律。增强法治观念，遵守宪法和法律法规，遵守党的新闻工作纪律，维护国家利益和安全，保守国家秘密。

第七条 对外展示良好形象。努力培养世界眼光和国际视野，讲好中国故事，传播好中国声音，积极搭建中国与世界交流沟通的桥梁，展现真实、立体、全面的中国。

二维码1.2 百度百科：《中国新闻工作者职业道德准则》

因此，作为一名新闻工作者不仅要遵守国家法律法规，其采访行为还要符合职业道德规范，用道德规范约束自己的职业行为。

三、新闻采访活动的目的是为了实现新闻的大众传播

新闻采访是一种具有特殊目的的调查研究活动。社会调查研究是人们运用特定的手段和方法，分析和研究社会事实，以求对社会现象和规律描述、总结、解释和提出对策的活动。科学调查研究是人们运用科研手段和装备，为了认识客观事物的内在本质和运动规律所进行的调查研究、实验、试制等活动。而新闻采访是新闻工作者对新闻人物和事物调查研究后将新闻信息在大众中传播，只有新闻信息公之于众，新闻工作者的劳动才有价值。因此，我们判断一则新闻的好坏，除了分析它的主题、架构、文笔、新闻价值之外，一个重要维度就是考量它的传播范围和影响，请看下列新闻稿件：

菲南海仲裁案所谓最终裁决公布 中方强调不接受不承认

新华社海牙 2016 年 7 月 12 日电（记者刘芳、甘春）建立在菲律宾共和国阿基诺三世政府非法行为和诉求基础上的南海仲裁案仲裁庭 12 日就涉及领土主权及海洋划界等仲裁庭本无管辖权的事项作出了非法无效的所谓最终裁决。对此，中国政府多次郑重声明，菲律宾单方面提起仲裁违背国际法，仲裁庭对此案没有管辖权。仲裁庭裁决是非法无效的，中国不接受，不承认。

仲裁庭无视历史性权利属于习惯国际法调整事项的国际法原则，非法裁定其对当事双方涉及南海的历史性权利和海洋权利渊源的争端具有管辖权，并得出无效结论称"并无证据显示历史上中国对该水域或其资源拥有排他性的控制权"、"中国对'九段线'内海洋区域的资源主张历史性权利没有法律依据"。

关于岛礁地位，仲裁庭罔顾领土主权不属于《联合国海洋法公约》调整事项、中国已将涉及海洋划界争端排除强制仲裁、岛礁地位

及其海洋权利与海洋划界密不可分的事实，得出荒谬结论称"南沙群岛无一能够产生延伸的海洋区域"、"南沙群岛不能够作为一个整体共同产生海洋区域"。

仲裁庭还无视中国对南海诸岛及其附近海域拥有无可争辩主权的历史事实，对中国在南海行为的合法性妄加裁决。

菲律宾共和国阿基诺三世政府单方面就中菲南海有关争议提起仲裁程序始于2013年1月，此后应菲请求建立的仲裁庭和菲律宾共和国阿基诺三世政府不顾中国一再反对，执意推进仲裁程序并作出裁决。去年10月，仲裁庭裁定对菲部分诉求拥有管辖权，并将其余仲裁事项的管辖权问题留至与案件实体问题一并审理，引起国际法学界普遍质疑。

此前，中国政府多次郑重声明，菲律宾共和国阿基诺三世政府单方面提起仲裁违背国际法，仲裁庭对此案没有管辖权，中国不接受、不参与仲裁。仲裁庭自行扩权和越权，强行对有关事项进行审理，损害《联合国海洋法公约》缔约国享有的自主选择争端解决方式的权利，破坏《公约》争端解决体系的完整性。中国在处理涉及领土和海洋划界争议问题上，一贯主张在尊重历史事实的基础上，根据国际法，通过谈判协商解决。

这则新闻是所谓的南海仲裁裁决公布后，新华社通过权威新闻线人抢发消息，夺得全球首发，消息被401家媒体采用，并且在PC端和移动端被广泛转引，引起轰动效应。可以看出，这篇稿件在写作方面并没有太多可圈可点之处，之所以能够成为一则新闻精品主要源自其巨大的影响力。

四、新闻采访具有较强的时效性

新闻最具魅力的地方就是它有非常强的时效性，可以把世界新近或者正在发生的事物告诉受众。如果一个媒体播报的都是其他媒体报道过的信息，那么这些信息对于受众可能就不是新闻，它的价值也会大打折扣。新闻要想新，新闻记者的采访行为必须迅速，要快速发现新闻线索，敏锐判断采访对象，第一时间预判新闻主题，以最短时间做好新闻策划，在实际采访时也要迅速敏捷，就像民国时期的报人陈其美在新闻采访时就因为"口齿捷、主意捷、手段捷、行动捷"而被称为四捷记者，也正是因为敏捷迅速为他抢到了不少好新闻。

总之，新闻采访和科学研究、社会调查等活动不同，它是新闻工作者针对特定的采访对象为了实现新闻信息的大众传播而在尽可能短的时间内进行的一种专业调查研究活动。

第六节　如何学好新闻采访

新闻采访在新闻生产过程中居于首要地位，一名合格的新闻工作者首先要具备新闻采访的技能，这一点在整个新闻传播教育体系中也得到彰显。一般来说，新闻传播学课程包括学理课程和术理课程。学理课程重在阐发和教授新闻传播学的原理和法则，使学生能够从规律中把握新闻传播学科的内容和实质，主要包括新闻学理论、传播学理论、中国新闻传播历史、外国新闻传播历史，新闻传播的法律与道德等等；术理课程主要用来给学生传授新闻传播实践技能，侧重实务操作能力的培养，主要包括新闻采访、新闻写作、新闻编辑、新闻评论、新闻播音、新闻制作、网络传播等等。由此可见，新闻采访居于新闻术理课程体系的肇始，是掌握新闻传播技能的一块基石，因此学好新闻采访学具有非常重要的意义。那么对于新闻传播学的学生来说，如何学好新闻采访知识呢？我认为需要做好以下几个方面的工作。

一、通过课堂讲授学习新闻采访知识

新闻采访学主要讲授新闻采访的意识、技能和方法。新闻传播学科的学生首先要立足课堂，通过课堂讲授来学习和领会新闻采访领域的知识，要重点了解新闻采访的原理，培养新闻采访的技能，掌握新闻采访的方法。有的同学在学习中过度看重实验和实践环节，忽视知识讲授的学习。殊不知，知识讲授和实验实践一方面是相得益彰、互相促进的关系，另一方面知识讲授是实验实践的先导和基础。如果学生没有经过有效的课堂学习就匆忙开始实践锻炼，那么不是蜻蜓点水就是掘地寻天，不是无从下手就是草草了事，很难真正掌握新闻采访的技法。

如何进行高效的课堂学习呢？我认为新闻采访课的学生应该做到"六到"，即：身到、眼到、耳到、口到、手到、心到。身到就是按时上课，不迟到、早退、旷课，这是对学生最基本的要求。眼到和耳到指的是学生要耳听目观，认真听讲，不开小差，不玩手机。口到要求学生在课堂上踊跃回答老师提问，善于提出问题。手到则指的是学生要记好笔记，以备课下复习。心到是最重要的，它要求学生全神贯注地随着教师的思路进行思考，找到问题，发现重难点。学生如果在课堂上能够做到这"六到"，就能够很好地吸收课堂养分，为下一步的实践环节铺路垫石。

二、重视新闻采访实务训练

正如上面所讲，新闻采访学属于术理课程，它更加看重新闻业务能力的提高和培养，因此，新闻采访的学习绝对不能仅仅停留在课堂上。同学们要在学好课堂知识后积极参与实践锻炼，包括新闻采访学课程的实践和实验，在学校参加新闻传播类的社团活动，通过校园媒体开展采访活动，利用网络媒体体验感受新闻采访的魅力，在专业媒体进行实习和见习等等。

新闻院校要给学生多创造实践锻炼的机会和平台，在这方面，国内外有一些学校做得很好。汕头大学长江新闻与传播学院前任院长范东升就认为新闻学院应该采用"医学院模式"，让新闻学子到新闻一线去。因此，他们把学生直接放到国内外新闻事件发生的真实场所和环境中去实践。从校园走上社会，从课堂来到现场，从实习转为实战，实施和完成了一系列难度非常大的国内外实践教学特色项目，[①]例如"重走中国西北角"采访报道活动、马来西亚选举报道、美国大选报道、南非世界杯足球赛采访报道，对尼泊尔、泰国、日本等国家"一带一路"情况的报道等等。美国密苏里新闻学院则直接开办有报刊、广播、电视、网络等媒体，这些媒体不仅仅是校园媒体，更是不折不扣的公众媒体。新闻学院的学生具有双重身份，既是学生，又是这些媒体的记者和编辑，他们在课堂创作的作品如果符合要求就可以直接在相应的媒体刊播，实现了新闻培养机构和生产机构的无缝连接。

三、善于学习古今中外新闻工作者的成功经验

《诗经》云："他山之石，可以攻玉；他山之石，可以为错。"在古今中外的新闻历史中，有许多成功的新闻工作者，他们通过多年的新闻采访实践总结了不少经验教训。

民国时期的著名新闻记者黄远生就提出新闻记者在从事新闻活动时要做到"四能"，即调查研究，有种种素养，是谓能想；交游肆应，能深知各方面势力之所存，以时访接，是为能奔走；闻一知十，闻此知彼，由显达隐，由旁得通，是谓能听；刻画叙述，不溢不漏，尊重彼此之人格，力守绅士之态度，是谓能写。[②]

《经济日报》的老总编艾丰将新闻采访总结为三个阶段：一是横

---

① 范东升：《新闻教育的"医学院模式"》，[J]，济南：《青年记者》，2017 年 10 月刊。

② 黄远生：《忏悔录》，[J]，上海：《东方杂志》，1915 年 11 月刊。

的认识，就是对事物发展现状的认识，通过认识抓住主要矛盾和问题；二是纵的认识，要知晓事物发展的来龙去脉；最后一个是变的认识，就是要对事物发展变化过程以及矛盾对立面的转化过程分析认识，只有完成了这三种认识，新闻工作者的调查研究才算完成。

总之，新闻传播学科的学生应该广泛学习古今中外新闻工作者的成功经验，用他们的方法和技巧丰富自己，提高自己的新闻采访能力。

第二章　新闻记者篇

第一节　新闻记者概述

正如前文所言，新闻记者这一职业古已有之。在中国其雏形可以追溯到春秋战国时期的史官记事和乐官采风，在西方国家则可回探至15世纪威尼斯河畔的小报抄写人。千百年来，新闻记者用自己的如椽大笔记载着历史变迁和风云变幻，成为历史的见证者和记录者。同时新闻记者也在以特有的方式推动历史发展，被历史所记录。

在中国，这一点集中体现在"政治家办报"的传统。很多中国报人本身就是政治活动家，康有为、梁启超、孙中山、毛泽东、周恩来无一不是这样。毛泽东从青年时期就怀有深厚的新闻情结，1918年在北大新闻研究会学习，后来不但创办《湘江评论》、接编《新湖南》周刊，还曾经把"新闻记者"作为自己的职业理想。

西方国家也有一批发挥巨大历史作用的新闻工作者。马克思、恩格斯曾经创办、主编以及编辑过十余家报刊，为近百家报纸撰稿。英国前首相丘吉尔在踏入政坛之前就是一名新闻记者，还是一名战地记者。《华盛顿邮报》的年轻记者伍德沃德和沃恩斯坦用他们的报道使一位在任的美国总统被迫辞职。美国CBS记者沃尔特·克朗凯特被称为美国最受信任的人"，他的报道一举扭转了越南战争的舆论走向。

正因为新闻工作者在历史进程中发挥过如此重要的作用，所以人们赋予他们很多耀眼的光环："人民公仆""无冕之王""第四权力"

"第四等级"等等。也正是因为这一职业具有如此迷人的魅力，所以让一代名记者邵飘萍树立了"余百无一嗜，唯对新闻事业乃有非常趣味，愿终生与之"的理想，让人民记者范敬宜发出了"如果有来生，还要当记者"的感慨。

既然新闻工作是一种如此重要而又让人着迷的职业，那么如何才能成为一名合格的新闻工作者，新闻职业又有哪些要求呢？这正是这一章节我们要回答的问题。

第二节　新闻工作者的知识架构（外围知识）

知识是人类的指路明灯，对于给人们传播信息的新闻工作者来说，具备相应的知识更加重要。新闻工作者首先应该有广博的知识。美国记者杰克·海敦说："新闻专业的学生，应该像哲学家培根一样，把一切知识都当作自己的领域。要培养对历史、政治、宗教、文学、音乐、艺术、戏剧、电影的兴趣……记者应当是具有各方面知识的通才。"[①] 一代名记者范长江也认为："新闻记者要有丰富的知识……就是常识要丰富。无论国际国内、上下古今的问题，虽然不能无所不知，但是一个记者无论如何要对非常广泛的学科知道一些简单的概念。至少能对许多问题，谈起来总能找着些门径，不能连几个基本名词都不懂。因为常识不丰富，一个记者的活动就很难展开。"[②] 正如范长江所言，新闻记者的工作比较随机，他的采访地域、时间、对象、内容都不固定，如果没有广博的知识，记者就很难设计出高质量的问题，甚至会闹笑话。

---

① （美）杰克·海敦著，伍任译：《怎样当好新闻记者》，[M]，北京：新华出版社，1980年版，第9、10页。

② 范长江：《范长江新闻文集 上》，[N]，北京：新华出版社，2001年11月版，第1058页。

新闻学者陈力丹就举例说有的记者缺乏常识，把光绪年号看成道光年号，造成 82 岁老人一下子变成 142 岁；有的把瑞士首都写成日内瓦（伯尔尼）；有的将冰岛写成在北极圈内（在北极圈边缘）；有的责问古埃及的史书中为什么没有记载拜占庭的地震（一个在公元前，另一个在公元后）；还有的将南朝当成南唐等等。[①] 为了避免出现类似的笑话，新闻工作者应该博览群书，虚心向身边的人请教。要利用一切机会学习，包括新闻采访环节，因为新闻工作者面对的很多是某一领域的专家，他们大都有较高的学养和宽广的见识，和他们的交流本身就是一次难得的学习契机。

其次，新闻工作者还要有"专精"的知识。新闻工作者来到媒体，领导会根据他的自身条件和优势"分口"或者"分线"，也就是让他有针对性地负责一个或几个部门，比如党政口、政法口、农业口、工业口、文教卫生口等等，以后他们的采访工作就主要围绕自己负责的部门展开，这时候就需要他们熟悉这些部门的工作动态、法律法规、专业知识，这样工作起来才能够如鱼得水。《解放军报》原副总编辑杨子才在参观了有"世界经济报王"之称的《日本经济新闻》后，深有感触地说："新闻队伍中必须有一大批经济专家。否则，就称不上是现代社会的新闻队伍。在《日本经济新闻》的 4000 人中，有 2000 人分布在社内的经济研究部门，其中有一大批经济专家，而且许多人是第一流的。他们干的是报业，但毕生研究的是经济。正是因为报社的大批编辑、记者懂得经济，特别是大批研究人员学有专长，对经济问题有真知灼见，才使得这家报纸的经济报道、经济预测、信息的可靠度具有权威性"。[②]

由此可见，新闻记者在组织自身知识框架的时候需要遵循既"广博"又"专精"的原则，既涉猎全面，同时还要对相关专业专研透

---

① 陈力丹：《2009 解析中国新闻传播学》，[N]，北京：人民日报出版社，2009 年 7 月版，第 256 页。

② 杜荣进主编：《中外新闻采写借鉴集成》，[N]，杭州：浙江教育出版社，1997 年 3 月版，第 531 页。

彻。具体来讲，新闻记者的知识架构是怎样的呢？邵飘萍认为："新闻记者之知识，除关于新闻学之研究外，如政治、经济、法律、社会学及其他之科学等，平时必有数种专门之特长。各国之语言文字，尤为诸种学科以外，必不可少之练习。"[①] 李怀志认为，新闻记者的知识结构分成四个方面：基础知识、专业知识、广博知识、社会知识。[②] 而华中科技大学申凡老师认为新闻记者的知识架构应该是一个四层的金字塔，每一层对应特定的知识。

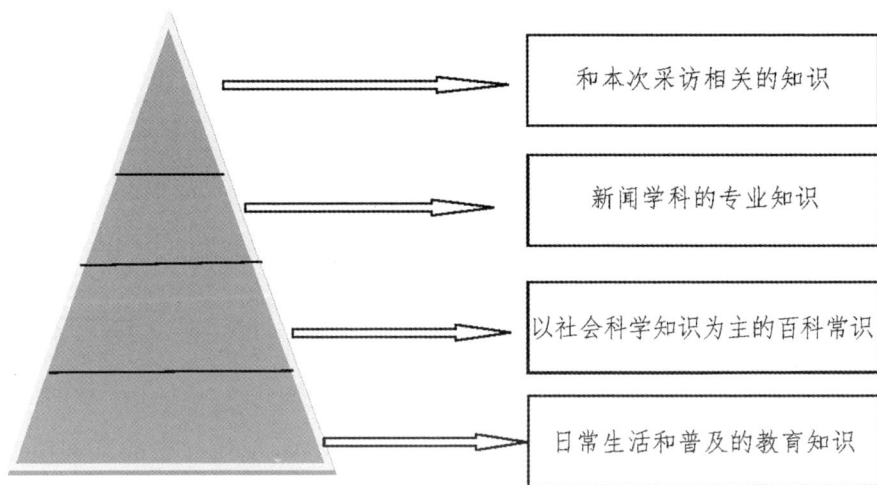

和本次采访相关的知识

新闻学科的专业知识

以社会科学知识为主的百科常识

日常生活和普及的教育知识

图 2.1　新闻记者知识架构图（一）

综合以上观点，我认为新闻记者的知识结构可以用一个同心圆来表示，分为外部和内部两层，分别代表外围知识和核心知识。外围知识主要由三部分构成：日常生活的知识和百科常识、法律法规知识、外语知识；核心知识由两部分构成：新闻传播专业知识和采访任务相关的知识。如图 2.1、2.2 所示。

---

① 邵飘萍：《邵飘萍新闻学论集》，[N]，北京：北京大学出版社，2008 年 12 月第 1 版，第 114 页。

② 李怀志编著：《新闻理论与实践》，[N]，南京：南京大学出版社，1995 年 4 月版，第 156 页。

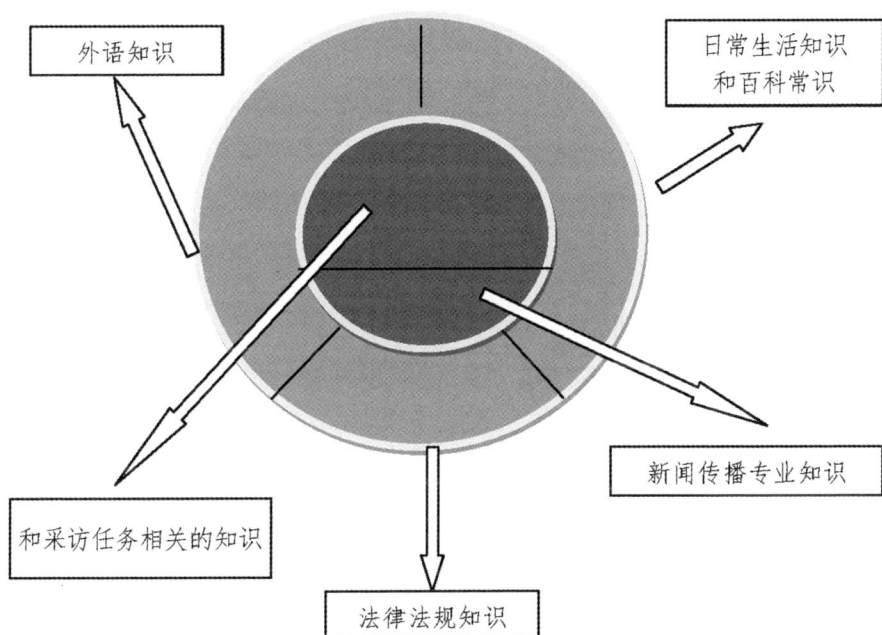

外语知识

日常生活知识
和百科常识

和采访任务相关的知识

新闻传播专业知识

法律法规知识

图 2.2　新闻记者知识架构图（二）

一、日常生活的知识和百科常识

作为一名社会人，新闻工作者既是社会信息的记录者和传播者，同时又是社会信息的创造者。新闻工作者的职业行为无论何时何地都不能脱离开社会本身，他们只有具备了相应知识，才能够更好地理解社会现象、分析社会问题，才能够更好地同其他人沟通交流、获取信息。一般来说，新闻工作者应该有日常生活的知识和以文史哲和社会科学为主的百科常识。

首先，这些知识是个人能够社会化和个性化的基础。作为社会人，其成长无非就是社会化和个性化的混合叠加。一方面通过知识的获得融入社会，掌握从事社会生产的技能；另一方面，由于获取知识的差异使人们与生俱来的个性化差异放大。如果人们缺失这些知识，就会长期陷入一种原始的天真和混沌状态，缺少参与社会生产和生活的能力，变成现代社会的"巨婴"，不可能从事新闻生产这种高级的职业活动。作为新闻工作者应该特别重视对国情和民情的认识和理解，可以通过阅读相关书籍，观看纪录片、政论片，和学者、政府机构工作人员沟通、交流等方式了解国情、政情、民情，这对新闻工作者未来的采访工作会大有裨益。

其次，具备这些知识可以提高新闻工作者的个人修养。马克思说过，与其用华丽的外衣装饰自己，不如用知识武装自己。知识渊博的人自带流量，走到哪里都有耀眼的光环。如果他们从事了新闻工作，不但更加容易获得采访机会，而且他们的问题也更加有深度和高度。

中央电视台著名记者白岩松是一名非常有思想的新闻人，语言犀利、思想深邃、学识广博、睿智严谨是他的主持风格，很多接受过他采访的人都认为白岩松不仅是记者和评论员更是专家和学者。之所以能够形成这样一种主持风格和白岩松酷爱学习密不可分。他说："年少时的阅读是因为饥渴，大学时的阅读是因为时尚，为拥有谈资，那走出校园后的阅读就开始是为了自己，读书成为一种生活习惯，成为日常生活中的一项内容，也终于成为一种快乐。"[①] 正是大量的阅读使白岩松拥有了渊博知识，形成了自己特有的主持风格。

具备这些知识可以提高新闻工作者的洞察力。面对同样一个新闻事件，高明的记者总是能够选择一个独到的角度，而优秀的评论员总是能够分析得更加深刻，这是因为他们具有极强的洞察能力。正是能够察常人之所不能察才能语常人之所不能语。

新闻工作者的洞察力从何而来？最重要的途径就是积累知识。笔者读硕士研究生的时候，同宿舍一个室友致力于新闻评论，但是刚开始都是流于一般的泛泛而谈，寄出去的稿件也很难刊发。后来在青年评论家曹林的指导下，开始大量阅读文史哲尤其是哲学方面的书籍。一年后，他写的评论有了很大进步，见解独到、剖析深刻，毕业后进入《长江日报》，成为了一名专业报纸评论员，在全国新闻评论界已

---

① 白岩松：《痛并快乐着》，[N]，武汉：长江文艺出版社，2010 年 12 月版，第 225 页。

经小有名气。

　　具备这些知识可以方便新闻工作者获得新闻线索。新闻线索是新闻采访活动的源头，具备了日常生活的知识和以文史哲和社会科学为主的百科常识就可以帮助新闻工作者发现和挖掘新闻线索。2017 年 8 月著名的医学杂志《柳叶刀》发表了来自"前瞻性城市乡村研究"的两篇论文，被一些自媒体解读为"多吃主食死的早，多吃脂肪身体好"，由于这一颠覆性观点具有巨大的传播价值，因此相关文章在网络中铺天盖地，尤其在朋友圈中被大量转载。《扬子晚报》记者宋世锋基于固有的营养认知认为这类爆款文章虽然可信度偏低，但是一条很好的新闻线索，再加上它是南京大学国际关系史博士毕业，英语阅读英语论文没有障碍。他在柳叶刀网站上将相关论文下载阅读，发现论文并没有"多吃主食死的早，多吃脂肪身体好"的内容。他又采访了该研究中国方面的负责人以及其他医学专家，他们都驳斥了这一观点，认为它曲解了研究的结论。宋世锋就根据自己的采访写了一篇通讯《多吃主食死得早？多吃肥肉活得长？某些自媒体别再一本正经地胡说了！》，报道不仅在《扬子晚报》刊登，还在微博、微信、今日头条、腾讯等平台推送，受到了读者的广泛好评。这条新闻从最开始的线索获取到中间的实际采访，乃至最后的写作成篇都离不开作者的知识素养，如果作者没有较为深厚的学养是不能成就这一新闻精品的。

二维码 2.1　《多吃主食死得早？多吃肥肉活得长？某些自媒体别再一本正经地胡说了！》

二、法律法规知识

学者刘建明说："新闻活动的规范和秩序要在法律上的是与非、合法与非法的层面上去衡量……客观真实的新闻必须是通过合法手段获得，并有充分的证据可以证明其客观存在的，记者坚持的真理，也必须是法律上认可，并有充分的证据能够证明的。作为新闻从业者，必须明确自己的政治身份和社会身份，代表公众去监督政府，揭露种种不公平、腐败和恶行。但是这种独立不可以超脱法律的约束。"①

由此可见，新闻工作者的新闻职业行为和法律法规存在千丝万缕的联系。一方面，记者具备了这方面知识就可以对被采访事件作出合法性方面的判断。新闻工作者采访时会面对形形色色的采访对象，尤其在一些不利于采访对象的采访中，对方会千方百计掩盖自己的违法行为，如果他们缺乏法律法规知识，就很容易被对方蒙骗。相反，如果他们具备了相应的知识，就可以很快识破对方伎俩，发现问题实质，做出正确判断。因此，有经验的记者提问时会围绕相关法律法规组织问题，通过采访对象的回答暴露其行为的非法。

2014年8月，"浙江之声"报道国内网络订餐平台违规操作，大量吸纳脏乱差黑作坊，危及公众健康。报道中，记者就是围绕对方的违法行为组织问题的：

记者在与九连庄黑作坊兰香园老板娘的交谈中了解到，不少订餐网站为招揽餐馆上网都会派人找上门来，跟店主谈合作，而且合作非常容易，网上开设餐饮店的多项规定其实都是摆设。

记者：在这开个店，他就主动来找你？

店主：嗯！

---

① 刘建明：《新闻学前沿》，[N]，北京：清华大学出版社，2005年4月第1版，第256、257页。

记者：不用去网上申请？

店主：不用。

记者：也不用申办营业执照和各种证？

店主：只是一个平台，不会给你办证，网站都这样子

这种说法也得到美团网两名工作人员的印证：

记者：请问一下需要准备什么材料？

工作人员：到时候我们会签一个合同了

记者：要不要身份证和银行卡？

工作人员：开通在线支付需要银行卡。

记者：需要营业执照、健康证什么的？

工作人员：不用。

在我国，开办餐饮店需要办理食品经营许可证、健康证、工商营业执照、税务登记、消防批示等证件，如果证照不齐就会涉嫌违法。因此，新闻记者在暗访的时候就围绕这些地方进行提问，使其涉嫌违法的行为一目了然。

另一方面，新闻工作者熟悉法律法规知识可以更好地规范采访报道行为，不至于因为新闻报道而违法。例如新闻记者进行地震预报方面的报道就要遵守《地震预报管理条例》，报道内容以国务院或者省、自治区、直辖市人民政府发布的地震预报为准。如果新闻记者采访的是关于传染病疫情的报道，他也要按照《传染病防治法》通过国务院卫生行政部门和省、自治区、直辖市人民政府卫生行政部门获得疫情信息，不能随意采访报道。

二维码 2.2 　《地震预报管理条例》

二维码 2.3 　《中华人民共和国传染病防治法》

由于新闻记者不懂得相关法律而导致采访出现问题的例子并不少。2004 年，南京某报社记者打入一偷盗自行车团伙内部暗访犯罪事实，在暗访时记者曾经帮助犯罪分子望风，尽管最后记者向公安机关检举了这一团伙的犯罪事实，但是南京市玄武区检察院仍然向报社发出《检察建议》：对记者进行严肃批评、教育，并给予一定行政处理；报社领导要自觉增强法律意识，提高分析和辨别是非的能力，引导记者正确履行工作职责；加强对全体记者的法制和职业道德教育，增强社会责任感，不要将采访证作为违法的特权证，并对采访中记者应如何遵纪守法提出了具体建议。

三、外语知识

新闻工作者还需要掌握一门以上的外语知识。新记《大公报》总经理胡政之是一个既懂经营又擅长采访的报界全才，他 18 岁到日本东京帝国大学法律系学习的时候刻苦攻读，掌握了三四门外语，这为他以后从事新闻采访尤其是涉外采访奠定了深厚基础。1919 年，他采访巴黎和会，是第一位采访报道国际会议的中国记者；1945 年，他又以中国新闻界代表和国民参政会参政员的身份参加联合国成立大会并在《联合国宪章》上签字。胡政之先生并世无两的新闻经历和他精通外语密不可分。同样也是《大公报》的著名记者萧乾，正是他儿时跟堂嫂学到的一口流利外语使他成为二次大战时期活跃在欧洲战场的中国战地记者。

正因为如此，邵飘萍要求新闻记者对于"各国之语言文字，尤为诸种学科以外，必不可少之练习"。范长江则认为记者在采访方面，要学会"流利的谈话、速记、打字、摄影，和至少一种外国语"。

二维码 2.4　　《中美主播刘欣和翠西辩论》

随着科技的飞速发展，现在地球已经变成了一个村庄，国与国之间的交流日益频繁，经济呈现一体化发展趋势，大量信息汇集在没有国界和边界之分的互联网络中。如果新闻记者不懂外语，很多信息就无法解读，会失去获得新闻线索的很多机会，即使了解了线索也可能因为无法沟通而丧失采访机会。特别对于涉外的新闻记者来说，他们担负讲好中国故事和采集外部信息的重要传播任务，如果没有对外语言沟通能力，就很难做好国际传播工作。2019 年 5 月，中国国际电视台主持人刘欣在一起电视评论中驳斥了福克斯商业频道女主播翠西·李根宣扬对华展开"经济战"的言论，并与其就中美贸易等话题进行公开辩论。刘欣就具有出色的英语表达能力，曾经在 1998 年、1999 年、2000 年连续三年主持全国大学生英语演讲比赛，并且一直担任电视英语新闻的主播。除了英语以外，刘欣还可以通过法语、西班牙语进行沟通交流。

以上这三种知识处在新闻记者知识架构的外层，不是每次采访都可以清晰可见的，但并不意味这些知识不重要，因为它们决定着新闻记者的能力、素质、思维、视角等等，对新闻记者的采访起长效作用。

第三节　新闻工作者的知识架构（核心知识）

一、新闻传播的专业知识

专业知识是从事某种职业需要具备的比较稳定的系统化知识。对于新闻记者来说，新闻传播的相关知识就是他们的专业知识。这些知识大体可以分为两类：一类是理论知识，诸如新闻学理论、传播学理论、新闻史、新闻法律与道德等等，主要是侧重于新闻传播基本规律、新闻事业管理体制和新闻工作基本原则等的带有抽象性、普遍性、原则性的阐述；第二类是业务知识，像新闻采访、新闻写作、新闻编辑、新闻评论、新闻播音、新闻摄影摄像、深度报道写作等等，这些知识主要探讨各种新闻业务知识和新闻实践的技能、技术和技巧，这些知识相对具象和特殊，需要新闻记者实践操作才能够真正掌握。

无论新闻传播的理论知识还是业务知识对于新闻工作者都非常关键，它是新闻工作者之所以成为新闻工作者的根本所在，是新闻人的形象识别标志。对于采访工作而言，只有掌握了新闻传播知识，熟悉新闻传播的规律，运用新闻采访的技巧，使用恰当的新闻采访设备，新闻工作者的采访工作才能顺利进行。如果缺少了这些知识，新闻工作者的采访要不像盲人摸象，对采访活动不甚了了、一知半解；要不就是黔驴技穷，找不到合适的方法和技能；要不就会朽竹篙舟，选择不好采访的设备和工具。

正因为新闻传播的专业知识如此重要，所以世界很多高校开设有新闻传播专业，专门培养新闻传播人才。据教育部新闻传播学类专业指导委员会主任委员胡正荣统计：截至 2015 年底，我国共有 681 所高校开设了新闻传播类相关专业，7 个专业布点达到 1244 个，在校仅本科生就有 23 万人。

社会教育也是教授新闻传播专业知识的重要部分，主要指新闻工作者的行业组织和新闻媒体自身构建的一套运行架构，这套架构主要针对新闻记者的道德和业务素养展开培训和教育。例如中国记协拥有新闻媒体、地方记协、专业记协、新闻教育研究机构等会员单位 200 余个，联系和团结了全国 70 多万新闻从业人员，除了组织新闻奖项评审、开展业务交流、专题采访、理论研讨之外，中国记协一个重要的工作就是为新闻行业开展多种业务培训。

随着媒介的分化、重组、交融、互通，新闻媒体以及新闻从业者都在发生前所未有的巨变，这对新闻传播的相关教育也提出了巨大挑战。新闻传播教育原有的体系、架构被打破，知识更新速度加快，接受者出现泛化，这都需要教育机构研究新闻传播的这些新知识、新技能、新变化，有的放矢地开展相关教育，提高新闻工作者的媒介素养，尤其是他们对新闻信息的识别和采集能力。

二、和采访任务相关的知识

和采访任务相关的知识特指新闻记者在某次采访中即刻涉及的知识。例如记者要去采访杂交水稻之父袁隆平，他需要学习一些农业知识，特别是和杂交水稻相关的知识，要对袁隆平的生平有所了解，这些就属于和采访任务相关的知识，是新闻记者组织问题、搜集材料、调整观察、提炼主题以及新闻写作时所需要的知识。

和采访任务相关的知识对新闻记者的采访成败有决定作用，很难想象一个对采访对象一无所知的记者能够获得好的采访效果，因此有经验的新闻记者在采访之前总是在这方面下大功夫。意大利著名女记者法拉奇每次采访前都要做大量的知识储备工作。她认为每一次访问都是"智慧和政治敏感"的挑战，是不可能重演的事件，是消耗灵魂的一次人类实践，因此采访前她要像学生准备大考一样搜集资料。在中国刚刚改革开放的历史关口，法拉奇采访了中国领导人邓小平。采访之前她搜集了所有可能搜集到的资料，包括中国国情、改革开放政策，邓小平的生平、政治成就等等，也正是在搜集资料的过程中，法拉奇惊奇地发现采访临近邓小平的生日，于是采访当天就有了这样的寒暄：

法拉奇：邓先生，明天是您的生日，我首先祝贺您生日快乐！

邓小平：我的生日？明天是我的生日吗？

法拉奇：是的，邓先生。我是从您的传记里得知的。

邓小平：好吧，如果您这样说，那就算是。我从来不知道我的生日是哪一天。而且，如果明天是我的生日，您也不应该祝贺我：那就意味着我已经 76 岁了。76 岁的人已是江河日下了！

法拉奇：邓先生，我父亲也 76 岁了。但是，如果我对他说 76 岁的人已是江河日下，他会扇我几记耳光的。

邓小平：他干得好！不过您不会这样对您父亲说的，对吗？

这段寒暄为采访创造了良好的谈话氛围，尽管后面法拉奇仍旧保持了"海盗式"提问的风格，锋芒毕露、尖锐刁钻，但是邓小平坦诚幽默、睿智隽永，使得整个采访非常成功。采访结束后，法拉奇说了一句极少对采访对象的评价："您的讲话精彩极了！"后来邓小平见到意大利总理佩尔蒂尼时也赞扬了法拉奇："你们意大利有一位很伟大的女性，一个很伟大的法拉奇！"

新闻工作者在采访以前应该认真地做好采访前的准备，做好案头工作。例如，新闻工作者如果做一个人物专访，就需要了解被采访者的背景信息，他的基本资料、性格特点、学科学历、从事什么研究、在哪些机构从事过工作、现在在哪方面有突出成绩、在他身上发生过什么有趣的事情，以及他的家庭情况等等。这些资料和知识可以使新闻工作者更加全面了解被采访对象，更加有的放矢地准备访问问题。另外，有些信息已经在研究资料时候获取就不需要在访问时再去提问，有效地节省了新闻工作者的采访时间。

和采访任务相关的知识大多要靠新闻工作者在采前准备时获得，但是在突发事件采访中，新闻记者可能没有时间进行准备，这时候就需要记者动用平时的知识储备来完成新闻采访任务。所以这就要求新闻工作者在平时注意知识储备，这样才不会出现"书到用时方恨少"的尴尬局面。

第四节　新闻工作者的素质要求

在社会领域，素质是指完成某种活动或者工作所必需的基本条件。对于新闻记者来说，就是从事新闻传播工作所需要的基本条件，只有具备这些条件，才能成为一个合格的新闻工作者。

一、新闻敏感

新闻敏感是新闻记者敏锐地发现新闻线索以及对新闻事件中包含的新闻价值要素进行判断的能力。新闻敏感是新闻记者基本和必备的素质，是新闻记者的形象识别标志，对于新闻记者的采访和写作都非常重要，因为后面要专章阐述，这里就不再赘述。

二、知识和阅历

在上一节我们已经分析了新闻记者的知识结构，这里主要谈谈阅历。阅历是人们经历了一些事情之后积累的知识和经验。阅历由经历而来，但是又不完全等同于经历，正如清代诗人申涵光在《春过》中写道的："性好遨游贪懒出，身多阅历晚知非。"阅历是建立在经历基础上的一种思考和总结，它是成熟的一种体现。

阅历首先有助于新闻记者建立自信。自信是新闻记者需要具备的重要心理品质，新闻传播是一项极具挑战性的工作，采访对象不配合，采访任务危险、艰巨，采访有法律风险等是新闻记者经常遇到的困难，如果新闻记者缺乏自信，就没有勇气去克服这些困难。再者，很多被采访者也不喜欢畏畏缩缩、懦弱自卑的新闻记者，见到这样的记者，他们会对记者包括记者所在媒体产生不信任感，会很大程度影响采访的效果。

自信很大程度来自新闻记者的经验和阅历，如果一个记者见多识广，尤其有过类似的采访经验，就比较容易建立自信。美国哥伦比亚广播公司《60分钟》的出镜记者华莱士、丹·拉瑟、埃德·布莱德利、莫利·赛弗以及专栏作家安迪·鲁尼等都是身经百战，采访足迹跨越世界各地，他们每次站在电视镜头前总是给人自信满满的感觉。

其次，阅历可以帮助新闻记者有条不紊地安排采访工作。叶圣陶曾说："生平多阅历，胸中有丘壑。"新闻记者如果缺乏丰富的阅历就不能心中有数，合理地安排调度采访工作，就有可能出现挂一漏万、颠三倒四、主次不分等问题。1997年，中央电视台对香港回归的直播报道是我国第一次大规模的直播报道，时间长达72小时，对中央电视台乃至中国的电视直播都有深远影响。这次报道尽管总体是成功的，但是由于缺乏相关经验和阅历，在报道过程中还是出现了一些遗憾。例如，末代港督彭定康在降旗仪式结束后乘车在港督府院内绕场一周，现场记者按照预定策划说完了解说词，但是没有料到的是彭定康的车子又重新绕场一周，由于没有准备其他的解说词，现场记者只好无奈地说："载着彭定康的汽车转了一圈，又转了一圈。"实际上，港督卸任后在港督府绕场三周是有传统的，寓意他们还会故地重游。再看查尔斯王子一行在添马舰告别香港的转播，由于中央电视台预先得到的时间安排是 15 分钟，但是告别却持续了 1 个多小时，现场和直播间的主持人把准备好的解说词全都说完了，告别还远没有结束，"我们只能静静地看着英国人在那里没完没了地告别，因为其他资料都没有准备，演播室再次失去了控制。水均益干着急但不知道说什么好，因为我们事先规定，主持人说什么都必须先有稿子，生怕哪句话说不对出了政治问题。"① 正是通过香港回归等报道，中央电视台积累了丰富的直播报道经验，现在已经能够非常得心应手地开展直播报道了。

三、政治敏感

所谓政治敏感就是政治意识，即对政治问题的敏锐判断能力。政治敏感不是新闻敏感，但它又和新闻敏感紧密相连。在中国，由于媒体的耳目喉舌性质，政治敏感显得尤其重要。毛泽东在上世纪 50 年代就提出"政治家办报"。习近平在 2013 年全国宣传思想工作会议上也强调：（新闻媒体的）党性和人民性从来都是一致的、统一的。坚持党性，核心就是坚持正确政治方向，站稳政治立场，坚定宣传党的理论和路线方针政策，坚定宣传中央重大工作部署，坚定宣传中央关于形势的重大分析判断，坚决同党中央保持高度一致，坚决维护中央权威。新闻记者具备了政治敏感就可以更加迅速地发现新闻，敏锐地判断新闻价值并且更好地把握报道的舆论倾向。

《人民日报》2013 年采访报道的《"探析 PX 之惑"系列报道》就是一则凸显政治敏感的新闻作品。新闻报道以前，PX 项目是社会的一个热点，尤其随着微博、BBS、贴吧等社交媒体的勃兴，信息传播越来越多元，互联网络凸显聚合效应，网络上的意见极易蔓延并且演变成群体性事件，而且一旦引爆，都会造成政府公信力受损，由 PX

① 孙玉胜：《十年：从改变电视的语态开始（修订版）》，[N]，北京：人民文学出版社，2012 年 5 月版，第 207 页。

项目引发的群体性事件已经不止一起。在这样的背景下，《人民日报》"求证"栏目历时一年，在国内、韩国、日本等地采访，搜集了大量第一手资料，采访了权威专家，用扎实过硬的调查和客观理性的立场介绍国内外 PX 项目的发展状况，澄清了一些错误认识。报刊刊登后广受关注，一些省份还将报道集结成册，组织干部、群众学习。

二维码 2.5 《"探析 PX 之惑"系列报道》

正如普利策所言："倘若一个国家是一条航行在大海上的船，新闻记者就是船头的瞭望者。他要在一望无际的海面上观察一切，审视海上的不测风云和浅滩暗礁，及时发出警报。"新闻记者要想做好船头的瞭望者，需要具备较高的政治素质，培养政治敏锐性和鉴别力，把握时代发展脉搏。

四、心理素质

优秀的新闻工作者一般都具备良好的心理素质。《人民日报》记者吕岩松在我南联盟大使馆被炸后，刚刚死里逃生就开始采访，撰写了长达数万字的报道。美国哥伦比亚广播公司记者爱德华·默罗第二次世界大战时迎着德军的狂轰滥炸在一座民居的屋顶上播报《这里是伦敦》；新冠肺炎疫情期间一批新闻记者深入传染病房进行实地采访。如果没有良好的心理素质，他们不可能完成新闻采访任务。

心理素质指新闻记者在遗传基础上，经过与新闻传播相关的职业训练而培养的性格品质和心理能力，换句话说，就是一个人能够承担新闻传播职能的心理品质。具体来看，新闻记者这几方面的心理素质非常重要：

一是好奇。好奇是新闻记者基本的心理品质，西方新闻学者甚至认为好奇和兴趣是新闻的本源，可见它对新闻工作的意义之大。好奇也是记者培养新闻敏感的心理基础，新闻记者应该对外部世界充满好奇，当有事情发生，他总想在第一时间了解它的前因后果；当遇到新闻人物，他总想知道他的来龙去脉，很难想象一个对周遭事物从来漠不关心的人可以做好新闻工作。

二是果敢。果敢即果断勇敢。首先，新闻是有时效性的，它要求新闻记者在规定的时间内完成新闻采制，如果一个新闻记者缺乏果断的心理品质，工作起来磨磨叽叽、慢慢吞吞，遇到矛盾犹豫不决、患得患失，那么他就有可能因为自己迟疑丧失难得的新闻线索，也有可能因为自己的犹豫浪费宝贵的采访机会，还有可能因为自己的迟缓延误新闻的刊播，使报道变得毫无价值。

再一个，新闻记者要勇敢、具有冒险精神。新闻是勇敢者的职业。越是危险和困难的地方越容易出新闻，这是因为公众有趋利避害的心理特点，他们需要新闻记者提供预警信息。另外，就像人们观看电影、戏剧时喜欢看到矛盾冲突一样，公众对有冲突的事件也更加感兴趣。公众的这种心理特点驱使新闻记者到战场、灾害现场、犯罪现场等危险的地方去寻找新闻。所以，新闻记者只有具备了这样一种心理品质，才敢于在这些危险的地方披沙沥金、发现新闻。2008年刚刚参加完圣火耀珠峰直播活动的中央电视台记者张泉灵又来到汶川采访，面对险情和余震，有人问她有没有害怕和恐惧，她说："当初我选择新闻记者这个职业时，我就想清楚了这个职业必须接受和承担的一切，它不仅仅是令人羡慕的见多识广、不仅仅是经历光鲜荣耀的场面，也包括必须面对危险、面对困难，这是新闻工作者必须承担的社会责任，也是新闻工作者必须要具备的勇气和担当。"

当然，新闻记者在勇敢的同时更要学会保护自己。新闻职业是危险的，据国际新闻工作者联合会统计，2016 年，全球共有 93 名新闻工作者遇害，在非洲、亚太、美洲、欧洲以及中东的 23 个国家发生的有针对性攻击、炸弹袭击和其他交火事件，是造成记者遇害的主要原因，也有一些记者死于交通意外。面对危险，新闻记者应该周密筹划，如果可能和当地安全部门取得联系，带好应急设备，尽最大可能保证自己安全。

三是敢争。敢于竞争是新闻记者非常重要的心理品质，新闻传播活动到处充满了竞争，记者之间、媒体之间、媒介之间、国家之间都在竞争。大家都想抢在第一时间将新闻信息刊播出去，因为是否领先可以决定一个记者的成败，一个媒体的生死，一种媒介的兴亡，可以决定一个国家是否能够更好地把握话语权力。这一点在记者招待会体现得尤为充分。以我国每年的两会为例，上世纪 80 年代有数百名记者采访，现在则达到 3000 多人，而能够参加总理和外长记者招待会的只有 700 多人，每场提问 10—15 个，平均 50 个记者才有一个提问机会，可以说记者招待会就是新闻记者的奥林匹克运动会，与会记者争先恐后，都想抢到提问机会，都想抢到第一个提问机会，因为这是对记者和所在媒体最好的褒奖。

四是坚毅。新闻界流行着一句话："作为一名记者，当别人把你从门赶出去的时候，你不要走！你还要从窗户再爬进来。"新闻记者在工作中遇到困难和挫折是家常便饭，这就需要他们具有一种坚忍不拔、不屈不挠的精神。美国哥伦比亚广播公司记者爱德华·默罗就是一个具有坚韧不拔意志的人，二战期间他冒着生命危险穿行于伦敦的大街小巷，战后他顽强地同麦卡锡主义进行斗争，尽管受到来自各方面的巨大压力，默罗仍然坚持揭露了"米洛案件"①。在整个和麦卡锡斗争的过程中，默罗的意志和勇气起到了决定性作用。

———————————

① 1953 年，默罗看到一名空军预备役军官米洛·拉杜洛维奇因为父亲和姐姐阅读所谓颠覆性报纸而被指控为政治危险分子，被迫辞职，默罗报道了这件事情的始末，空军最后撤销了对米洛的指控。

　　2020 年新年伊始，新型冠状病毒肺炎在全国肆虐，湖北武汉是重灾区。1 月 30 日，湖北红十字会将 1.8 万只 N95 口罩发放给武汉仁爱医院，承担防疫重任的协和医院只分到 0.3 万只，这一消息立刻在网络引起热议，成为舆论关注热点。很多媒体采访红十字会被拒，凤凰卫视记者罗羽鸣却实地探访了武汉红十字会接受捐赠物资的仓库，当外界热议她如何在舆论风口浪尖时进入仓库时，她说："并没有特殊渠道，也没有特权，靠的是不放弃的坚持和与受访者达成的共同目标。"在与工作人员交涉过程中，工作人员说："我不想跟你说了，我没有力气说了。"这一刻，罗羽鸣突然意识到，大家都是临危受命，都是在身心疲惫的情况下顶住压力在一线参加抗击疫情的工作，在这个层面，大家都是一致的。正是这一种共同目标让罗羽鸣和工作人员达成了共识，她顺利完成了这次采访。

　　五是主动。好新闻是记者跑出来的，不是在办公室等出来的；好新闻是记者找出来的，不是领导安派出来的。作为一名记者必须有强烈的主动性，有强大的发现新闻的心理内驱力。如何提高新闻记者采访的主动性？关键在于激发和培养记者稳定、正确的采访动机。新闻学者申凡认为，新闻记者的采访动机主要有 5 类：职业责任、采访形成的兴趣、线索价值、写作欲望、任务因素。[①] 新闻记者应该着重培养职业责任、采访形成的兴趣和写作欲望这 3 类内部长效动机来提高记者采访的主动性。

　　六是平等。新闻记者的采访对象来自各行各业，有高官、富豪，有普通的工人、农民，也可能有阶下之囚。在采访时，记者应该对他们等而视之，不能划分三六九等，要做到不媚上、不轻下。

　　在心理学中，这叫作消除心理势差。心理势差是由于记者和采访对象心理高度不同所造成的心理差别。有的新闻记者在采访明星、高

---

　　① 申凡：《当代新闻采访学》，[N]，武汉：华中科技大学出版社，2004 年 10 月版，第 215—217 页。

级官员等的时候心中会有一些忐忑不安，这就是心理势差造成的。心理势差对新闻记者的采访既有有利一面也有不利一面：有利的是让新闻记者更加重视采访，在访前做好各项准备工作；而不利的是会造成新闻记者心理紧张，有时候甚至由于紧张而张皇失措、畏畏缩缩。

对待心理势差，新闻记者应该学会扬长避短，努力消除它带来的负面影响，主要有两种办法：

一是提升自己的心理高度，中央电视台记者水均益说："每当我坐在这些'世界名人'的对面，我都力求使自己有一个正常的心态。我不因为他们高大而感到自己渺小，也不因为他们德高望重而迫使自己诚惶诚恐，更不因为他们咄咄逼人而面红耳赤。因为，在他们对面坐着的并不只是一个水均益。他们要面对的其实是成千上万的中国观众。而这时我的任务就是：提问、提问、再提问。"[①] 新闻记者要意识到虽然是一个节目组或者记者个人去采访，但是他代表的是千千万万的受众，就像《申报》社长史量才在蒋介石的办公室里听到他说："难道你不怕我吗？我有百万军队"后义正词严地回击："你有百万军队，我有百万读者。"新闻记者当想到自己身后有无数的受众作为后盾时就会信心百倍。

二是降低对方的心理高度，把对方看成和自己一样的普通人。法拉奇曾讲："在我的眼中，没有什么国王、首相，他们只是采访对象。"也正是有了这样一种心理高度，所以法拉奇才能在众多世界政要面前不卑不亢地正常采访，并且赢得很多人尊重。

另外，新闻记者在寻找和采访对象接近点，创设良好交谈氛围的时候，要注意避免使用过分滋长对方心理高度的语言和行为，对他的评价要客观、公正、中肯，不要无原则、无根据地夸奖，避免进入到对方下属和崇拜者的行列。在采访中，新闻记者和采访对象一方面是配合的关系，另外一方面也有斗争的关系，即使不是负面新闻的采

---

① 水均益：《前沿故事》，[N]，海口：南海出版公司，1998 年 10 月版，第 132 页。

访，也会有心理的交锋，如果过度滋长采访对象的心理高度，二者之间就会形成心理定势，记者这时候再意识到想要纠正和挽救就会比较困难，尤其在这种心理定势形成的语境下，新闻记者很难提出对对方不利的问题。

五、社会活动能力

新闻记者是社会活动家，主要靠社会活动获得新闻信息，因此必须有超强的社会活动能力。

著名记者邵飘萍的社交圈非常广泛，上至总统、总理，下至平民百姓、戏剧演员都是他的朋友，他还经常在北京的高档酒店盛宴政府要员，在他们酒后的谈话里寻找内幕消息。

人民记者穆青非常善于和人民群众交朋友，即使担任新华社社长期间，他也经常来到群众中间，坐着小马扎，喝着大碗茶，和普通群众打成一片。穆青的情系人民也带给他别样的幸福：远在河南的任羊成看了天气预报，了解到北京降温，就给穆青打电话，叮嘱他穿厚一点；种棉劳模吴吉昌千里迢迢给穆青捎来新打的棉花，让穆青做褥子，他的心愿就是让穆青铺着暖和的新褥子；穆青到河南调研，攀登石人山时，当地抬滑竿的农民听说他就是写焦裕禄的记者，硬是要免费抬他上山……清华大学新闻学院院长范敬宜评价穆青："穆青把根扎在最厚的土层里，所以他有最肥沃的养分，他的作品也能代表最大多数的人，他能用最底层的事感动最高层的人。他有我们许多记者都不曾享受到的幸福。"[①]

从事新闻工作必须培养自己的活动能力。笔者在大学经常听到学生说："老师，我没有和人交往的天赋，我不善于交往，怎么办？"我认为社交能力有一部分靠天赋，更多的要靠后天培养。学生首先要增

---

① 苏立主编：《新闻采访学》，[N]，北京：中国传媒大学出版社，2015 年 1 月版，第 146 页。

长自己的见识，树立自信，消除自卑，以积极的态度面对任何事；其次，要多参加社交和体育活动，尤其是辩论赛、演讲赛，扩大人际交往，进一步增强自信心。爱德华·默罗在华盛顿州立大学读书时就是出色的演说者。再一个，可以听一些人际交往的课程或者阅读相关书籍，在专业人员指导下提高社交能力。参加新闻工作后，新闻记者要有意识地扩大社交面，尤其在工作方向确定后，要到有联系的单位多走走，勤看看，这样就可以发现更多的新闻线索。

六、洞察力

洞察力是新闻记者透过现象看到本质的一种能力。这种能力对于新闻记者采访和写作都是有帮助的。它可以使记者去伪存真，不至于被事物的表面现象所迷惑；它可以帮助记者更好地把握新闻主题，发现本质问题；它还可以使新闻记者找到绝佳的角度，使一篇普通的新闻变石成金。

范敬宜撰写的新闻精品《夜无电话声 早无堵门人 两家子公社干部开始睡上安稳觉》就来自他卓越的洞察力。

有一年，范敬宜到辽宁康平县两家子公社采访。宣传部的干事陪他到了公社办公室，一看那儿破破烂烂的，炕上的席子黑得看不出是什么做的，被子脏得像抹布一样。公社秘书一看他们去了很高兴，说："你们就住这个炕上，帮我接接电话，我好长时间没回家了，回家看看。"

他们在那儿住了两天没发现什么新闻线索，到了第三天睡觉醒过来，范敬宜问宣传干事："你发现什么没有？"

他说："没有。"

范敬宜说："我可发现大新闻了。这三天，我们接到过一个电话没有？有一个来上访的没有？一个也没有。这就是大新闻。"

范敬宜知道，像这样的穷困乡，在过去晚上电话很忙，不是大搞形式主义，催进度、要报表，就是上访、吵架。越穷的地方越出问题，邻里之间为了一个鸡蛋也会打起来。这个说"我家的鸡下蛋下到你们家了"，那个说"没有"。好，那就打架。有一个地方为这种事出了三条人命。

他们找来了公社老秘书，问他以前的情况。他说以前根本睡不了觉，电话不断，只好把电话放到枕头边上。早上老百姓一大早就来"堵被窝"，上访，要饭吃，哪能像现在这样睡得安安稳稳。承包以后，老百姓日子好过了，事情就少了。

当天晚上，范敬宜走出公社，看着皎洁的月亮，他不禁赋诗一首："劫后灾痕何处寻？月光如水照新村，只因仓廪渐丰实，夜半不闻犬吠声。"后来，根据这次采访的经历，范敬宜写出了新闻名篇《夜无电话声　早无堵门人　两家子公社干部开始睡上安稳觉》。

二维码 2.6　《夜无电话声　早无堵门人　两家子公社干部开始睡上安稳觉》

范敬宜的洞察力来自他能够吃透两头：一方面了解国家的大政方针，另一方面了解农村的实际情况，知道农村过去存在的问题，二者的结合不但让范敬宜看到了农村面貌的变化，而且不仅知其然也知其所以然。

除了吃透政策、深入实际以外，新闻记者还要有大量的知识储备，人们对事物本质的认识总是建立在掌握大量现象的基础之上的。

七、技术素质

如果我们把以上六种素质看成是新闻记者的内在素质，那么技术素质就是记者的一种外在素质，内在素质和外在素质要相互配合、相得益彰。正如古人所言：工欲善其事，必先利其器。一个工匠即使有再高的技术，如果没有合适的工具，也很难造出精美的产品。

随着传播科技的发展，新闻记者采访早已不是一套纸笔走天下的时代，尤其融合媒介的出现模糊了媒介之间的界限，促生的全能记者要掌握多种采访工具才能够应对全媒介采访。这就要求新闻记者要具备较高的技术素养，了解各种采访设备的特性，熟练使用各种采访工具，能够处理一些比较简单的故障，采访时爱惜和保护采访设备。

第五节　新闻工作者的工作作风

一、密切联系群众

密切联系群众是中国共产党三大作风之一，同时也是中共党报理论中群众办报的应有之义。1948 年，毛泽东同志在《对晋绥日报编辑人员的谈话》中就指出："我们的报纸也要靠大家来办，靠全体人民群众来办，靠全党来办，而不能只靠少数人关起门来办。"毛泽东认为，人民群众是历史的主人，当然也是新闻的主人。从根本上说，我们的新闻传播业都是为广大人民群众办的，都是反映广大人民群众的生存状态、情感世界和他们根本利益的，都是应当全心全意为广大人民群众服务的。[①] 从 2011 年开始在全国新闻战线组织中开展的"走基层、转作风、改文风"活动的实质就是切实将群众观点和群众路线体现于新闻宣传的实践当中。由此可见中国共产党对新闻工作者密切联系群众的工作作风一贯十分重视。

密切联系群众就是要深入到群众中间，了解他们的衣食住行，感受他们的喜怒哀乐，但是有些记者却作风不实，有人这样形容他们：

---

① 程曼丽、乔云霞主编：《新闻传播学辞典》，[N]，北京：新华出版社，2012 年 1 月版，第 41 页。

"朝辞宾馆彩云间，方圆百里一日还。群众呼声听不见，小车已过万重山。"毛泽东同志讲："跑衙门是跑不出好新闻的。"群众中间有生动的事件、鲜活的语言、真实的情感，他们是一个时代和一个民族最熨帖的写照，因此深入到群众中间，记录他们生产、生活的点点滴滴就容易出新闻精品。齐鲁晚报记者张刚是个在社区、胡同里钻了十余年的新闻记者，被人们称为"胡同记者"。他刚到报社就用很短的时间将联系的槐荫区 12 个街道办事处、120 多个居委会跑了个遍。经过十几年的采访，他还总结了胡同记者"六字诀"：认准一个"苦"字，落脚一个"民"字，做到一个"实"字，坚持一个"廉"字，突出一个"新"字，咬定一个"学"字。靠着这"六字诀"，张刚写出了很多新闻精品，主持的"走千街巷进万家门，忠实记录百姓酸甜苦辣——张刚在您身边"成为名牌栏目，他本人还成为了全国优秀新闻工作者和党的十九大代表。

图 2.3　胡同记者张刚

密切联系群众不仅仅是新闻记者到群众中间，而且要在方方面面贴近群众。例如有的记者穿着西装革履到农村去采访，这样就很难有好的采访效果，因为记者的服装就像是横亘在记者和农民之间的一道鸿沟，农民不太愿意和这样的记者交谈。

新闻记者还要学会用群众的语言交谈，用群众的语言写作，这样才能和群众交心，写出来的新闻作品才生动、形象，有生命力。人民记者穆青就非常善于使用群众语言，在他和冯健、周原一起撰写的新闻名篇《县委书记的榜样——焦裕禄》中有很多这样的话："干部不领，水牛掉井""吃别人嚼过的馍没味道""闭塞眼睛捉麻雀""不能干一天就干半天，不能翻一锨就翻半锨，用蚕吃桑叶的办法，一口口啃，也要把这碱地啃翻个个儿""穷，咱穷到一块儿；富，咱也富到一块儿""贴了膏药，扎了针"等等。正是由于穆青他们善于运用"接地气"的群众语言，所以群众乐于和他们交朋友，他们写出的作品群众也爱看。随着网络的普及，新闻记者在采访时还可以恰当使用一些网络语言，这样可以更好地和采访对象尤其是年轻的采访对象沟通交流。

二、廉洁自律

《中国新闻工作者职业道德准则》在新闻工作者的廉洁自律方面有明确规定：坚决反对和抵制各种有偿新闻和有偿不闻行为，不利用职业之便谋取不正当利益，不利用新闻报道发泄私愤，不以任何名义索取、接受采访报道对象或利害关系人的财物或其他利益，不向采访报道对象提出工作以外的要求。但是，违反这一规定的事例仍然屡见不鲜。

2014年9月，21世纪传媒被爆出特大新闻敲诈案。从2010年开始，21世纪传媒集团下属的21世纪网通过公关公司招揽介绍和业内新闻记者物色筛选等方式，寻找具有"上市""拟上市""重组""转型"等题材的上市公司或知名企业作为"目标"对象。对于愿意"合作"的企业，在收取高额费用后，通过夸大正面事实或掩盖负面问题进行"正面报道";对不与之合作的企业,在21世纪网等平台发布负面报道,以此要挟企业投放广告或签订合作协议,单位和个人从中获取高额广告费或好处费。21世纪网与100多家IPO企业、上市公司建立了合作关系,收取每家企业20万至30万费用,累计数亿元。[①]《21世纪经济报道》《理财周报》也有不同程度的参与。法院最后判决21世纪传媒罚金9485000元,总编沈颢有期徒刑4年。国家新闻出版广电总局责令停办21世纪网,吊销《理财周报》出版许可证,责令整顿《21世纪经济报道》。

目前,在个别新闻媒体和新闻记者中还存在一些乱象:钱稿交易,以发布新闻稿件为诱惑换取经济利益;新闻勒索敲诈,以发布负面新闻为要挟,强迫被采访对象"拿钱消灾";采编和经营捆绑,一些媒体采编和经营交织纠葛,采编人员负责经营,经营人员可以采编,使商业因素严重侵蚀腐败健康的采编体制;收受贿赂,新闻人员收取被采访单位的贿金和礼物,在报道方面给予对方便利和版面等等。

杜绝这些乱象需要新闻工作者树立廉洁自律的工作作风,秉承"富贵不能淫、贫贱不能移、威武不能屈"的精神,做一名清清白白的新闻人。尤其新闻媒体要给新闻记者创造良好的采访条件。笔者就曾经看到这样一些现象,一些年轻的新闻工作者刚刚走出校门,怀揣着崇高的新闻理想,但是参加新闻工作后,所在媒体的领导强迫他们向采访单位索要钱物,以发新闻稿为附带要求对方投放广告,有的记者不愿意沆瀣一气就另谋他就,而有的则丧失理想、同流合污,最后甚至走上犯罪的道路。在这方面,中央电视台《焦点访谈》栏目非常值得学习。栏目组认为《焦点访谈》是一个以舆论监督为主的栏目,所以必须和采访对象保持一定距离,这样才可以保证不被其他因素干扰。因此,栏目组要求记者到基层无论吃饭还是住宿都自己交钱,然

---

① 人民网 http://media.people.com.cn/n/2014/0911/c40606-25637735.html.

后回台里报销，与采访单位和个人在经济方面泾渭分明，这样一方面可以更好地开展工作，另一方面有效地保护了自己。

三、严谨快捷

新闻记者的采访既要快又要准，快是快速，准是准确。快是因为新闻有时效性，受众总想在第一时间了解最新信息，如果记者采访的信息受众已经知道了，它就没有新闻价值或者价值会大打折扣，因此，新闻记者总是想在第一时间把消息传递出去。尤其在当今时代，信息同步传播，这时候新闻信息传播的比拼不是以天和小时记的，而是以秒计算的。

准是因为真实性是新闻的生命，一家媒体如果刊播的新闻充斥着虚假信息，就会在受众那里失去公信力。当然，虚假新闻出现的原因有很多，但是新闻记者采访不深入，以讹传讹是其中的一个重要原因。

四、道义担当

古人云："铁肩担道义，辣手著文章。"中国新闻工作者从诞生之日起就含有古代史官秉笔直书、以道自任的精神。史量才等人就认为报纸属于史部，又超然于史部，新闻工作者应该道义自存，不虚美、不隐恶。在新闻历史中有不少这样的新闻人，清末新闻记者沈荩因为披露《中俄密约》被清廷杖毙；一代名记者邵飘萍在《京报》馆悬挂铁肩辣手以自勉，敢于揭露军阀黑幕；于右任因为抨击政府和贪官暴行，所办的报纸一再受挫，但他越挫越勇，连办《神州日报》《民呼日报》《民吁日报》《民立报》；改革开放后，我国涌现出的调查记者群体也是这方面的代表。

在当今时代，新闻工作者的道义担当就是要肩负起历史责任和社会责任，做好党的政策主张的传播者、时代风云的记录者、社会进步的推动者、公平正义的守望者，坚持正确的舆论导向，激浊扬清，发挥好耳目喉舌的作用。

第三章　新闻线索篇

合抱之木，生于毫末；九层之台，起于垒土。无论对于哪种事物，起源和开始都十分重要。新闻工作者的采访活动是从发现新闻线索开始的，有了新闻线索，新闻工作者的工作才会有目标和方向，因此发现新闻线索是新闻采访活动最基础的环节。

有的人认为新闻线索很神秘、很专业，其实新闻线索就在我们身边。好友发在朋友圈里的一件小事，父母电话中讲诉家乡发生的变化，城市里新添的一栋建筑，电子邮箱里朋友发来的一封信件，微博中网友发布的一则信息都会成为新闻记者需要的新闻线索。

那么到底什么是新闻线索呢？新闻线索是引导和提示新闻记者到哪里寻找到新闻的一种信号和讯息，它是新闻处于混沌状态的一种雏形，是新闻的原始形态，需要新闻工作者运用多种采访方法将它挖掘出来。

第一节　寻找新闻线索的渠道（上）

新闻记者寻找新闻线索的渠道有很多，大体来说有以下几种：

一、上级部门和所在媒体的安排

新闻记者的很多新闻线索来自所在媒体和上级部门的安排，这在中国表现的尤其明显。在中国，新闻媒体是党、政府、人民群众的耳目喉舌，媒体的这一性质决定了它必须接受党和政府的领导，完成党和政府交办的宣传任务。在现阶段，尽管新闻媒体的一般行业属性得到了承认，但是新闻宣传仍然是它们的首要任务："新闻出版广播影视业既有一般行业属性，又有意识形态特殊性，既是大众传媒，又是党的宣传思想阵地，事关国家安全和政治稳定，负有重要社会责任。无论什么情况下，党和人民喉舌的性质不能变，党管媒体不能变，党管干部不能变，正确的舆论导向不能变。"①

新闻媒体接受党的领导的一个突出表现就是要密切配合党的中心工作做好舆论引导和新闻宣传。2009 年，中央宣传部下发《关于围绕庆祝新中国成立 60 周年深入开展群众性爱国主义教育活动的意见》后，中央电视台迅速跟进，从当年 6 月中旬起陆续播出《共和国从这里走来》《人民英模》《新中国档案》《共和国部长访谈录》等 6 个挂标专栏。综合、新闻频道 7 月初起陆续播出《我和我的祖国》《60 年老报纸》《辉煌 60 年》等系列报道，并且积极报道国庆筹备进展和普通群众的迎国庆活动。

2017 年，中国共产党第十九次全国代表大会召开，人民日报及其旗下的人民网、"两微一端""中央厨房"通过文字、视频、照片、图解、H5 等形式为受众制作了"融媒体新闻大餐"。会前就通过《喜迎十九大 说说心里话》《我的这五年，幸福在这里》《社会主义"有点潮"》《56 个民族儿女寄语十九大》《十九大开幕倒计时，我说我期待！》《梅地亚早播报》为大会预热，会议召开后又精心采制了《直通十九大》《人民网记者"空中看十九大"》《19 地连线海内外联动报道十九大》《十九大报告中的"四个新"》《十九大报告思维导图》《十九大、开讲啦》《刻度上的新时代》等报道会议盛况。

---

① 《关于深化新闻出版广播影视业改革的若干意见》，中共中央宣传部、国家广电总局、新闻出版总署 2001 年 8 月 20 日联合发布，中共中央办公厅、国务院办公厅 2001 年 8 月 24 日联合转发。

新闻记者所在媒体也会根据不同时期的报道重点以及社会热点等给新闻记者有针对性地提供新闻线索，编前会和新闻策划会就起到这样一种作用。编前会是报社总编或者其他负责新闻业务的领导召集，各部门负责人或者记者、编辑参加，设计报纸版面安排，明确新闻采访主题，汇报新闻选题构想的会议。这种会议最早出现在报刊，随着广播、电视媒体的出现，编前会又延伸到这些媒体，主要针对广播电视节目进行设计和规划。新闻策划会和编前会有很多内容是重合的，但是新闻策划会更加注重新闻媒体的主动性，主要是为了更好地挖掘新闻资源，凸显新闻热点，对没有发生的新闻事件进行策划。编前会和新闻策划会不仅在我国非常普遍，在西方媒体中也广泛存在。美国大部分日报每天上下午召开两次编前会。《芝加哥论坛报》甚至每天开三四次编前会。英国大报一般也是一天召开两次编前会。[①]

二、新闻工作者在工作和生活中发现

正所谓处处留心皆新闻，新闻工作者有很多新闻线索是自己在工作和生活中发现的。和朋友的一次聊天，餐馆里的一顿大餐，一次长途旅行等都可能让敏感的新闻工作者发现线索。

2015年12月，《海口日报》记者宋亮亮在海口 DC 商业城偶然看到一名捡垃圾的婆婆走来走去，商户们都把店里的纸箱交给她，而且没有要钱，婆婆向他们不住地点头致谢。记者第一印象这可以作为一件好人好事报道，在深入采访后记者发现商业城里很多商户都给婆婆积攒过纸箱，而且这个婆婆虽然家境困苦，但是自食其力，多次谢绝商户给她买饭，表示自己可以劳动。最终记者挖掘出600商户自发献爱心，长年帮助老人攒纸箱的感人故事，写出消息《一次"拒绝"感动一座商城 海口600家店铺为拾荒阿婆攒纸箱》。

---

① 赵鼎生：《比较报纸编辑学》，［M］，北京：人民日报出版社，2009年12月版，第57页。

本报 12 月 27 日讯　在海口 DC 商业城，商户们每天都会收集好自家的纸箱，等待一位拾荒阿婆上门来拿，这个习惯已经坚持了六年。

26 日下午 4 时，DC 商业城三楼，一位戴着草帽的驼背阿婆，左手拎一只大塑料袋在过道里穿梭。她每到一家商铺，都有人递上折叠好的纸箱或者几个饮料瓶，不到半小时，塑料袋就鼓了起来。

"上午给了阿婆一捆纸箱，刚才又给了她一捆。"3150 号商铺店长周培说。据他介绍，2010 年他刚来店里工作，就见到了这位阿婆，当时看她这么大年纪还在捡废品，心里很同情，此后就和同事每天攒下纸箱，等待阿婆上门来拿。"阿婆从不乱拿东西，取走纸箱前都会和我们确认。"

3158 号商铺销售员符定强说，阿婆几乎每天都来商城，大家都帮她攒纸箱，每次都让她"满载而归"。令他感动的是，一些商户觉得阿婆很辛苦，要买饭给她，可她总是摆摆手，只肯收下废品。

虽然阿婆是"老熟人"，可商户们不了解她的个人情况，连她姓啥都不知道。记者几经努力，阿婆也没有提供任何信息，只是说商场的人对她很好。据海南 DC 商业城管理有限公司总经理助理刘育峰介绍，通过和阿婆平时交谈得知，她姓陈，琼山区人，今年 82 岁，老伴在家没有劳动能力，一个 40 多岁的女儿长年患病，家里就靠她维持生计。

"为了帮助阿婆，商城对她特别关照。"刘育峰说。六年前，刘育峰刚认识这位阿婆时，得知有商户要给她买饭被拒绝，为阿婆自食其力的精神所感动。出于管理和安全考虑，公司不允许外人进入商城拾荒，对阿婆却开了"绿灯"。公司多次要求保安和商户对阿婆要关爱照顾，还和大家"约法三章"——不准阻拦、不准驱赶、不准打骂。如今，整个商城 600 家店铺为阿婆攒纸箱已成为习惯，阿婆每天卖废品大概也有 30 元的收入。

刘育峰表示，商城的"绿灯"，会一直为阿婆亮下去。[①]

有时候，新闻记者并没有拘泥于原有的采访路线，在发现新闻价值更好的角度和素材后会灵活地改变采访。1997年，新华社陕西分社的记者被通知到渭南市大荔县朝邑农场，参加一个小麦机械化收获活动的开机仪式，在路上，警车开道前呼后拥的车队就给记者留下了形式主义的印象，在现场，记者发现出席仪式的领导一走，参加开机仪式未进田地的3台收割机掉头离开，4台收割一半的机器也由田里返回，5台刚开始收割的机器也边收边返，这让记者大感不解，麦田收割可谓"虎口夺粮"，应该一鼓作气才对，为什么这些收割机反而吞吞吐吐，欲割还休？经过记者进一步采访才发现粮食没有完全成熟，还要三四天才到收割期，这次收割就是为了这个仪式。根据采访，记者撰写了消息《夏收何必搞仪式 小麦未熟遭"剃头"》，获得了中国新闻奖。

二维码 3.1　《夏收何必搞仪式 小麦未熟遭"剃头"》

三、在会议中发现新闻线索

很多新闻工作者不喜欢采访会议，认为会议新闻呆板、程式化，不容易写出新意，不容易出好新闻。其实这是对会议新闻的一种偏见。

首先，会议本身就具有非常重要的新闻价值，很多工作是从会议

---

① 宋亮亮：《一次"拒绝"感动一座商城 海口600家店铺为拾荒阿婆攒纸箱》，[N]，《海口日报》，2016年12月27日。

布置开始的，很多国内外大事也是发生在会议上，所以会议本身就具有较大的采访价值。例如一年一度的"两会"既是全国人民的盛会，同时也给新闻媒体提供了展示自己的舞台，各大媒体都派出精兵强将，创新采访方式报道"两会"。在 2018 年的两会中，腾讯新闻和全国 30 多家权威媒体合作打造"两会"跨媒体报道联盟，以一线采访素材、权威编辑视角，借助图文、短视频、直播、H5 交互等多种报道形式，通过腾讯新闻客户端、网站专题、新闻插件等多种渠道，为全网用户呈现了"两会"全景。期间直播 118 场，累计时长 300 小时，发布短视频 1332 条、图文稿件 4000 多篇，开设新闻专题 26 个。①

其次，会议是一座富含新闻线索的矿藏，只要新闻工作者留心观察，就可以发现很多新闻线索。例如工作总结会是对一段时期以来组织或者个人工作的梳理和总结，在总结里有翔实的数据、典型的案例、独到的经验体会、具体的工作措施，这些都可以成为记者发现新闻的突破口。现场会是在生产场地或出现工作典型的地方召开的有关会议，现场会选取的单位和场所本身就具备采访价值，记者如果细心发掘，就可以在这里找到新闻线索。再比如表彰会，被表彰的往往是各行各业的代表人物，在他们身上有许多闪光点，是新闻记者撰写人物通讯的绝佳题材，在采访这些人物时，记者应该深入采访，找到典型事例和细节。

2017 年 1 月 9 日，中共中央、国务院在北京隆重举行国家科学技术奖励大会，中国科学院物理研究所赵忠贤院士和中国中医科学院屠呦呦研究员获得 2016 年度国家最高科学技术奖。《人民日报》记者赵永新采访了屠呦呦研究员，并且以《走近 2016 年度国家最高科学技术奖得主——屠呦呦 一辈子专注青蒿素》为题刊发了她的人物通

---

① 李强：《盘点 2018 年全国两会报道的新形式与智装备》，[J]，北京：《中国广播电视学刊》，2018 年 6 月刊。

讯。在采访中，记者抓住了一个很生动的细节。上世纪 70 年代，在新药临床前试验时，个别动物的病理切片中发现了疑似毒副作用，只有进行后续动物试验、确保安全后才能上临床。为了不错过当年的临床观察季节，屠呦呦提交了志愿试药报告："我是组长，我有责任第一个试药！" 1972 年 7 月，屠呦呦等 3 名科研人员成为首批人体试验的志愿者，幸而没有发现新药有明显的毒副作用。

二维码 3.2　《走近 2016 年度国家最高科学技术奖得主》

　　新闻工作者要特别重视从记者招待会、新闻发布会以及媒体吹风会中获取线索，因为这些会议就是专门用来给新闻工作者提供新闻线索的，有的还是独家的重大新闻信息，因此新闻工作者一定要重视这类会议的采访报道，尤其重视从这类会议中获取新闻线索。

　　除了这些，记者如果在会议中细心观察还会有意想不到的收获。2018 年 3 月，山西广播电视台记者在参加山西省政府新闻办主办的新闻发布会时敏锐地发现新闻发布会出现了一些新变化：发布会没有了新闻通稿，记者手里还多了一张表格，这张表格是用来给新闻发言人打分用的，而且整场新闻发布会对公众直播。于是山西台的记者立刻搜集采访了第一手资料，及时摘取最精彩和重点的内容加以提炼，最后通过静态图文亮点＋精编版要闻嵌入的形式在山西广播电视台的微信公众号"黄河头条"中播发，很好地体现了政府部门推进改革、优化服务的新举措。

二维码 3.3　《山西省政府新闻办：没新闻通稿，记者还要给发布会和发布人打分！》

第二节　寻找新闻线索的渠道（下）

一、通过其他媒体（特别是新媒体）获得新闻线索

目前，新闻媒体种类繁多，既有报刊、广播、电视等传统媒体，也有网络、手机等新兴媒体。每一种媒体又可以分成不同类别，例如报纸就有党报、行业报、晚报、都市报等等。新闻记者无论身处哪一种媒体，都应该学会从其他媒体中获得新闻线索，不要认为其他媒体报道过了，这条新闻就失去了新闻价值，有时候其他媒体的报道只是为记者提供了一条重要的新闻线索，记者或者可以进一步深入采访，挖掘原有报道没有发现的新闻价值；或者可以另辟蹊径，改变新闻报道角度，从新的侧面凸显不一样的新闻主题。

新闻记者从其他媒体获取新闻线索由来已久，这种传统至少可以追溯到我国的第一份商业性报刊《申报》。《申报》创刊于 1872 年，1873 年，浙江余杭发生了一件离奇的案件，豆腐店帮工葛品连暴病而亡，当地县衙认为是葛品连的妻子毕秀姑和曾经与她传出流言蜚语的当地举人杨乃武合谋杀害了亲夫，因此将二人投入大牢，严刑逼供。1874 年 1 月 6 日，《申报》开始了长达三年的连续报道，这是中国近代报刊中最早的连续报道之一。在这期间，《申报》记者就注重从其他媒体获得新闻线索。他们敏锐地发现 1874 年 12 月 5 日的《京

报》中刊载了《京报全录：奏余杭民妇呈控诬陷毙命等细情》，在这篇转载的奏章中提到杨乃武的妻子和胞姐遭派姚士法进京告状的消息，《申报》立刻派记者来到杨乃武家中，访得状文，在 1874 年 12 月 7 日和 8 日以《浙江余杭杨氏二次叩》和《接续浙江余杭杨氏二次叩》为题报道此事，并且刊登了状纸全文，引发强烈的社会舆论。

现代社会，新闻事件和新闻传媒的数量都呈几何数字增长，单个媒体不可能将重要新闻都一网打尽，这时候就更加需要关注其他媒体的报道，再从其他角度入手深化和加工报道。《中国纪检监察报》2016 年刊登的《安徽宿州宋庙小学"要求受助贫困生出钱请吃饭事件"调查》就是从其他媒体中获得的线索。2015 年 12 月 24 日，《安徽商报》以《学校要求受助贫困生出钱请吃饭》为题报道安徽宿州埇桥区宋庙小学要求受资助的贫困学生每人出 200 元请吃饭的事件，但是报道的受访者或是以化名出现，或是以"马校长""杜书记""朱局长"以及"相关责任人"的称呼一代而过，就连记者署名都是模糊的"本报记者"，这则报道引起了《中国纪检监察报》记者注意，在中央和省纪委的大力支持下，该报 3 名记者深入实地调查采访，调查了数十位采访对象，在有限的篇幅中，记者试图以解剖"麻雀"的方式，完整、准确地呈现整个事件暴露出的当地基层政治生态："雁过拔毛"的"潜规则"、村支书和小学校长动的"歪脑筋"、教育主管部门怕"家丑外扬"的"小心思"、少数媒体摒弃公义的利益"倒戈"、基层纪委开展监督的能力不足等等①，使原有的新闻主题得到巨大深化。整个报道由 3 篇调查性报道和 1 篇评论组成，一经刊发，就引发人民网、新华网、中国网等网媒连续 3 天在首页显著位置转发，人民网等微信公众号转发后累计阅读量超过 10 万人次。《人民日报》《工人日报》《中国之声》等 500 多个官方微博转发。据人民网舆情监测数据显示，5 天内，有 2014 篇网络新闻、398 篇报刊评论、近千篇微信订

---

① 中国记协网 http://www.xinhuanet.com/zgjx/2017－06/19/c_136370971.htm。

阅号文章与此有关，舆论反响十分热烈。

二维码 3.4 《安徽宿州宋庙小学"要求受助贫困生出钱请吃饭事件"调查》

　　由于新媒体日益普及，从新媒体中获取新闻线索已经成为新闻记者的采访常态。2016 年，中国青年报记者章正、马富春看到兰州交通大学博文学院刘伶俐老师的微博中叙述自己因为罹患癌症而被校方开除，这引起了他们的注意，记者根据线索进行了深入采访，先后采写了《大学女教师患癌被开除事件调查》《年轻人患病"丢饭碗"该如何维权》等报道，使这一事件成为当时的舆论热点。

　　2009 年，全美航空 1549 号班机由于飞机引擎遭受鸟击失去动力最后成功迫降在纽约哈德逊河上的新闻线索最早也是来自目击者发在 Twitter 上的现场照片，当时美国的一些重要媒体纷纷采访目击者并制作报道，可见新闻传媒普遍重视社交媒体中的新闻来源。英国天空新闻台在 2009 年还向微博平台 Twitter "派驻"了专职新闻记者鲁斯·巴内特，这是世界上第一家任命专职 Twitter 记者的主流新闻电视台。

　　2014 年，有学者曾经就微博使用情况对 199 位媒体人开展过实证研究，发现在被调查的记者中有 98％的记者正在使用/使用过微博，其中 76.9％的记者正在使用微博，21.1％则使用过微博。只有 2％的记者从未使用过微博。在记者使用微博的动机排名中，排在前两位的分别是关注或寻找有价值的选题线索（86％）和关注或者寻找

图 3.1　2009 年美国飞机迫降哈德逊河

更多的采访对象/资源（81%）。① 这些数据说明，微博已经成为新闻记者十分重要的新闻来源库。

二、来自非专业新闻工作者的消息

新闻媒体有一些新闻线索来自非专业新闻工作者，比如通讯员、新闻线人以及普通群众。这种新闻采访形式源远流长，早在 1872 年 4 月 30 日，《申报》在创刊号的《本馆告白》中就提到："若初创或恐囿于方隅，限于知识，遗漏甚多，尚希四方君子进而教之，匡其不逮，实有厚望焉。"② 《申报》当时刊登的很多新闻就来自普通市民。

中国共产党党报理论中重要的一条就是群众办报，所谓群众办报就是党的新闻宣传工作要依靠群众、面向群众、为广大群众说话。根据这一原则，中国共产党十分重视通讯员在新闻宣传中的作用。通讯

---

① 朱瑞娟：《被建构的微博使用：中国记者社会化媒体使用研究——基于 199 位媒体人的实证研究》，[J]，《中国网络传播研究》，2014 年，第 8 辑。

② 《本馆告白》，[N]，《申报》，1972 年 4 月 30 日。

员是为新闻媒体提供稿件或者信息，为记者采访、编辑选题提供直接帮助的非新闻从业人员。[①] 1942 年，延安《解放日报》社论《展开通讯员工作》就谈到："我们的报纸，如果没有广泛的通讯员，如果没有参加实际工作，生活在群众中间的党与非党的通讯员，是不可能办好的……我们的报纸，是党的报纸，同时也是群众的报纸……因此，我们的报纸就不仅需要有能干的编辑与优秀的记者，而尤其需要有生活在广大人民中间的，参加在各项实际工作里面的群众通讯员。"[②]在这篇社论里还提到《解放日报》当时在陕甘宁边区已经有 400 多位通讯员，如果把给其他报纸写稿的通讯员合计在一起，数目要更大，这些通讯员供给着《解放日报》一半地方消息和一部分通讯。1949年以后，全国建立了庞大的通讯员网络，通讯员人数达到了数百万人，在新闻工作中发挥了不可替代的作用。

除了通讯员，新闻记者还要用好新闻线人。新闻线人是给新闻媒体提供新闻线索，有的是提供新闻线索获取报酬的人。有很多重要的新闻采访离不开新闻线人的帮助。美国著名的"水门事件"中，《华盛顿邮报》就是得到了新闻线人——马克·费尔特（时任美国联邦调查局副局长）的帮助，才揭开了整个事件的黑幕。

2003 年伊拉克战争中，新华社就依靠当地的新闻线人贾迈勒的一句话新闻《伊拉克首都巴格达响起空袭警报》领先世界其他媒体十余秒，成为世界上第一个报道战争打响的通讯社，贾迈勒后来获得了新华社最高奖——社长总编辑奖。

为了鼓励非专业新闻工作者给新闻媒体提供新闻线索，很多媒体通过热线电话、微博、微信、电子信箱、QQ 等形式加强和群众之间的沟通，畅通他们为媒体传递新闻线索的渠道，有些单位还专门设立奖励鼓励大家爆料。《北京青年报》的新闻线索奖达到 5000 元，《新

---

① 李未熟、高池编：《新闻通讯员实务》，[M]，武汉：武汉大学出版社，2010 年 7 月版，第 3 页。

② 《展开通讯员工作》，[N]，《解放日报》，1942 年 8 月 25 日。

京报》则打出了"万元线索大奖"的旗号，半个月就奖励新闻线人 23450 元。《成都商报》从 2005 年开始实行"独家头条千元大奖"新闻线索征集活动，宣称每天拿出 1000 元奖励为独家头条提供线索的人。

随着新媒体的日益勃兴，专业和非专业新闻人之间的界限已经十分模糊，非专业新闻机构和个人也可以采访，也可以通过其他形式

图 3.2　马克·费尔特

进行传播，"公民记者""众包新闻"等就是其中的代表。专业新闻媒体应该积极灵活地应对这种挑战，发挥自身技术优势、人力优势、资源优势、市场优势和宽容度优势，将他们变成自己的信息来源，采制出高质量的新闻作品。2018 年，人民日报依托人民日报客户端打造了全国移动新媒体聚合平台——人民号，人民号和百度旗下的百家号实现互通，百家号提供的内容产品在人民号中可以自动同步，这不但可以节约作者劳动成本，帮助作者实现利益更大化，而且为专业新闻媒体提供了包括新闻产品在内的更多内容，实现主流媒体与新媒体的信息共享、同步跟进、无缝融合和紧密协作。

三、随机巡回采访

随机巡回采访一是指记者由新闻机构派遣，沿着预定路线进行的旅行式考察采访活动。这种采访不规定明确、具体的采访对象和报道范围及要求，由记者根据巡回（旅行）所经地的实际情况，对各类有

图 3.3　贾迈勒

价值的新闻题材随时进行就地采访，随时发回报道。[①] 二是指新闻记者在所在城市中通过乘坐采访车辆或者徒步巡回寻找新闻线索，一旦发现新闻线索立刻进行采访，发回新闻报道，其工作类似于警察队伍中的巡警。

随机巡回采访出现较早。1935 年，范长江以《大公报》特约通讯员的身份从成都开始对中国西北地区考察旅行。这次考察旅行，西达敦煌，北至包头，全程四千余里，历时十个月，足迹及于四川、陕西、甘肃、青海、内蒙古等广大地区。他的旅行游记陆续在《大公报》上发表，在全国引起了很大轰动。他的游记视野广阔，首次向全国广大读者公开报道了红军和二万五千里长征，对于增进人民对红军的正确了解起了重要作用。他在游记里对国民党统治的西北地区政治的黑暗，人民的疾苦，日本帝国主义侵略的危机作了淋漓尽致的披露。《大公报》馆将范长江的旅行通讯编辑成《中国的西北角》一书出版，该书在短短的几个月时间里，连续再版 7 次。

目前也有一些媒体使用这种方式获取新闻线索。有的媒体还专门配备了巡回采访车，穿行于城市的大街小巷，随行记者配备有通讯设备，随时和其他记者或者媒体联络。但是，随着网络媒体尤其是手机的普及，这种"瞎猫碰着死老鼠"的获取新闻线索方式逐渐趋于

---

① 邱沛篁等：《新闻传播百科全书》，[N]，成都：四川人民出版社，1998 年版，第 102 页。

小众。

随机巡回采访最大的优势在于可以第一时间发现新闻线索，以最快的速度发布新闻，新闻采访的迅捷保证这样的新闻往往是独家新闻；再一个，新闻记者既是采访者又是新闻事件的见证者，可以避免由于事件转述导致出现虚假新闻。当然，必须看到的是这种"捡漏"式采访具有很大的偶然性，新闻工作者有可能辛辛苦苦跑上很长时间却找不到一条新闻线索。此外，这种线索寻找方式对新闻记者要求也比较高，它要求新闻记者具有高度的新闻敏感和洞察力，能够快速发现和识别新闻线索，并且判断出新闻线索中含有的新闻价值。

四、建立采访基地

作家在写作中有可能会文思枯竭，这时候他就需要到外边走一走看一看，或者找一个采风基地住上一段时间。著名作家路遥在创作《平凡的世界》的时候就来到位于铜川的陈家山煤矿，在煤矿医院的图书室里创作出了第一部《平凡的世界》。

新闻记者的采访基地就类似作家的采风基地，是新闻记者找寻新闻线索、创作新闻作品的地方。不少有经验的新闻记者都善于建立自己的采访基地。新华社的老社长穆青就有不少这样的采访基地，河南省辉县市就是其中的一个。从1972年到2003年，在30年的时间里他9次来到辉县，采写了《大地生辉》《情系人民》《难忘那双手》《老书记与北干渠的故事》等经典的新闻通讯，成为了辉县人民的老朋友。我在从事新闻采编工作时，新闻部有一个老记者万云也将辉县作为自己的采访基地，经常到那里去采访，一去就是十天半月，回来以后就像带了一个百宝囊，里面有不少好线索。退伍军人、辉县市回龙村党支部书记张荣锁带领群众开山修路，凿壁挖洞，在国家没有投入一分钱的情况下，先后献出百万家产，修路架电，历时3年多修成了8公里长的盘山挂壁公路，他被评选为全国优秀共产党员，首届感动中国十大人物。这个典型人物就是万云最先发现并且报道的。

为什么有经验的记者热衷于建立自己的采访基地呢？

首先，新闻写作提倡以小见大，从一个小地方、小人物、小事件折射出大变化、大政策、大事件。包括西方国家常常使用的华尔街日报体也提倡从小的人物或者事件写起。采访基地就能够给新闻工作者提供这样的线索，让新闻记者能够抓住小地方、小人物和小事件，然后一斑窥豹、一叶知秋。

其次，新闻工作者在采访基地采访类似于社会工作者的典型调查。正如毛泽东同志所讲，"麻雀虽小，五脏俱全"。新闻工作者可以在采访基地开展比较深入、翔实、全面的调查研究，并在此基础上进行较为深刻的思考，这样的新闻作品虽然时效性不一定很强，但是它是新闻工作者对某个事件或者某个社会问题深入和成熟的思考，可以帮助新闻受众做出正确判断，有利于推动党和政府的阶段性工作，更重要的是它可以正确地引导舆论导向，更好地发挥新闻媒体的耳目喉舌作用。

2017 年，华龙网记者到重庆市巫山县下庄村采访修路情况。下庄村是一个锁在"天坑"中的小山村，坑底最低海拔只有 200 米，而坑沿最高处的海拔却可以达到 1350 米，所以造成下庄村常年与世隔绝。从上世纪 90 年代末，村民开始尝试在悬崖绝壁上开凿一条"天路"，直到 2004 年这条在崖壁上凿出来的公路才修通，但是下庄村却有 6 名村民在修路过程中牺牲。为了记录好这段故事，华龙网派出摄像、摄影、文字记者十余人在下庄村前后采访、调研一个多月，和村民同吃、同住、同劳动，采访 20 余人，了解了大量生动、具体的第一手素材，录制了近 500 分钟的视频素材，拍摄了 200 多张照片。最后华龙网用深度报道、视频、H5、高清图片、VR 全景、原声再现、手绘漫画等多种形式通过内容矩阵的方式进行播发，收到很好的传播效果。报道刊发后 5 天，全网的阅读量就达到了 1.25 亿人次。

二维码 3.5　《绝壁上的天路》

第三，在采访基地中，新闻工作者更加容易获得新闻采访机会，也更加容易获得真实的新闻素材。由于新闻工作者经常并且长时间在采访基地活动，所以他比较熟悉采访基地，在采访基地也有大量朋友，他们愿意接受新闻记者采访，一般来说也不会给记者提供虚假信息，所以新闻记者在采访基地工作更加如鱼得水。需要注意的是，由于新闻记者和采访基地的干部群众成为了朋友，建立了感情，但是一定不能将这种感情带入新闻采访中，要时刻牢记自己的记者身份和工作性质，不能让朋友之间的感情破坏了新闻的客观性和公正性。

第三节　新闻价值的判断

新闻记者每天要面对大千世界不计其数的事件，在这些事件中，有些属于新闻事件，有些则不属于，那么如何进行判断呢？我认为主要应该从事件是否含有新闻价值来衡量。如果一个事件中包含了一条或者多条新闻价值要素，那么我们就可以认定能够根据这则事件采写新闻。

新闻价值是一个事件中所包含的能够构成新闻的各种特殊要素的总和。传统观点认为新闻价值的要素主要有时新性、接近性、重要性、显著性、趣味性 5 种。

一、时新性

从字面意思分析，时新性包括两种含义：一是"时"；二是"新"。

所谓"时"，就是时效，就是新闻事件发生以后要以迅捷的速度将它报道出去。学者童兵曾经发明了一个概念"时距"：

$$时距＝新闻报道时间－新闻发生时间$$

时距和新闻价值成反比，时距越大，则新闻价值含量越小；时距越小，则新闻价值含量越大。从这个公式我们可以发现，从时效性的角度出发，新闻工作者想要获得最大的新闻价值就需要缩短新闻报道时间和新闻发生时间之间的时间差。这个时间差取决于多重因素，比如说媒介使用情况、交通情况、新闻传播的科技水平等等，过去由于交通、通讯的科技水平低，新闻传播的速度较慢。例如1874年，日本借口保护侨民侵略我国台湾，《申报》专门派记者前去采访，记者漂洋过海来到台湾又通过通信的方式将新闻传回报馆，花费了大量时间，新闻报道讲述的是四月份乃至二月份的事件，而报道出来已经是当年的7月22日，时距达到了三个月以上。

而对于一名新闻记者来说，想要缩短新闻时距，就需要他能够快速识别新闻、判断价值、采访新闻、制作新闻，用最短时间将新闻报道出来。最好的新闻工作就是能够第一时间出现在新闻现场并且以最快的速度把它报道出来。

下面再来谈谈"新"，所谓"新"，主要指新闻工作者报道的新闻和受众已有信息之间的重合程度，重合程度越大，则事件越不"新"，新闻价值含量越小；反之，新闻工作者报道的新闻和受众已有的信息之间的重合程度越小，则事件越"新"，新闻价值含量越大。看下面这则新闻：

东乡首例"官告民"诉讼助辍学孩子重返校园

3月12日上午，东乡县历史上首例"官告民"诉讼在龙泉镇拱北湾小学操场公开审理，吸引了上百位学生、家长和村民前来旁听。

几天前，在得知拱北湾村小学9年级学生小明（化名）辍学在家的消息后，龙泉镇政府工作人员和学校老师随即与小明父母就孩子返校事宜进行反复沟通。然而，一次次耐心诚恳地上门劝导、教育和敦促，却未能奏效。不得已，龙泉镇政府将小明的父亲马阿卜都告上了法庭。

"看到孩子们中途辍学，我们心里特别着急，不断想办法让家长把孩子们送回学校。"东乡县教育局局长马正义说，作为教育主管部门，希望通过这样的方式，引起辍学学生家庭的重视，起到积极的宣传引导作用，促使更多的辍学孩子回到校园。

主办这一案件的东乡县人民法院法官韩高占认为，与其说这是一起诉讼，倒不如说是一次普法教育，它让更多家长知道了《未成年人保护法》和《义务教育法》的相关规定，认识到送孩子上学是家长应尽的义务和责任。

"我没念过书，认为儿子上不上学是自家的私事，没想到还触犯了法律。"马阿卜都懊悔地说。

经过现场调解，原被告双方就学生返校时限等达成协议，法庭当场下达调解书。当晚8时，小明在父亲的陪同下办理了入学手续，回到了阔别已久的校园。

"能够回到学校真好！又可以和同学们一起读书、一起打球了。"在学校一报完名，小明就迫不及待地向宿舍跑去。

据了解，在东乡县这样的国家级贫困县，由于少部分家长对教育重视不够，导致一些孩子中途辍学，为家里打工挣钱。有关人士认为，东乡县此次"官告民"诉讼，既是当地控辍保学的积极探索，也是推动教育扶贫的一次成功的司法实践。①

这是 2018 年 3 月 26 日刊登在《甘肃日报》上的一则报道。这则报道的新闻价值就主要体现在"新"上，一是过去都是"民告民"、"民告官"，很少出现"官告民"；再一个"新"就是学生辍学不再仅仅是一个家庭问题，教育部门也不再仅仅是教育和规劝辍学学生的家长，而是可以通过法律手段使那些孩子回到校园。这类事件以前从来没有出现在甘肃的新闻媒体中，所以对于受众尤其是甘肃省的受众来说这篇报道的信息是全新的，因此也是具有较大新闻价值含量的。

二、接近性

接近主要是指新闻事件和新闻受众之间的接近程度。二者越接近，则新闻价值含量越大。

接近首先指地域上的相近程度。俗话说："老乡见老乡，两眼泪汪汪。"为什么老乡见面会产生如此浓烈的感情，原因在于地域的接近使他们之间会有很多相通的东西：共同的朋友、共同的习俗、共同的饮食、共同的文化等等。这些共同的东西可以让他们互相之间有话可谈、有情可抒，可以使他们的思想、感情能够交融、碰撞，有利于他们沟通。而新闻的接近就类似这种形式，新闻如果发生在受众周围就更加容易引发他们的共鸣，受到他们的关注，尤其是一些和他们利益密切相关的新闻事件就更加具有新闻价值。

2017 年冬季，中央人民广播电台记者看到河北保定徐水区委区政府发布了一则通告：今冬的供暖无法如期，希望群众忍耐克制，理解政府工作。他们认为这是一条非常好的新闻线索，因此在该县进行了深入调查研究，调查了 5 个乡镇，十多个村庄，最后采制了深度报道

---

① 王睿君、洪文泉：《东乡首例"官告民"诉讼助辍学孩子重返校园》，[N]，《甘肃日报》2018 年 3 月 26 日，要闻版 02。

《河北徐水农村群众取暖难 政府紧急出台措施力保群众过冬暖》在《新闻纵横》节目中播出。这篇报道选择在"煤改气"的关键时候播出，因此在全国都具有新闻价值，很多媒体也因为这篇报道持续跟进和追踪报道，但是显而易见的是，对这则报道最关注的是当地的干部和群众，因为这个新闻事件以及随之而来的政府举措会给他们的生活带来改变。事实也确实如此，在报道播出以后，河北省和保定市的领导均作出指示，要求当地保证群众过一个温暖的冬天，徐水区的主要负责人也通过媒体进行解释说明，并且积极应对，力保群众过暖冬。

除了地域的接近，如果新闻的主人公和受众的身份接近、职业接近、专业接近、年龄接近、爱好接近、经历接近等等，那么这个新闻事件对于特定的受众群体就有特殊的新闻价值，我们可以把这些接近统称为心理接近。正是由于他们具有了某种相似和默契，所以即使新闻事件相隔万里，但是对于他们来说仍然具有很大的新闻价值。

2018年12月6日，加拿大媒体《环球邮报》报道，加拿大警方应美国当局要求，在当地时间1日在温哥华逮捕了华为公司首席财务官，公司创始人任正非的女儿孟晚舟。这则新闻在世界引起广泛关注，在国内具有更大的新闻价值，因为虽然这个事件发生在遥远的加拿大，但它是加诸一个中国公民身上的不公正待遇。

由于新闻价值的一个重要元素就是接近性，再加上我国传统媒体条块分割、层级分布的特点，所以绝大多数媒体都非常关注地方新闻，通过采访当地新闻来赢得受众的青睐，有的开辟出极具地方特色的新闻节目，比如东南卫视的《东南新闻眼》、上海文广新闻传媒集团的《深度105》。还有的媒体为了增加和新闻受众的接近程度还专门使用方言来播报新闻，像杭州广播电视台的《阿六头说新闻》、齐鲁电视台的《拉呱》都属于此类。

三、重要性

重要是指一则事件具有重大的影响和后果，有很大意义，尤其指事件和受众之间存在的利害关系。利害关系越大，则这一事件越重要，那么它的新闻价值含量则越大；反之，事件和受众之间存在的利害关系越小，则越不重要，新闻价值含量也越小。

重要性对于新闻记者发现和捕捉新闻有非常关键的作用，尤其在中国的新闻话语体系中，重要性更加受到新闻工作管理者和实施者的高度重视，特别是在重大新闻的发现和生产上，这一点体现得更加突出。例如获得第 28 届中国新闻奖特别奖的深度报道《中国反贫困斗争的伟大决战》、获得第 27 届中国新闻奖特别奖的电视消息《习近平在青海考察时强调 尊重自然顺应自然保护自然 坚决筑牢国家生态安全屏障》、获得第 26 届中国新闻奖特别奖的文字通讯《胜利的号角和平的宣示》等都是以重大题材获胜，这些新闻报道的事件都存在重大的意义和价值。

二维码 3.6　《中国反贫困斗争的伟大决战》

一般来说，和新闻受众的生产、生活密切相关的事件往往具有重要性。例如环境保护、医疗改革、法制保障、教育工作、物价变动等都和大众息息相关，因此在这些领域发生的事件往往能够成为新闻，而且因为它自身所蕴含的重要性有可能成为被广泛关注的新闻。特别是战争、灾祸、犯罪这些能够对很多受众产生重大影响的事件，它们所蕴含的新闻价值量将会更大。2008 年 5 月 12 日，四川汶川地区发生 8.0 级特大地震灾害，地震波及大半个中国和亚洲多个国家和地区，地震发生 18 分钟后，新华网最早进行了报道，随后，国内和国际主流媒体都在第一时间进行报道，以央视为代表的电视媒体还开播了 24 小时滚动新闻，不间断地报道灾情以及救援情况。在长达一个月的时间中，关于 5·12 地震的报道几乎占据了全国很多媒体的头版头条，成为全国人民关注的中心。

四、显著性

显著性是指新闻工作者面对的新闻人物或者事件具有的明显程度，它们越引人注目，则显著性越高，那么相应的新闻价值也越大。例如下面这则新闻：

原子能楼被彻底拆除
旧址设立"共和国第一台粒子加速器"纪念标志

科技日报北京 9 月 3 日电　3 日，有"共和国科学第一楼"之称的中科院原子能楼被彻底拆除。楼内的 250 万电子伏特质子静电加速器被提前取出，"共和国第一台粒子加速器"纪念标志铭牌在一天前正式揭幕。

1953 年建成的原子能楼是中关村的第一座现代化科研设施。从这里走出两位国家最高科学技术奖获得者，6 位"两弹一星功勋奖章"获得者，数十位泰斗级院士，"裂变"出一批重要的核科学和物理学研究机构。这栋楼见证了中国科学院以及新中国高科技起步和初期发展的历程。

此楼西侧是静电加速器大厅，在此安装了 250 万电子伏特质子静电加速器。它是我国科学家自行设计研制的第一台原子能加速器，奠定了我国粒子物理研究的基础，培养出了许多优秀骨干人才。

该楼所在的国家纳米科学中心由于园区建设空间所限，经多次研究，确定在现有园区内拆除部分旧建筑，建设"纳米集成技术与纳米制造综合研究平台"，项目报批和推进依法经过申办和审批，于 2015

年底即达到施工阶段。但近一年来，一些老科学家提出异议，呼吁保留此楼。中科院也曾讨论过原子能楼整体和部分保留的可行性。但据记者了解，若将原子能楼作为纪念设施改造或整体移动，申报难度大，审批许可周期也将非常长，影响纳米中心新建项目的进度。今年6月21日，施工人员开始拆除此楼，后因故被紧急叫停。随后，国家纳米科学中心在其官网称，将原子能楼的南墙按原貌复制在新建实验楼南墙，同时在旧址设立纪念标志物，以达到保护和传承其历史价值的效果。

这则新闻是系列报道《京城之大，能容得下小小的原子楼吗》中的一篇。中国经济发展速度飞快，基础建设更是世界闻名，修路、造桥、盖楼、打洞的技术和速度都是世界一流，甚至在全球基建市场留下了"基建狂魔"的称号，所以在北京拆掉一座并不伟岸而且时间较长的旧楼本来不应该成为新闻，但是科技日报的记者陈磊、刘亚东却抓住这一新闻线索追踪大半年，写出系列报道，而且报道引起强烈反响，在科技日报微信公众号有数万点击量，报道还被很多媒体转发。这则新闻的价值主要就体现在它的显著性上，因为这栋楼建于1953年，它不但是中关村的第一座现代化科研设施，更因为它是共和国"两弹"研究的发祥地，从这里走出了6位"两弹一星功勋奖章"获得者，2位国家最高科学技术奖获得者和数十位院士，被人们称为共和国科学第一楼。正是因为这栋楼在中国科学技术史上具有特殊地位，所以它的命运就十分引人注目，他的拆迁也成为了一则被世人关注的新闻。

新闻的显著性可以体现在很多方面，比如显著的人物，发生在名人身上的事情很多都是新闻，婚姻的变化对于普通人来说很难成为新闻，但是明星的分分合合却是娱乐版编辑们最热衷的。当然在凸显新闻显著性的同时，新闻记者一定要把握好度，不能像有些小报的"狗仔队"专门报道和炒作明星隐私，缺乏新闻专业精神，拉低受众品味，坠入黄色新闻的泥沼。再比如显著的时间，在不同的时间采访报道同一个事件其新闻价值含量是不一样的，在 3·15 消费者权益日报道一种假冒伪劣商品被查处就比平时更能赢得眼球。因此地方媒体的新闻工作者可以抓住这种时机，在显著的时间给中央媒体提供相应的新闻稿件，这样可以更好地提高稿件刊播率，促进本单位的外宣工作。除了以上这些，包括显著的地点、显著的部门、显著的行业等都可以增添新闻价值。

五、趣味性

新闻的趣味性指新闻记者采访和写作的新闻具备的有趣程度，是否能够吸引受众的注意。新闻的趣味性最早是西方新闻界提出来的，尤其在政党报刊向廉价报刊过渡时期，趣味性的提出使报刊摆脱了传者本位的桎梏，更多考虑新闻受众的诉求，这是新闻传播事业的一个进步。马克思主义新闻观也重视新闻的趣味性，毛泽东在《中国共产党在民族战争中的地位》中就说："洋八股必须废止，空洞抽象的调头必须少唱，教条主义必须休息，而代之以新鲜活泼的、为中国老百姓所喜闻乐见的中国作风和中国气派。"2013 年，习近平在全国宣传思想工作会议上也强调："正面宣传关键是要提高质量和水平，把握好时、度、效，增强吸引力和感染力，让群众爱听爱看，产生共鸣，充分发挥正面宣传鼓舞人、激励人的作用。"

趣味性首先是指新闻工作者采访的事件比较新奇、稀少、引人发笑。比如下面这则新闻：

中新网 10 月 7 日电　据台湾"中广新闻网"7 日报道，南非动物园一只大猩猩因为喜欢抽烟而声名远播，日前去世，高龄 52 岁。

这只名叫"查理"的大猩猩多年前，因为游客丢给它一支香烟，开始爱上吞云吐雾，随后"查理"因为爱抽烟，成为动物园最有名气的动物，每年因此吸引成千上万名游客前来观看。

验尸官将进行解剖，以确定"查理"的死因。

过去多年来，虽然园方想尽方法，让"查理"戒烟，同时也劝阻游客拿烟给"查理"，但是显然都不成功。

通常，大猩猩的平均寿命是 40 岁，动物园发言人说，他很难想象，"查理"有抽烟恶习，居然还能多活十年。

不过，"查理"不是唯一染有人类恶习的动物，今年二月，有媒体报道，一只俄罗斯大猩猩经常向游客要烟酒，而被送进勒戒所。

猩猩能够活到 52 岁已经非常稀少，而且还染上了抽烟的恶习，这样的新闻让人看了不仅觉得离奇古怪，还会使人忍俊不禁。在报道和挖掘这类事件时，新闻工作者务必做到新闻真实，不能够为了提高新闻的趣味性就添油加醋、嫁接事实。

其次，趣味性也指被报道的事件具有浓厚的人情味，能够引发受众强烈的情感共鸣。看下面这则新闻：

微公益爱心人士张成良离世引发众人追思——
一碗面 温暖杭州很多年

浙江在线杭州 2018 年 12 月 19 日讯（浙江在线记者：王晨辉、钱祎、周洲　通讯员：王芹、吕啸）冬日清晨为环卫工人送免费热汤面的张成良因病走了。12 月 19 日上午，张成良的追思会在杭州殡仪馆举行，数百位市民送他最后一程，也有不少市民前往成良微公益面馆，深深鞠上一躬。在微博、微信朋友圈和论坛上，还有数万名网友通过留言等方式，表达哀思和敬意。

生于 1961 年的张成良是一位公益名人，1995 年至今，他组织过大大小小的公益项目不下百个，帮助过的人更是不计其数。2013 年，成良微公益面馆在杭州建国南路开张，张成良通过一碗面温暖了杭城，也让杭州老百姓记住了他的名字。在面馆门口，你可以看到这么一句话："当您在困难时，可以在成良面馆免费吃上一碗热气腾腾的面。"据不完全统计，至今他已送出 5 万多碗爱心面。今年夏天，成良微公益面馆坚持发起"给环卫工人送清凉"活动。为期 40 天的公益行动，面馆一共送出 13448 杯绿豆汤，平均每天送出 336 杯。

这些善举也让张成良获得"浙江好人""中国好人"等称号。张成良还是有名的孝子，2008 年起，他带着年近八旬的母亲环球旅行。打开张成良的微信朋友圈，除了各种公益信息，就是他和母亲在一起的温馨场景。

家住杭州姚园寺巷的环卫工人朱红霞，永远记得 2014 年春节的清晨。"早上很冷，一到面馆，张老板就把一碗热腾腾的榨菜鸡蛋面捧到了我手上。"朱红霞的老家在江苏，这碗面让她在异乡倍感温暖。她问张成良："一个早上要送 100 多碗，生意怎么办？"张成良笑着回答："你们很辛苦的，先吃好。"

几年来，张成良的面馆从杭州建国南路开到了建国北路，他的一颗爱心始终热腾腾的。在杭州的寒冷清晨，张成良的面馆里总是坐满了人。这个群体，有环卫工人、保安、废品回收人员，还有流浪汉。杭州居民应阿姨告诉记者，她曾和张成良一起给社区的独居老人送过生日面，"这碗惊喜的生日面，让许多老人开心了很久"。

记者也曾多次采访张成良，并不断被他的爱心和善举所感动。他说，做公益很累，也时常不被人理解，但每每看到受助者解困，自己受再多的委屈也都值得。

微公益面馆的影响越来越大，一群志同道合的义工朋友走到了一起，成良微公益面馆义工微信群已有 300 多名成员。给环卫工人送面的时候，张成良忙不过来，就会在微信朋友圈吆喝一声，很多志愿者就会跑过来搭把手。张成良还和义工群的成员先后资助了贵州、衢州、丽水等地的 175 位寒门学子，给他们送去了体育器材和学习用品。

一碗面暖胃暖心，也带动了很多人参与公益活动。杭州姚园寺巷社区党委书记宋月兰说："以前我们觉得做公益的应该都是大企业和大机构，但张成良用实际行动告诉我们，只要你愿意，每个人都可以做公益，都能够给身边的人带来温暖。"

这篇新闻讲述了杭州爱心人士张成良投身公益事业的事迹以及他去世后市民、网友对他的怀念。虽然故事不大，但是富于情感，打动人心，让读者通过报纸的字里行间感受到了这些市民、网友对张成良的感怀，是一篇有温度的好新闻。

以上我们介绍了新闻价值的 5 种要素：时新性、接近性、重要性、显著性、趣味性。需要明确的是并不是一个事件需要同时具备这 5 种要素才能成为新闻，也不是一则新闻只能有一种新闻价值要素，一个事件只要具备 1 种以上的新闻价值要素就可以成为新闻。一般来说，事件都要具备时新性才能成为新闻，也就是说时新性是新闻的必备条件。但是，有些事情是长期的工作，时间性非常模糊，有的还是过去发生的事情，那么在采访这样的事件时如何凸现它的时新性呢？这就需要新闻工作者学会寻找事件的"新闻由头"。

"新闻由头"是新闻根据或新闻引子，是客观事实作为新闻传播的依据和契机，是一个事实所以称为新闻的根据。新闻由头是使"旧闻"成为新闻的桥梁。[①] 例如一个新闻记者想要对某单位的精神文明建设工作进行报道，但是这一工作是长期性的，如果不注意就容易写成工作总结。这时候新闻记者就可以寻找和抓住新闻由头，比如这个单位刚刚获得了国家级文明单位，又或者这个单位的某个职工见义勇为等等，通过采访一个刚刚发生的事件串联起长期的工作，起到以一执万的效果。

新闻工作者在采访时尤其是获得新闻线索以后需要根据待采访事件是否包含新闻价值要素以及要素量的多少来策划和开展下一步工作。

---

① 程曼丽、乔云霞主编：《新闻传播学词典》，[N]，北京：新华出版社，2012 年 1 月版，第 167 页。

南水北调首次向北方大规模生态补水结束

我省接受生态补水 5.02 亿立方米

本报讯（记者高长岭）7月1日，记者从河南省南水北调办了解到，南水北调中线工程今年4月以来首次向北方进行大规模生态补水，到6月30日全面完成补水任务，累计向北方补水8.68亿立方米，其中向我省补水5.02亿立方米。

据介绍，按照南水北调中线工程规划，如果丹江口水库水量丰沛，在保障沿线城市饮用水供应之外，可以向沿线地区进行生态补水。也就是说，在丹江口水库水量足够多的情况下，沿线受水地区用水除饮用外，还可以用来改善本地水生态环境。过去五六年，丹江口上游来水量少，属于枯水期，自去年秋天起，丹江口库区来水量变大，进入丰水期。针对汉江水情和丹江口水库水位偏高等实际情况，水利部决定，今年4月至6月，南水北调中线工程首次正式向北方进行生态补水。

从4月17日起，南水北调中线总干渠通过18个退水闸和4条配套工程管道向我省进行生态补水，惠及南阳、漯河、平顶山、许昌、郑州、焦作、新乡、鹤壁、濮阳、安阳等10个省辖市和邓州市。我省受水区各地围绕"多引、多蓄、多用"的原则，完善优化补水方案，科学调度，加强巡逻，确保补水安全。6月30日，省内沿线退水闸全部关闭，生态补水任务全部完成。据统计，两个多月来，南水北调中线工程对我省生态补水5.02亿立方米。

南水北调生态补水明显改善了我省水生态、水环境。通过补水，我省沿线受水地区地下水位明显上升，河湖水质得到显著改善，沿线群众对生态补水带来的幸福感普遍增强。

今年生态补水，南阳市受水最多，白河城区段，清河、潘河方城段河流水质得到明显改善。6月28日，在南水北调中线工程白河退水闸，丹江水从闸门呼啸而过，流入白河河道中。下游白河湿地公园内荷花盛开，市民们纷纷在水边、荷花旁留影。在白河光武大桥附近，63 岁的市民杜先生正在钓鱼："最近白河水质明显变好，钓起来的鲫鱼浑身白亮亮的。"

在平顶山市，北汝河、沙河、澧河水量明显增加，白龟山水库生态景观明显改善。许昌市则利用生态补水对当地河湖水系水体进行了置换。在省会郑州，今年 5 月 20 日，丹江水首次流入尖岗水库，并经尖岗水库流入金水河和贾鲁河，水库及河道水质显著改善。焦作市置换了市区龙源湖的全部水体，为当地居民创造了更好的休闲环境；修武县郇封岭地下漏斗区水位明显提升。安阳市安阳河、汤河水质大为改善，由补水前的Ⅳ类、Ⅴ类水质提升为Ⅲ类，受到沿线群众欢迎。

（河南日报 2018 年 7 月 2 日）

第四节　如何培养新闻敏感

正如前文所言，新闻敏感是新闻工作者敏锐地发现新闻线索以及对新闻事件中包含的新闻价值要素进行判断的能力。新闻敏感是新闻工作者基本和必备的素质，是新闻工作者的形象识别标志，对于其采访和写作都非常重要，如果一个人具备了新闻敏感，他就具备了做一名优秀新闻记者的潜质。

西方新闻界一直流传着这样一个故事：《纽约时报》著名记者迪姆士·泰勒初涉新闻行当时，去采访一个著名女演员的首场演出，到剧场后发现演出已经取消，他就回来睡觉了。半夜，他突然被电话铃声惊醒，编辑告诉他："其他各报都在头条位置登出了这个女演员自杀的消息，以后你的新闻鼻不要再感冒堵塞了。"

2005 年，广东《新快报》的一名记者和朋友到酒店吃饭，吃饭中间就听朋友聊起广州的一些酒楼存在种种无良现象，有的把死海鲜冒充活海鲜卖给顾客，有的在客人吃剩下的火锅中过滤出口水油再加工给其他食客等等。说者无意，听者有心。这名记者立刻联想起最近有一些读者给报社反映了类似问题，他认为这是一个非常好的新闻线索，回到报社后向领导作了汇报，后来《新快报》派出记者卧底广州部分酒楼，采访到了很多坑害消费者的素材，最后以《无良酒楼大起底》为标题刊登了系列调查性报道，收到了很好的社会效果。

大家看这两个例子，第一个例子中一条大新闻就摆在新闻记者面前，但是他却让它溜走了；而第二个例子中记者本来没有采访任务，却在饭局中发现了一条好线索。为什么会出现这样的结果，根本原因就在于新闻记者是否具有新闻敏感。第一个例子中的新闻记者显然缺乏新闻敏感，因为女明星的首场演出正常举行是新闻，而首场演出取消相较于正常演出是一种反常行为，其新闻价值要大于正常演出，所以相关报道应该是更大的新闻。而第二个例子中，新闻记者能够时刻保持职业敏感，秉持"处处留心皆新闻"的态度，所以在看似没有新闻的地方发现了新闻。这两个对比鲜明的例子告诉我们新闻敏感对于新闻工作至关重要，它决定着你是否能够成为一名优秀的新闻记者。

新闻敏感贯穿于新闻采制活动的各个环节，它的内容也非常丰富，主要包括敏锐地预感新闻即将发生，对未来新闻能够做出预判；敏锐地感知受众的关心和兴趣，了解他们的爱好和口味；敏锐地判断新闻采访的路径和对象，这样新闻记者在新闻采访现场就可以有条不紊，还不至于漏掉关键信息；敏锐地判断新闻事件包含的价值要素，并且能在现场有目的、有意识地挖掘；敏锐地感知新闻事件的社会价值和意义，这一点不仅对于新闻记者，对于新闻编辑也十分重要；敏锐地寻觅浅层新闻事实下面隐藏的深层新闻，从事调查性报道采访的记者尤其要具备这类新闻敏感；敏锐地判断和发现新闻报道的角度等等。

既然新闻敏感如此重要，而且它又贯穿于新闻采制活动的全部流程，那么，新闻记者如何来培养自己的新闻敏感呢？我认为主要应该做到以下几个方面：

一是增强新闻记者的政治敏感和社会责任感。

政治敏感是对政治事件、政治人物以及政党、国家的方针、政策的感知和判断能力。新闻和政治之间有千丝万缕的联系，这一点从最早的新闻媒体——邸报的出现就可以看出来。邸报最早出现在中国唐代，当时有两种报纸：一种为了传递政情信息；另外一种是为了让藩镇要员获得中央情报，所以这两种报纸都是因政治而生。到了近现代，新闻媒体和政治的关系愈加密切，新闻媒体需要从政治机构、人物那里获取政治信息编写成新闻，而政治机构、人物又需要通过新闻媒体吸引和影响舆论。

在我国，新闻媒体的性质是党、政府和人民群众的耳目喉舌，这一性质决定了中国的新闻媒体政治性更强。正因为如此，中国共产党历来就有政治家办报的传统。所谓政治家办报就是要求新闻记者要懂政治，要有高度的政治责任感、敏锐性和创造力，只有具备了这样一种政治品格，在中国才能够从事好新闻工作，反之，不仅不能及时发现新闻线索，甚至会给新闻媒体乃至党和国家带来巨大危害。

2008 年 9 月，四川省旺苍县出现大实蝇虫害，全县 11 个乡镇的 6.8 万多株柑橘树发生疫情，占该县橘树种植总量的 8.9%。就在政府对虫害治理接近尾声时，某报在 10 月 4 日和 5 日接连刊登《广元旺苍县柑橘园爆发大实蝇疫情》《误食"柑蛆"莫慌！人体不会有大碍》两篇文章，文章说"四川旺苍柑橘园爆发大实蝇病虫害，上世纪 90 年代，当地柑橘就出现过病虫害，此次大面积爆发是由于果园管理不力"。另外，根据中国《植物检疫条例实施细则》，大实蝇作为全国植物检疫对象，其疫情发布的权力在农业部，报社的记者在报道时并没有征得农业部门的许可，而且报道内容有失实成分，经过网络和短信传播后，"引起部分不明真相的群众恐慌，导致柑橘严重滞销，在湖北省，大约七成柑橘无人问津，损失或达 15 亿元。这一报道虽然记者具有相应的新闻敏感，但是由于缺少政治敏感，还违反国家相关规定发布疫情，造成了极为严重的后果"[①]。

为了增强新闻记者的政治敏感，从学生时代就要让立志从事新闻工作的莘莘学子了解国情、了解民情，因为一个对自己的国家和人民漠不关心、毫不了解的人是不可能做好新闻工作的。有的学校教授新闻采访的老师让学生观看一些纪录片，尤其是一些大型政论片，例如《复兴之路》《必由之路》《将改革进行到底》《法治中国》《苦难辉煌》《大国崛起》等等，有的学校则经常邀请相关方面的专家为学生开设讲座，开拓学生的视野，让他们能够更加全面和准确地认识国情、政情和民情。

马克思指出："作为确定的人，现实的人，你就有使命，就有任务。至于你是否意识到这一点，那是无所谓的。"马克思讲的"使命"和"任务"就是一个人的责任。在社会中，人不是作为自然人而存在的，他是一个社会人，因此，对于社会他负有一定的义务和责任。作为新闻记者要对这种社会责任和义务知晓、理解并且付诸实施。

2008 年 8 月底，《东方早报》的深度报道记者简光洲发现报纸上刊登了一则新闻，武汉同济医院有三名婴儿患有肾结石，通过医院的治疗转危为安。看了这则报道，简光洲有了一个疑问，为什么不到一岁的婴儿会得肾结石，而且不是一个孩子，不仅在湖北，在甘肃等地也出现了患有肾结石的婴儿。简光洲就到医院去采访，有一个细节让他出离愤怒。在医院里，他看到有一家人，送不到一岁的婴儿去做全身麻醉，然后做肾结石的手术。在手术室门关上的那一刻，父母、爷爷、奶奶伤心欲绝，如同生离死别。据医生介绍，做这个手术需要把尿道扩张器从婴儿的尿道里塞进去，然后又是 5 毫米的导管插进其膀胱甚至肾脏，整个过程非常痛苦。经过调查研究，简光洲发现这些孩子有一个共同的地方就是都食用了河北三鹿集团生产的三鹿牌奶粉，

[①]　参考谭德明：《政治敏感是新闻记者的职业生命》，[J]，《记者摇篮》，2008 年 12 月。

于是他在 9 月 11 日的《东方早报》上撰写了《甘肃 14 婴儿同患肾病疑因喝"三鹿奶粉"所致》，成为第一个在这次毒奶粉事件中点名三鹿集团的新闻记者。这个事件引发整个奶粉行业巨震，一大批不合格的奶粉企业被曝光，成千上万的婴儿免受毒奶粉伤害。

2009 年，简光洲被《新周刊》评选为年度新锐人物，推委会给他的颁奖词是："真相因良知而显露，黑幕因勇气而洞开。他打破媒体'某'规则，直接说出了'三鹿'两个字，引发了中国奶制品行业地震，间接挽救了无数婴幼儿的生命健康。在蚍蜉撼大树的背后，他和他所供职的《东方早报》的诚实和勇气，还原了传媒的公共价值和监督角色。他只是一个记者，但他代言了 2008 中国传媒的良心。"简光洲之所以有蚍蜉撼树的勇气，就是因为他有高度的社会责任感。

二维码 3.7　《甘肃 14 婴儿同患肾病疑因喝"三鹿奶粉"所致》

二是经常处于新闻采访状态。

新闻工作有自己的特殊性，它没有固定的工作时间和地点，在任何时候、任何地点，新闻记者都有可能遇到新闻。新闻工作的这种特性要求新闻记者时刻处于一种新闻采访状态，就像民国著名记者邵飘萍所言："外交记者为至繁复之职务，其脑筋无时休息，其耳目随处警备，网罗世间一切事物而待其变动。"也就是新闻记者的所有感官要经常处于警惕状态，努力搜索和发现新闻线索，评判新闻事件中蕴含的新闻价值。

1917 年的一天，邵飘萍到国务院找一个秘书朋友聊天，隔壁的屋子就是时任国务院总理段祺瑞的办公室。在无意之中，他听到秘书通知美国公使，下午三点段祺瑞要到美国公使馆访唔，邵飘萍立刻意识到段祺瑞的访唔一定和中德美之间的关系有重大干系。因为美国想和德国断交，而且想让中国和他采取一致的行动。邵飘萍在得到线索后并没有急着采访段祺瑞，而是驱车来到美国公使馆，以一个知情人的身份从美国公使那里套来了一些内幕，包括美国政府对驻北京使馆的训令。然后，邵飘萍又回到国务院，将从美国公使那里获取的信息作为底牌又从段祺瑞那里了解到了更多的细节和信息，写出了一条大新闻。

2001年，获得第12届中国新闻奖一等奖，由《北京晨报》记者薛晖等人采写的《学者不得为商家当"托儿"》也是记者偶然得来的新闻线索。有一天，薛晖和自己的几个朋友聊天，在聊天时，有个朋友说在最近召开的一次中国生化学会上，为了防止误导公众，学会出台了禁止会员以学会名义在商业活动中发表学术观点的"家规"。说者无心，听者有意。朋友的话让薛晖敏锐地意识到这可能是一条"大鱼"，因为在科技界中，学者与商家相互利用，共谋利益的现象日渐增多，"核酸风波""基因皇后"等事件都属于此类。这种现象已经引起有识之士的忧虑，这条线索有可能是一个绝好的突破口。于是，薛晖根据这条线索顺藤摸瓜，采写了《学者不得为商家当"托儿"》这篇通讯。这则报道影响非常广泛，网上转载后评论如潮。此后《南方周末》等多家媒体重点刊载了本文。从此，学风问题成为2001年备受关注的话题。也就是在媒体的关注下，中科院在年底出台了《院士自律手则》，从而促进了国内学风的净化。

从这两个例子可以看出新闻记者一定要做有心人，正所谓"处处留心皆新闻"，只要经常保持一种职业状态，新闻人的"新闻鼻"就会灵敏起来。

二维码 3.8 　《学者不得为商家当"托儿"》

三是深入基层、深入群众。

曾经担任过中国记协主席的田聪明在一次会上讲，新闻记者如何抓住机遇，应对挑战呢？关键是要切实"吃透两头"。"一头"，就是要认真学习中央的各项重大决策部署，并紧密联系当前内政外交各方面的实际，真正将精神实质弄懂了、弄通了、领会了、消化了。"另一头"，就是要经常深入到基层，深入到一线，深入到各行各业广大干部群众贯彻落实中央决策部署的实践中。不仅要真实了解和掌握所取得的新成就、工作的新进展、存在的不足，还要充分听取人民群众的意见，包括满意、不够满意、进一步要求和希望等，并要从思想感情上融入其中。

这段话说明，新闻记者只具备政治敏感还不够，还需要深入基层、深入实际、深入群众。把党的各种方针政策和实际工作相结合，找到二者之间的契合点，这样就能够很好地提高新闻工作者的新闻敏感。前面讲述的《人民日报》老总编范敬宜年轻时候到辽宁康平县两家子公社采访的案例就能充分体现这一点。

正因为新闻工作者深入基层、深入群众才能发现鲜活的新闻素材，才能找到好的新闻线索，才能更好地做好新闻宣传工作，所以中国共产党非常重视这一工作，从"群众办报"到"三贴近"（贴近实际、贴近生活、贴近群众）再到"走转改"（走基层、转作风、改文风）无不体现了这一要义。习近平总书记在 2016 年 2 月 19 日的新闻舆论工作座谈会上特别指出，新闻工作者要转作风、改文风，俯下身、沉下心，察实情、说实话、动真情，努力推出有思想、有温度、有品质的作品。这也充分体现了对深入基层和群众的重视。

四是积累知识和阅历。

知识和阅历其本质都是一种人生经验，知识经验主要从书本知识获得，而阅历经验则主要依靠人生的实际体验。一个人拥有了丰富的知识和阅历，将会大大拓宽他的视野，提高他的洞察能力。这种视野和洞察力对于新闻记者的业务能力提高大有裨益。

比如，针对同一个报道对象，报道的角度不同则新闻价值含量就会大相径庭。知识和阅历丰富的人对事物往往拥有敏锐的感觉，总是能够发现别人发现不了的绝佳角度，从而点石成金、变废为宝。我在做新闻工作时了解这样一个例子，一个年轻的记者有次到河南省的优质麦生产基地延津县去采访，回来以后写了一篇优质麦获得丰收的广播消息。稿子交给编辑以后被打了回来，编辑说优质麦年年丰收，这样的题材没有任何新意。正当这个记者一筹莫展的时候，一个老记者了解到这一情况，就主动要求和他一起去补充采访，当他们来到延津县以后，这个老记者发现这里的农民不仅在收割丰收的小麦还将这些麦子全部拿到市场上销售，卖出去以后再买普通的小麦回来作为余粮，于是他们就采写了一篇题为《农民买粮又卖粮》的新闻，不仅在新闻节目中播出，而且还获得全省新闻一等奖。为什么同一个题材的报道结果却有如此大区别，就是因为两则报道角度不同。第一则新闻讲述的是优质麦获得丰收，角度比较浅层；第二则新闻虽然报道的还是小麦丰收，但是它的角度已经转向农民的思想意识，反映了当地农民已经具备了商品意识这一较为深刻的主题，所以获得了更大的新闻价值。为什么同样的采访地点和对象，不同的人去采访会发现不同的角度和主题？关键的原因就在于，老记者拥有更多的知识和阅历，他对事物有更强的洞察力，新闻鼻也就更加敏锐。

新闻记者积累知识和阅历的最好方法是"读万卷书、行万里路、交天下友"。读万卷书就是新闻记者要博览群书，做杂家，对各个学科的知识都要了解一些。行万里路是新闻记者不能总待在办公室里，那是写不出好新闻的。新闻记者要经常到企业、农村、市场中走一走、看一看，要深入基层、深入群众、深入实际，这样不但新闻敏感度会提高，写出的新闻作品也会更加鲜活、更接地气。最后一个是交天下友，新闻记者要广交朋友，这样就会拥有越来越多的消息源，而且这些消息源都是源头活水，能够提供源源不断的素材。人民记者穆青非常喜爱郑板桥的一首诗："衙斋卧听萧萧竹，疑是民间疾苦声。些小吾曹州县吏，一枝一叶总关情。"也正是对人民群众怀有深厚的感情，所以他特别喜爱和普通人民群众交朋友，他钻山沟、进农舍、下厂矿，和普通百姓拉家常，和工人农民同劳动，因此穆青的朋友也遍布大江南北，著名记者范敬宜说："穆青是一个幸福的人。"有记者也在采访他时说："远在河南的'排险英雄'任羊成看了天气预报，了解到北京降温，就给您打电话，叮嘱您穿厚一点；种棉劳模吴吉昌千里迢迢给您捎来新打的棉花，让您做褥子，他的心愿就是您铺着新褥子暖和；您到河南调研，攀登石人山时，当地抬滑竿的农民听说您就是写焦裕禄的记者，硬是要免费抬您上山……"当然，穆青结交人民朋友绝不仅仅只收获了幸福，更重要的是有了非常多的信息来源，让他能够了解人民所想，知道人民所愿，能够把握时代脉搏，写出优秀的新闻作品。

五是注意关键的时间点和地点。

新闻工作者提高新闻敏感还有一个重要的方法就是注意关键的时间点和地点。首先是时间，在不同的时间段，新闻出现的几率是不一样的。新闻工作者应该关注起始点、终点、转折点、热点和难点。

起始点就是事物开始的时候，或者第一次出现某种事物。例如中国第一颗原子弹爆发、第一次获得诺贝尔奖、某地的空气质量第一次达标、第一次举办奥林匹克运动会等等。这些第一次一般来说都是新闻，而且往往是大新闻。

所谓转折点就是事物在发展过程中出现重大变化的时间点，例如水在 0 度时由液体变成固体，在 100 度时由液体变成气体，那么 0 度和 100 度就是水的样态发生变化的转折点。在政治、经济、社会中往往也有这样的转折点。看下面这条新闻：

我国市场主体总量突破亿户

40 年增长 200 倍　量变中看到质变

我国市场主体总量突破亿户

改革为转型发展奠定了坚实微观基础

本报讯（记者：李晶、黄鹏）3 月 16 日 15 时 22 分，在北京市政务服务中心工商登记平台"全国市场主体突破 1 亿"红色大屏前，工商总局局长张茅将崭新的营业执照颁给一家人工智能企业负责人，现场响起热烈掌声。

38 年前的 12 月 11 日，支着板凳摆摊卖毛线针、松紧带的章华妹，从浙江温州工商干部手中接过编号为"10101"的营业执照，成为中国改革开放第一位个体工商户。如今，她有了以自己名字命名的服装辅料公司。

"当年我办照等了整整一年，现在当天就能办出来。"章华妹感叹，"想不到变化这么大。"

改革开放之初，我国市场主体总量约为 49 万户，每千人拥有企业数不到 1 户。经过 40 年改革发展，我国市场主体总量突破 1 亿户，增长了 200 倍；每千人拥有企业数提高到 21.94 户。

上市制度改革全面实施以来的近 4 年，是我国市场主体数量增长最快的时期。改革使市场准入门槛不断降低，226 项工商登记前置审批事项中的 87％被改为后置或取消，营商环境世界排名提高了 18 位，其中开办企业便利度上升 65 位。从 2014 年 3 月 1 日到去年年底，新设市场主体数量达到 6202.81 万户，日均新设市场主体从改革前的 3.1 万户增加到 5.27 万户。

改革开放 40 年，我国经济稳健前行，市场主体不仅数量大幅增长，质量也明显提升。市场主体总量从 1000 万户到 5000 万户期间，高新技术产业、新兴服务业企业大量涌现；从 5000 万户到 1 亿户，新业态蓬勃发展，第五代通信、高铁、航空等新技术推动"中国制造"向"中国质造"蝶变。在世界 500 强排行榜中，中国上榜公司数量连续 14 年增长，已达 115 家，紧随美国列第二位，远超第三位的日本。截至今年 2 月底，广泛分布于生物科技、云计算、人工智能等行业的中国独角兽企业连续 8 年增长，平均估值 45 亿美元，领跑全球。

张茅表示，改革激发了百姓投资创业的热情，为打造经济新引擎、催生发展新动力夯实了微观基础。新增市场主体活跃，有利于新旧动能转换，也对扩大就业发挥了重要支撑作用。

"市场主体过亿是我国宏观经济形势稳定良好的标志。"中国人民大学经济学教授吴汉洪说，"我国经济正处于从高速增长转向高质量增长的'爬坡过坎'期，改革释放了巨大的活力和创造力，为转型发展奠定了坚实基础。"

这条新闻就抓住了一个很好的关键点，中国市场主体突破 1 亿，说明中国经济正处于从高速增长过渡到高质量增长的'爬坡过坎'期，改革释放活力和创造力。

再一个是终点，它是指一个事件或者一项工作结束的时候。例如一个重大科研项目结项，某种新型飞机研制成功，一个犯罪团伙被警方成功打掉，某项改革获得成功或者失败等等，这些都是容易出现新闻的时间点，记者要着重关注。

还有就是热点和难点。热点是一段时期受到社会广泛关注的问题，而难点则是党和政府工作中遇到的比较棘手、复杂、较难处理的问题。热点问题往往和难点问题交织在一起，例如医疗改革、教育改革、拆迁、环境保护等等，它们既是党和政府工作中的难点，也是公众的重大关注，同时也是舆论的焦点，是非常容易出新闻的地方，需要新闻记者重点关注。

另外，新闻记者还可以编辑制作一个《编辑日历》，将重要的节日和纪念日标注在上面，在这些特殊的日子来临之际，可以有针对性地进行采访或者策划，这样也可以更容易发现新闻。尤其对于在地方工作的新闻记者，由于中央和省级媒体在这些特殊的日子会安排一些相关稿件，所以就会提高他们外宣稿件的采用率。

除了时间，新闻工作者注意地点因素也可以提高自己的新闻敏感。因为有些地方由于特殊的地理和历史因素，具有比较高的显著性，所以这些地方就容易出新闻。例如安徽凤阳的小岗村，由于它是中国农村改革的发源地，所以这个村子的一举一动都会变成新闻。从2000年到2018年，《人民日报》中出现小岗村的报道就达479条。

2014年，习近平总书记曾经两次到河南考察，在开封市尉氏县张市镇的麦田里，他看到小麦长势良好，高兴地说："今年的馍能吃上了。"在这之后，《河南日报》的记者持续关注这一地方的农业生产和可喜变化，欣喜地发现这里的麦子品种已经从普通小麦换成了优质小麦，在2018年6月，记者来到小麦收割现场，采写了通讯《咱家的麦子能做面包了》，受到社会各界的好评，并且获得第29届中国新闻奖。

总之，新闻敏感是新闻工作者最基本也是最重要的一项素质，它决定着一个人是否能够成为合格的新闻工作者，我们应该着力培养新闻敏感，让新闻鼻更加灵敏。

第四章 采前准备篇

第一节 什么是采前准备

凡事预则立，不预则废，新闻采访也是这样。如果新闻记者没有做好采访前的准备就匆匆上阵，最后很容易以失败告终。

2007 年，刘翔在日本大阪田径赛中获得大满贯，有记者在采访他时提出的问题引起了网友的不满：

你比赛服的号码是 441，4＋4＋1 等于 9，今天你又在第 9 道，是不是 9 是你的幸运数字？（网友点评：这哪跟哪啊）

你是不是在比赛前对自己特别有信心？（网友点评：废话）

你昨天的比赛是不是感觉非常完美？（网友点评：你说呢）

经常参加国际大赛对提高你的心理素质是不是非常有帮助？（网友点评：多新鲜呀）

你的教练是不是给了你很大的帮助？（网友点评：没帮助要教练干吗）

如果将来有新人上来你是不是会更刻苦地训练？（网友点评：没新人就可以不刻苦吗）

央视的另一位著名记者董倩也曾经讲述过她的一次尴尬经历。2000 年的时候，她去采访国务院发展研究中心市场经济所的副所长陈怀。在采访时，董倩问了一个和节目内容相关又大而化之的问题，类似于中国电信为什么会双向收费，陈怀当时戴上了一个领带，一边优雅地整理着一边说："我建议你回去好好准备一下再来问我，好吧？"董倩当时听了心里很不是滋味，觉得被侮辱了，但她坚持做完了采访。这次采访让她记忆深刻，她决定以后不做充分的案头准备，不对问题有充分了解的话，再也不去采访专家。

这两名记者在采访中出现的问题都是由于没有做好采前准备而造成的。采前准备是新闻记者在采访前需要做的准备工作，一般可以分为平时准备和临时准备两种。

所谓平时准备就是记者平常的知识和经验积累。前文曾经谈到，新闻记者应该具备一定的知识和阅历，这些其实就是一种准备，尤其在突发事件来临，没有时间进行临时准备时，新闻记者就需要依靠这些平素积累的知识和经验去开展新闻采访工作。在新闻现场，我们往往会看到这样一种现象，经验丰富的记者常常具备更加强烈的新闻敏感，也能够发现新闻事件更好的采访角度和主题，其原因就在于"操千曲而后晓声，观千剑而后识器"，这些新闻记者平时做的知识和经验准备工作比较充分，所以才能够游刃有余。

第二种是临时准备，也就是新闻记者在接到采访任务以后要进行的准备工作。因为在新闻采访中除了突发事件以外还有预发事件，即新闻记者可以预料将要发生的事件。比如预约采访某位军事专家，某个单位或者媒体自身策划的一个活动等等，对于这类事件的发生时间，新闻记者是可以预料和掌控的。另外还有些新闻事件并不是十分紧急，可以给新闻记者预留准备时间。在这两类事件的采访中，就需要新闻记者有针对性地临时做一些准备工作，这些准备就叫作临时准备。较平时准备而言，临时准备时间性更强，是新闻记者得到新闻线索到新闻采访之前这一段时间中进行的准备工作；再一个其针对性也更强，因为新闻记者已经了解了采访任务和对象的情况，所以能够有目的有针对性地做好准备工作。

第二节　采前准备的意义

新闻记者为什么在采访前一定要做好准备工作，采前准备有什么重要意义呢？

一、采前准备可以让新闻记者更好地形成报道意图

新闻记者的采访行为不是漫无目的的，它是新闻记者在得到新闻线索，并且在对线索初步研判后采取的一种行为。这种行为带有一定的目的和指向，它包括采访目的、新闻主题等等。尽管这些思考是初步的，模糊的，也就是有很大可能在新闻采访后被改变的，但是绝不意味新闻记者不作任何思考，没有采访意图。如果那样，新闻采访往往以失败告终。对于新闻记者来说，进行必要的采前准备有助于他们形成正确的采访意图，因为新闻采访工作是一种主观认识客观，通过客观再返回主观的意识过程。新闻记者预先了解的相关材料越多，那么他形成的主观认识也就越科学，在认识客观事物的时候也就更加准确，这样才能够保证最后形成的主观认识是正确和客观的。假如新闻记者没有做或者没有做好采访前的准备，他就无法形成比较准确的采访意图，从而难以保证最后采访成功。

二、采前准备可以更好地保证新闻真实性

在新闻领域，虚假新闻是一大痼疾，很难得到根治。虚假新闻的成因有很多方面，其中一个主要原因就是新闻记者缺少扎实的工作作风，对要采访的话题和对象缺少必要的准备就匆忙上阵，由于缺少相应的知识和背景，不是自己的认识出现错误，就是被采访对象欺骗或者糊弄，最后导致报道了虚假新闻。如果新闻记者在采访前认真做好准备，尤其能像美国哥伦比亚新闻学院梅尔文·门彻教授要求的那样

做好悉心准备，让自己做尽可能多的背景准备，就不容易犯错。

著名记者法拉奇采访以色列总理沙龙，当对方为自己在轰炸行动中伤及无辜的行为辩护时，法拉奇从手提包里拿出一张照片，上面是一群死去的儿童，这些儿童的尸体被炸的残缺不全、七零八落，有

图 4.1　意大利著名记者法拉奇

的缺了一只脚，有的少了一只胳膊。这张照片是采访前法拉奇冒着生命危险拍到了，也是为了这次采访精心做的准备工作之一。当她拿出这张照片时，沙龙的脸颊收缩了一下，目光凝重，但很快恢复了常态，稍带尴尬地把照片还给了法拉奇说："我感到遗憾……我感到非常遗憾，非常……我感到非常遗憾。"① 尽管沙龙仍然百般狡辩，但是在采访中仍然不得不承认法拉奇准备得很充分，并且评价她说："您不好对付，极难对付。但是我喜欢这次不平静的采访，因为您是一位勇敢、忠诚和能干的妇女。从来没有一个人像您一样带着那么多的资料来采访我。没有一个人能像您一样只为准备一次采访而甘冒枪林弹雨。"②

---

① （意大利）奥里亚娜·法拉奇著；杨顺祥、乐华、嵇书佩译：《风云人物采访记2》，[M]，南京：译林出版社，2016 年 6 月版，第 447 页。

② （意大利）奥里亚娜·法拉奇著；杨顺祥、乐华、嵇书佩译：《风云人物采访记2》，[M]，南京：译林出版社，2016 年 6 月版，第 447 页。

可想而知，如果法拉奇在采访前没有做过充分准备，那么这场采访将会变成一次沙龙总理标榜和美化自己军事行动的宣传，正是由于法拉奇做足了功课，所以才能在这次交锋中占据主动，了解到相对真实的新闻素材。

三、采前准备可以节约新闻记者的采访时间

如果说真实决定了新闻的生命，那么时间就决定了新闻的价值，时间在新闻活动中具有非常特殊的地位。首先，新闻具有极强的时效性，一般来说新闻记者应该以最快的速度将发生的新闻播报出去，这样才能使新闻保鲜、保价；其次，新闻记者的采访对象有可能工作非常忙碌，他们没有太多的时间花费在接受采访上，这时候就要求新闻记者能够在较短的时间中采访到需要的素材，最后完成新闻作品的写作；最后，在一些特殊的采访中，由于采访和传播条件的限制，也对新闻采访的时间提出了较高要求。如何保证或者缩短新闻采访的时间呢？一个很重要的方面就是做好采访前的准备工作，新闻记者应该将能够通过事先准备得到的素材全部搜集到，在采访的时候主要针对无法获取的素材展开采访，另外对已经掌握的素材进行核实，这样就可以大大缩短采访时间，并且不容易出现错误和失实。

《大公报》记者徐铸成有一次去采访在沈阳举行的华北运动会。这次运动会规模盛大，有不少当时的明星运动员参加，比如短跑健将刘长春、孙桂云，全能冠军张龄佳等等。为了又快又好地做好报道，徐铸成原计划通过电报传递新闻，这样可以保证新闻在第一时间传回报社，但是他了解到沈阳到天津的电报线路非常紧张，下午拍发的电讯，当天不能保证到达。他又从电报局的一位高级职员那里了解到，沈阳到天津的长途电话线路已经架好，正在试通话，于是他就决定利用电话来传递消息。徐铸成事先向大会竞赛组索要了两份运动员名单，将他们编上号码，一份寄往天津，一份留在《大公报》设在沈阳的办事处，一旦接到消息，助手就可以查阅号码，通过长途电话向天

津传递消息。另外，他还研究了运动员的情况，将有可能获奖的运动员训练的照片一一拍摄，作为备用。就这样，运动会开始后，徐铸成将赛事的最新消息以最快的速度发回《大公报》，而且他的新闻既快速又详细，有的还配有图片，每天报社能够出版一整版特刊。其他报社顶多能报道一些上午的零星消息，下午的赛事很难见到，更不要说图片了。《庸报》的主编对自己记者的报道非常不满，说：“收到你的来电，还不如转载前一天的《大公报》翔实。”徐铸成的采访让《大公报》总经理胡政之、总编张季鸾非常满意，不但专门宴请了他，还专门给他 100 元以示鼓励，这在当时尤其对于还是穷学生的徐铸成来说是一笔丰厚的奖励。

四、采前准备可以让新闻记者进一步熟悉采访对象

在新闻采访中，熟悉采访对象非常重要。第一，熟悉采访对象可以让新闻记者更好地把握对方心理。新闻采访有时候就是记者同采访对象之间的一场较量。尤其在一些负面新闻的报道中，被采访人千方百计掩盖自己的行为，而记者则要使出浑身解数揭开真相下面的内幕。这时候就需要新闻记者斗智斗勇、判断甄别。俗话说，知己知彼，百战不殆。如果新闻记者提前对采访对象非常熟悉，就会了解对方的心理和行为习惯，从而组织有针对性的问题，并且可以通过现场观察对方的言行做出正确判断。同时，把握心理也可以实现新闻记者和采访对象之间心灵的沟通，能够帮助新闻记者更加深入地理解对方，这在采访中是非常重要的，尤其在发现新闻主题，发掘新闻角度方面具有不可替代的作用，但是在这方面新闻记者需要注意的是一定要把握好角色定位，既能进得去又能出得来，不能一味地沉浸其中，忘记自己的记者身份，从而影响了新闻的客观、真实和公正。

第二，熟悉采访对象可以使新闻记者更容易获得采访机会。并不是所有的采访对象都欢迎记者采访的，有的人不想曝光自己的事情，有的人对新闻采访有恐惧心理，有的人甚至都不愿意与人沟通，记者

想要获得采访机会比较困难。这时候就需要新闻记者千方百计做好准备，多种手段熟悉和了解采访对象，从而争取获得采访机会。

2017 年，"宁波守塔人"——叶中央一家五代守塔百年入围感动中国人物评选。新华社有一名记者曾经采访过叶中央，由于叶中央长期孤身在海岛守护灯塔，与人沟通交流的时间很少，所以语言机能已经退化，再加上有一年春节前夕，叶中央的妻子带着两个年幼的女儿来团聚过年。途中，她们乘坐的船被风浪掀翻，妻子和 5 岁的小女儿遇难。打捞上来时，妻子还死死地抱着小女儿。7 岁女儿因为溺水，影响了智力。这件事情对老叶打击很大，此后他几乎不与人说话了。刚上白节岛，老叶根本不搭理记者，更谈不上采访了，但是记者没有放弃，而是和他同吃、同住，一同看护灯塔，在这期间熟悉和了解对方，并且建立感情。终于，记者的耐心打动了老叶，他开始和记者聊起了自己的工作和生活，最后和记者成为了无话不谈的朋友，记者则顺利地完成了采访任务。

第三，熟悉采访对象可以有效节约新闻记者的采访时间。在新闻采访中，新闻记者追求时效性，而采访对象也往往工作繁忙，所以双方都对时间要求比较高，需要尽可能在短时间内完成高效采访，这就需要新闻记者做好采前准备，提前了解采访对象的资料，包括简历、爱好、家庭、研究方向、获得的成就等等。在实际采访时主要了解在其他地方无法获取的资料，尤其是对方的心理活动等等，再一个就是对采前准备的一些关键点或者存疑的资料进行核实。通过这样的方法，新闻记者就可以收到事半功倍的效果，在最短的时间里了解到相对翔实的素材。

五、采前准备可以让新闻记者少犯错误

新闻采访并不是一件轻松的工作，由于采访时间紧迫，采访对象来自各行各业，采访的事件也各有不同，所以很难保证新闻记者已有的知识范畴能够满足采访需要，这时候他们就容易提出一些无知、肤

浅的问题，如果牵涉政策和法律、法规，还容易出现大麻烦。看下面这一则新闻：

陕西：10万公里农村路5万农民来领养

（CCTV新闻联播5月31日播出）日常管护一直是困扰农村公路建设的难题，陕西省决定，年底前在全省通过"领养"的方式把这项工作交给农民。

最早尝试这项措施的是澄城县，现在全县300多位农民当上了公路"领养员"。

村路一公里一个月50，乡路就是80，县路则是150，这工资虽然不高，但却解决了县交通局长毛丰莲的一大难题。

陕西澄城县交通局长 毛丰莲：（我们）农村公路县、乡、村加起来一共是1008公里，266个行政村都有要养的路。

今年，财政加大投入，毛丰莲每个月多了7万元的日常养护费用，当她捧着这7万元兴致冲冲地去找专业养路公司时，竟然碰了钉子。

澄城县公路养护工程公司经理 王敬涛：这个资金量太少，专业化养护拿不下来，一个月县道每公里（最高）才150块钱。

这最高一公里150块都是财政尽了全力，但让专业公司来操作，这连它各项成本总和的一半都不到。怎么花小钱办大事，毛局长想到向农民招标领养员，结果是一呼百应。

陕西澄城县农民 党建民：（日常管护）就是锄路边杂草，路肩培土，清理水沟，打扫路面。

陕西澄城县交通局工程师 张忠民：如果把公路管护好了，能把咱公路寿命延长五六年时间。

年底前，陕西省要投入3亿元，依靠5万多名农民照看起全省10万公里农村公路。

这篇新闻对于陕西省"领养"公路的做法是予以正面肯定的，殊不知新闻中存在一些明显的政策错误：一是农村道路养护并不是一味的"价低者得"，必须保证必要的费用支出，从而保证道路质量。二是国务院办公厅的《关于印发农村公路管理养护体制改革方案的通知》规定："省级人民政府交通主管部门每年在统筹安排汽车养路费用时，用于农村公路养护工程的资金水平不得低于以下标准：县道每年每公里7000元，乡道3500元，村道1000元。"而在报道中，该县统筹的县道为1800元，乡道960元，村道150元，远远低于国家规定的标准。如果都按照这样的标准养护公路，那么公路质量很难得到保证。

这说明采访这则新闻的记者没有做好充分准备，对国家在道路养护方面的法律法规还不是十分熟悉，这才导致了了出现这样的问题。这则新闻提醒新闻记者在采访前一定得提前准备，尤其是采访一些有难度或者比较敏感的话题或者采访对象时更需要准备充分，这样才能够在后来的面对面采访中顺利实施。

第三节　新闻记者在哪些采访前尤其要做好哪些准备

新闻记者在所有采访之前都需要做好准备工作，但有一些采访的准备显得尤其重要和迫切。

一、采访著名人物和高级官员

显著性是新闻价值要素的一种，它往往体现在名人和高官身上，因此发生在高官和名人身上的很多事实都能够成为新闻，因此他们也成为新闻记者热衷采访的对象。而名人和高官都有一个共同点就是他们大都非常忙碌，每天的工作安排很满，所以很难给予记者较长采访时间，这时候就需要新闻记者充分准备，把能在实地采访以外获得的素材搜集到，在现场着重采访无法通过其他途径获取的情况，以及对重要的素材进行核实等等。

中央电视台记者水均益有一次争取到采访美国政治家基辛格，但是对方只给他 5 分钟的采访时间。为了做好采访，水均益到新华社国际部的资料室查阅了基辛格的资料，他不但了解基辛格的政坛之路，还记下了许多基辛格的个人情况和关于他的逸闻趣事。比如，基辛格爱锻炼，他几乎每天都要坚持慢跑；每次来中国都要吃北京烤鸭；基辛格喜欢年轻貌美的女人（而且是高个的），当年访华的时候，他就带着比他高出多半头的秘书兼情人会见了毛泽东。

另外，水均益还注意到基辛格的生日是 5 月 27 日，也就是距离采访差不多两个星期的时间，这个信息也被水均益充分利用。

在采访结束的时候，水均益对基辛格说："博士先生，请允许我在此提前祝您生日快乐，因为我知道再过两个星期就是您的 71 岁生日了。"

基辛格听了以后脸上露出了感激之情，他微笑着说："哦，谢谢，谢谢。"

水均益接着说："许多中国人在电视上看见您，感觉您十分严肃，不过我看您现在呢，却是笑容可掬。那么，是否请您对将要看到您的众多中国观众说几句话？"

基辛格非常熟练地将脸正对着对面的摄像机说："我想告诉我的中国朋友，我对你们取得的成就感到钦佩，我也对你们对朋友的忠诚感到钦佩，我祝你们万事如意！"[①]

水均益的这次采访非常成功，获得了《东方时空》的季度金奖，这和他认真的采前准备是密不可分的。

---

① 　水均益：《前沿故事》，［M］，海口：南海出版社，1998 年 10 月版，第 155 页。

二、采访重大典型

典型报道是对新闻典型进行的重点报道，是新闻报道的重要方向，包括典型人物报道、典型事物报道、典型经济报道等。报道的形式有通讯、消息、座谈纪要、访问记、连续报道、组合报道等。典型报道对于引导舆论、宣传政策、指导工作有重要的作用，成功的典型报道往往提出并回答人们普遍关心的重要问题。[①] 典型报道在中国出现在上个世纪 40 年代，以后在不同时期都涌现出一大批新闻典型人物，例如赵占奎、王进喜、焦裕禄、史来贺、张海迪、申纪兰、袁隆平等等，可以说每一个典型人物都是那个时代的先锋和楷模，深深影响着一代乃至几代人。正因为关于典型人物的绝大多数报道具有示范带动效应，影响巨大，所以新闻记者在采访这些人物的时候更加需要做好准备。

2019 年，在津云客户端播出的短视频《䁖子书记》获得了中国新闻奖一等奖，这篇新闻讲述了天津大学扶贫干部宋鹏在甘肃陇南大寨村通过打造电商产业链帮助当地农民致富的故事。采访这篇新闻时，记者团队就做好了充分的准备，一是长期关注宋鹏的扶贫经历，二是在实际拍摄前，和主人公挨家挨户走访，进行了 3 天的调查沟通和头脑风暴，对故事主人公以及大寨村形成了比较成熟的了解和认识，这才决定采用网民喜闻乐见、通俗易懂而且容易形成共鸣的网言网语来制作"网感"短视频。视频播出后在 30 多家中央新闻网站、省级网站和商业网站转载，共青团中央等多家微博转发，视频累计曝光量一亿多。

---

① 刘建民：《宣传舆论学大辞典》，[M]，北京：经济日报出版社，1992 年版，第 254 页。

二维码 4.1　　《膫子书记》

三、采访重要会议与活动

和重大新闻典型一样，重要的会议和活动也会产生广泛影响，如果采访出现问题，那样很容易会造成巨大麻烦。另外，有些会议和活动还有特别的报道规定和议程，并不是新闻媒体想怎样报道就怎样报道的，因此新闻记者在遇到类似选题的时候必须做好采访前的准备工作。

美国哥伦比亚广播公司的著名主持人和出镜记者沃尔特·克朗凯特在有一次报道美国两党代表大会之前，用了半年的时间研究美国政界要人的背景，后来报道大获成功，他自己认为成功的原因主要是准备充足，尤其是通过准备了解了这些要人的背景。

四、采访陌生领域

新闻工作是非常有魅力的一种职业，范敬宜曾经深情地说："如果有来生，还要当记者。"民国著名新闻记者邵飘萍也说："余百无一嗜，惟对新闻事业有非常趣味，愿终生与之。"新闻工作为什么有如此大的魅力，能够让他们如痴如醉，甘愿付出一生还不罢休？我认为最主要的就是新闻工作的新鲜性，不拘于常态。新闻记者可以领略不同的人物、地方、事件，让自己的工作一直充满新鲜和刺激。

但事物都是有一利也有一弊。因为新闻记者面对的很多是新奇和陌生领域，这些地方他们从来没有涉足，更没有亲身的体验和经历，如果不做准备就去采访，就非常容易失败。在这里，陌生领域不仅指新闻记者以前没有去过的地方，还指他们以前不太了解的问题。

笔者从事新闻工作的时候，有一次随所在地方的党政领导到山东省考察农业产业化。考察团参观、考察的主要是山东从传统农业向现代农业转型最成功的几个县级市，例如潍坊市的寿光、诸城，烟台市的海阳等等。这些地方笔者以前从来没有去过，而且由于自己长期从事时政采访，因此在农业方面的积累很少。为了做好这次采访，笔者首先查阅了大量资料，对相关领域有了模糊和初步的认识，然后笔者采访和请教了十余位相关的领导和专家，解决了资料准备时的一些疑难和问题。最后，笔者又了解了所在地区农业产业化的情况，到田间地头实地考察。经过半个月的准备，笔者了解到了很多资料，比如著名的古代农学家贾思勰就出生在寿光，他书写了中国著名的农业科技巨著《齐民要术》，所以寿光从古就有农业科技的基因和渊源，后来我的新闻作品就是从《齐民要术》开始的。这些准备不但为我的采访扫除了障碍，还为最后的新闻作品增色许多。

第四节　采前准备的内容

新闻记者在实际采访前需要做多方面的准备工作，具体来看，下面这些准备工作尤其重要。

一、知识准备

在新闻记者的知识架构中我们已经谈到，新闻记者应该具备和本次采访相关的知识。这些知识可以使新闻记者在采访时提出有针对性的问题，更好地和访问对象沟通；能够发现采访的关键点，不至于因为缺乏相应知识而漏掉主要信息，还可以使作者的新闻作品更加丰满，增加可读性。

　　新闻记者在进行知识准备的时候一定要关注相关法律和政策，这些准备不但能够帮助他们顺利采访，还能够保障他们的职业安全。例如，2019 年，内蒙古自治区出现鼠疫疫情，新闻记者在采访和报道此类新闻时就应该事先了解《传染病防治法》和《传染病管理制度》。鼠疫属于甲类传染病，这类传染病的对外公布要由国务院卫生行政部门负责，或者由国务院卫生行政部门授权省、自治区、直辖市人民政府卫生行政部门向社会公布信息，新闻记者是无权擅自对外公布的，他们应该从相应的部门获取新闻信息。

　　政策是国家政权机关、政党组织和其他社会政治集团为了实现自己所代表的阶级、阶层的利益与意志，以权威形式标准化地规定在一定的历史时期内，应该达到的奋斗目标、遵循的行动原则、完成的明确任务、实行的工作方式、采取的一般步骤和具体措施。政策对于新闻工作具有重要意义，它在凸显新闻价值、寻找新闻角度、确定新闻主题等方面有不可替代的作用，新闻记者在采写新闻以前应该尽可能多地了解相关领域的政策，这对他的实际采访大有裨益。

　　2015 年，我国经济增长速度下降较快，社会上出现了争议和质疑，中国经济向什么方向走？如何走？一时间众声喧哗、观点各异。《人民日报》记者龚雯、许志峰积极回应这一热门话题，采写了《五问中国经济》，在采访前，两名记者做了大量准备工作，他们吃透国家政策和精神，对经济热点问题进行系统梳理和认真研究，并在此基础上主动策划，积极联系国家核心经济决策部门。作品最后获得空前成功。习近平总书记给予充分肯定。中宣部部长刘奇葆在重要会议上两次点名表扬，国务院有关领导也称这篇作品"一锤定音""不可多得""全是干货"。作品中的"权威人士"一词更是持续引爆社会舆论场。

二维码 4.2 　《五问中国经济》

二、策划准备

策划准备就是新闻记者在新闻采访以前要对新闻采访行为进行谋划，由于下一章会专门对此展开论述，这里就不再重复。

三、背景准备

新闻背景是新闻发生的历史条件和现实环境。它对阐释、烘托新闻主题有重要作用。有时候一个普通的新闻事件在特殊背景的衬托下会表现出巨大的新闻价值，所以，新闻记者进行采前准备时要考虑背景因素。

笔者在从事新闻工作时曾经采访过一个日本反战老兵，他叫赤田清治。1943 年年底，赤田清治被强征入伍，第二年到达河南省新乡驻扎，在这里，他接触到了中国共产党的地下工作者，加入了"反战同盟"，并且萌发了投奔延安、寻找光明的愿望。当年六月，他偷偷地逃出了日本军营，辗转来到新乡县的三王庄村，这时，军营里的日军已经发现赤田清治逃跑了，就一路追到了三王庄村，并且在村里展开大搜捕，赤田清治在当地乡亲魏有廉等人的协助下逃过了一劫，后来在滑县参加了八路军。日本战败后，他于 1946 年回到日本。他回到日本后一直从事中日友好事业，并且一直惦念着给了他第二次生命的三王庄的父老乡亲，于是从 1990 年开始回到中国看望魏有廉等乡亲，还给当地学校提供了 20 万元的资金援助以及显微镜、彩电、照相机、笔等物品，他先后 8 次来到三王庄。笔者采访赤田清治是在 1998 年，这已经不是他第一次回到三王庄，这个事件到底有没有新闻价值，值不值得采访，笔者当时心里也没有答案。在做采前准备的时候，我发现了一个重要背景，我国政府刚刚宣布，中国国家领导人将在当年 11 月访问日本，中国和日本两国的关系将会有巨大改善，这个背景无疑会增加这则新闻的价值，于是笔者就采写了一篇报道《半个世纪的中国缘》，后来在中央人民广播电台和《河南日报》刊播，受到听众和读者欢迎。

四、了解相关报道

俗话说"知己知彼，百战不殆"，新闻采访也是这样。新闻记者在采访前需要了解相关报道，这样做主要有以下几个好处：

一是了解自己掌握的新闻线索有没有其他媒体报道过，如果有媒体报道，已经报道到了哪一步，还有没有报道的必要和价值。

二是如果其他媒体报道过，有没有另外的角度和体裁。比如其他媒体是以消息的体裁播出，是不是可以做一个深度报道等等。2006 年 11 月上旬，众多媒体报道桂林舞蹈中等职业学校学生实习期间被骗到杭州陪酒，但是这些报道以消息为主。中央电视台《新闻调查》则根据这一线索采制了一期深度报道《艺校学生陪酒事件调查》，报道采访了被骗去陪酒的学生、舞蹈学校的老师、管理部门的领导、酒吧负责人等等，虽然题材和其他媒体一样，但是它却是一则调查全面、分析深刻的调查性报道，依然收到了较好的播出效果。

三是有时其他媒体的报道会成为自己采访的线索，记者甚至可以采写出一篇和原来报道完全不一样的报道来。例如我们上一章谈到的《东方早报》记者简光洲就是从武汉当地一家报纸发现了"三鹿奶粉事件"的线索，而且那家报纸的报道是宣传武汉同济医院医术高明，使 3 名罹患肾结石的婴儿转危为安的消息。简光洲报道了同样的事件，但是他反其道而行之，极大地凸显了这一事件的新闻价值。

五、熟悉采访对象

熟悉采访对象是新闻记者在采访之前需要了解自己将要采访的对象的大体情况。因为新闻记者面对的采访对象来自各行各业，他们每个人都有不同的职业特点、文化背景以及性格特征等等，所以在采访之前就要分别了解他们的情况，如果忽视了这项工作，采访就有可能遇到麻烦。

有一次一位青年记者前去采访一位女科学家，但是去之前他没有充分了解这位女科学家的背景，这样在采访时就出现了非常尴尬的一幕：

记者：几十年来，我国的高等教育学府培养了许多人才，请问，您毕业于哪所大学？

女科学家：对不起，我没上过大学，我搞科研全靠自学。

记者：听说您成功地完成了一个科研项目？请问，您的新课题是什么？

女科学家：看来您并不了解我的工作。我一直致力于这个项目的研究，目前只是有了一些新的突破，但远远没有成功，所以谈不上什么新课题。

记者：您的孩子在哪学习？

女科学家：我早已决定把毕生精力贡献给自己的事业，因此我一直独身。请原谅，这个问题我不愿多谈。[①]

记者这次的采访是极不成功的，处处碰壁，最后发展到进行不下去的地步。他失败的原因就是没有做好采前准备，对采访对象的基本

---

① 邝云妙：《当代新闻采访学》，[M]，广州：暨南大学出版社，2007 年 7 月版，第 106 页。

情况一无所知，这样才在采访时问出了一连串无知的问题。其实绝大多数人在面对新闻记者的时候都或多或少会有一些敬畏之心。这种敬畏主要来自新闻记者背后庞大的受众群，他们要顾及自己的公众形象，因此他们大都比较尊重新闻记者。他们轻视的是那些没有做好准备就进行采访，而且在采访时表现的极不专业的记者，就像上面例子中的这位。

相反如果新闻记者做好了采前准备，特别是对采访对象非常熟悉，就能够更加引起对方的重视。美国哥伦比亚广播公司的著名记者华莱士有一次去采访意大利著名歌唱家帕瓦罗蒂，在采访前他做了大量的案头工作，对帕瓦罗蒂的情况可以说是了如指掌。采访一开始，华莱士就提到了外界所有围绕帕瓦罗蒂的批评意见，诸如："他们说你演唱时的发声越来越差了，人也越来越胖，舞台形象一天不如一天，常常被观众喝倒彩"等等，他接着又问："你心里害怕吗？是不是因为你的嗓子达不到从前的黄金时期，你的演唱生涯就要终结了。"这一连串咄咄逼人的问题就像利剑刺破了帕瓦罗蒂的"保护壳"，华莱士掌握了整个采访的主动权，最后采访大获成功。正像华莱士所言："如果你是个优秀的采访者，应该知道怎样让你的提问对象变得'脆弱'，由于你对对方的背景以及整体情况太过了解，以至于瓦解了所有礼节和礼仪。"

既然熟悉采访对象有这么重要的作用，新闻记者在采访以前就应该尽可能多地搜集对方的资料，比如对方的基本信息、家庭情况、求学背景、职业特征，以及为国家和社会做过什么贡献，有过哪些特殊的经历等等。这些既可以作为背景让我们了解对方，同时有些信息可以成为我们组织问题的关键点。再一个是节省采访时间，有些事实确凿的信息就不需要在采访现场提出了。

新闻记者熟悉采访对象的方法多种多样，最普遍的就是通过网络以及图书馆等搜集对方的书面资料。比如新闻记者采访一个科学家，就可以通过搜索引擎了解对方的基本信息；通过知网等数据库浏览他的论著，对其研究领域有一个大概的了解。再一个就是可以通过个人微博、朋友圈等了解对方的动态，这样对采访对象就会有较为立体和全面的认识。

新闻记者还可以通过采访和咨询采访对象周围的人来了解对方，这种方法的优点是可以搜集一些特殊的信息，这些信息是通过其他渠道搜集不到，或者和其他渠道搜集到的信息有出入甚至完全性质相反的情况，其真实性更强。但是它的缺点是花费时间较长，寻找和选择对象有一定难度。

新闻记者还可以采用直接和采访对象见面的方法来熟悉对方，也就是在正式采访前先和被采访人见面，通过面对面的座谈来熟悉对方，类似于一种预采访。需要说明的是，这种准备方法并不常用，仅在一些特殊的情况下使用。

六、事务性准备

事务性准备是指新闻记者在采访前进行的机器设备以及其他所需物品的准备，主要包括机器设备、记者证或者相关证明、行程安排（包括车票、吃饭、住宿等），以及其他的保障性准备。比如美国CNN记者推荐的《记者生存手册》在谈到记者采访前应该做好事务性准备时讲得十分细致：

……带对装备

带多少装备取决于你要去哪里。一些重要的必备之物：

●记者证

●紧急救助电话表：一旦受伤给谁打电话；如果你正在做一个敏感的采访，而且访问可能给受访者带来麻烦，请设法保守秘密。

●假钱包。钱和必要文件应该被塞在一个视线看不到的地方。但是，你需要比较方便地拿出零钱和其他小东西，以备被劫时上交使用。多拿一个钱包，放上差不多数目的钱和一些旧信用卡，如果被劫，把它交上去。

●瓶装水

●急救药品和用品

●长焦镜头

●警报物品：哨子，需要吸引注意力或者发出警告时使用；系上医疗腕带，显示你的血型和过敏反应等基本医疗信息。

●准备自己的汽车

当你长时间远离基地，无论在哪儿，尽可能有一辆自己的车。这不仅可以使你跑得更快并且带给你安全，再者，你也需要一个地方来储存你平时难以携带的物品。无论在什么地方，司机最好是你团队中一个可靠的家伙……

事务性准备非常琐碎但是却至关重要，它不仅能够影响新闻记者采访工作的成败，甚至能够决定他们的生死。一名记者曾经到某地调查摩托车市场的乱象，这个市场管理非常混乱，充斥着假冒伪劣摩托车，有的经营者还有黑社会背景。记者当时采用的是偷录的方式，但是由于出发时比较匆忙，他没有检查录音机的磁带情况。那卷磁带当时已经用了大半，可供录音的时长不多。在隐性采访时，记者还没有录制多长时间磁带就到头了，录音机发出了轻微的"咔"声，这一声立刻引起了采访对象的警觉。这个采访对象劣迹斑斑，是一个涉黑分子，如果让他发现记者的录音机，后果不堪设想。好在记者临危不乱，他一弯腰，上衣口袋里的手机掉在了地上，发出清脆的一声，这个较大的声音就掩盖了刚才录音机发出的声音，也提示对方是自己的手机发出的声音，记者这才蒙混过关。当记者走出那间摩托车铺才发现，里面穿的衣服已经被惊出的冷汗浸湿了。

从这个例子可以看出新闻记者一定要重视事务性准备，在出发采访之前认真检查机器设备、车票、机票、记者证等等，不能因为这些细节出了问题而破坏采访。

第五章　采访策划篇

　　古语说："运筹帷幄之中，决胜千里之外。"对于新闻记者来说也应该有这样一种谋定而后动，知止而有得的筹划能力，这也就是我们这一章要讲述的新闻采访策划的内容。

第一节　什么是新闻采访策划

　　关于新闻采访策划还有一些类似概念，比如"新闻策划""报道策划""传播策划""媒体策划""新闻报道策划""新闻传播策划"等等。总体来看，新闻记者从事的和新闻报道相关的策划活动主要有两类：一是新闻事实发生之前，二是新闻事实发生之后。前者重在策划新闻事实本身，如果没有新闻记者的策划和参与，这个新闻事实可能就不会存在。而后者重在策划新闻记者的采访活动，它是新闻事实发生以后进行的策划

　　针对第一种类型的策划活动目前学界意见还不统一。有的学者认为新闻记者也是历史的创造者，他不是一味地被动采访新闻，他也主动地参与历史创造，只要他的行为遵循事物发展和新闻传播规律，这种策划也是允许的。而有的学者则认为新闻记者的本职就是采访新闻而不是策划新闻，新闻活动根本就不能策划，策划新闻往往蜕变到策划谎言，它和新闻传播的理念相悖。

　　尽管学界还在为新闻策划是否合理各抒己见，业界早已经大刀阔斧地开始利用这样一种策划行为。1995 年深圳特区报策划的两支队伍由南至北沿京九线采访，行程 8000 余里，为期两个月，写出了《千里走京九》系列报道。华西都市报更是以策划闻名，《孩子回家行动》《府南河大合唱》等等，都是新闻策划的精品。这几年通过策划生产的新闻作品还屡获大奖。例如 2016 年 10 月，新华网通过对长征历史背景和整个历程的梳理，以及对往年长征相关报道的研究分析，以全景交互地图的融媒体形态进行差异化表达，创新推出《"征程"——红军长征全景交互地图》，让网民在网上身临其境地重走长征路，重温长征艰难，弘扬长征精神。该作品被国际在线、中国经济网、北方网、浙江在线、百度、网易等新闻网站、商业网站在首页头条、要闻等显著位置嵌入式转载，在社会各界引起强烈反响，后作品获得中国新闻奖一等奖。

二维码 5.1　《"征程"——红军长征全景交互地图》

　　2015 年，《中国新闻出版广电报》的记者采访了一批抗战时期的老兵记者，制作了系列报道《寻访抗战老兵记者》，获得中国新闻奖二等奖。目前，新闻策划能力的高低已经成为衡量新闻媒体水平高低的尺子。

　　除了上面这种策划以外还有一类就是新闻采访策划，它是新闻事实发生以后，新闻记者对自己采访行为的谋划，其目的在于达到最好的采访效果。目前无论学界还是业界针对这一种策划都没有异议，大家认为新闻记者在新闻采访以前如果条件和时间允许，应该对新闻采访行为进行系统和周密策划，因为它具有非常重要的意义和作用。

二维码 5.2　《寻访抗战老兵记者》

第二节　新闻采访策划的意义和作用

新闻采访策划是采前准备的一种，它对于记者采访工作的顺利展开具有非常重要的意义和作用。

一、获得采访机会

新闻媒体之间的竞争非常激烈。截至 2018 年底，全国共出版报纸 1871 种，其中全国性和省级报纸 977 种。全国开展广播电视业务的机构 4 万余家。其中，广播电台、电视台、广播电视台等播出机构 2647 家，从事广播电视节目制作经营机构近 2.7 万家。放眼世界，新闻媒体的数量更多，而且还有体量巨大、全球性的新闻巨鳄，像新闻集团、AOL 时代华纳、迪斯尼、维亚康姆等等。以新闻集团为例，旗下业务涉足报纸、广播、电视、杂志、电影、网络等等，仅仅报纸就在全球发行 170 余种，包括英国的《泰晤士报》《太阳报》，美国的《纽约邮报》，澳大利亚的《澳大利亚人报》等等。虽然国外媒体不能涉足国内媒体的新闻业务，但是它在国内依然有采访报道权，所以国内的新闻记者应该敢于竞争、善于竞争，这样才能够讲好中国故事，传播好中国声音，增强话语权。

新闻记者善于竞争的一个重要表现就是做好新闻采访的策划工作，它可以帮助记者在激烈的媒体竞争中获得采访机会。2019年10月，第七届世界军人运动会在湖北武汉开幕，湖北日报记者发现比赛报道主要关注赛事本身、运动员的背景以及在比赛的精彩表现等等，内容严重趋同，就想有所创新。记者通过调查发现一位名叫亚瑟·诺里的巴西体操运动员由于长相酷似影星吴彦祖，被称为"军运会巴西吴彦祖"，而且在网上被广泛关注，记者就想将他的"网红属性"和赛事传播相结合，打造一条爆款新闻。为了近距离接触亚瑟，笔者通过多方努力争取到了体操项目唯一一张采访权限升级卡，并且通过策划在赛事的最后一天采访到了亚瑟。亚瑟不但谈了对体操赛事的评价，还谈了对自己"网红身份"的看法，以及武汉的城市印象。采访结束后，巴西体操队领队告诉记者，全队都知道亚瑟在中国火了，但是能够面对面采访他的只有湖北日报一家。①

再例如1994年，南非进行首次多种族大选，曼德拉成为第一任黑人总统。大选结束后，来自世界各地数百家新闻媒体的记者们把曼德拉总统下榻的酒店围了个水泄不通，在这群记者中，有CNN、CBS、美联社、路透社等一大群欧美名记。八个钟头过去了，曼德拉终于出来了，但他拒绝接受专访。这时，一名记者敏捷地冲过保镖手挽手的防护线，用非洲土语向总统大声喊道："保佑南非，曼德拉万岁！"一个东方人居然能说南非土语，曼德拉觉得好奇，主动过来与这个东方记者握手。记者一只手紧紧握住曼德拉不放，另一只手快速从衣袋里抓出微型麦克风，问了曼德拉几个问题。这位记者就是现在仍然活跃在凤凰台的主播胡一虎。

有时候，新闻记者面对的采访对象是有争议的或者是负面新闻中

---

① 李源：《热点新闻中如何寻找独特视角》，[J]，武汉：《新闻前哨》，2019年12期。

的人物，他们不愿意接受采访，这时候，新闻记者如果进行了周密策划就可以让对方配合自己的采访。

2000 年，原江西省副省长胡长清因为贪污受贿数额巨大被判处死刑，就在胡长清将要被执行死刑的前三天，中央电视台《新闻调查》记者王志来到江西省看守所想对他进行采访。王志和胡长清一见面，就握着他的手说："我是中央电视台《新闻调查》的记者，我们还是老乡，我也是湖南人，想和你聊一聊。"胡长清一开始不接受采访，他说我都这样了，我还说什么。王志在给他端了一杯水后说，我知道这时候即使你接受了我的采访，也不会对你有任何帮助。但是我想在生命的最后时刻，你应该想留下些什么吧，至少你还留了一个你的声音在这个世界上，这样就能让大家看到一个真实的胡长清是怎样的，而不像小报上所说的那样。最终王志说服了他，进行了近三个小时的访谈。

还有的时候，新闻采访工作遇到了困难，记者无法顺利采访到需要的素材。这种情况下，新闻记者可以通过锲而不舍的精神，将策划重点放在如何感动或者吸引对方，从而坚持完成采访工作。

2008 年，十一届全国人大一次会议圆满闭幕，连任的国务院总理温家宝参加了 3 月 18 日的记者招待会，在回答了 12 个问题以后，招待会的主持人宣布闭幕。温家宝总理说："今天看到大家提问的热情很高，如果大家不饿的话，我再回答一个问题。"他还细心地点到了一位印度的记者。这位记者来自《印度时报》，在整场会议中，他不停地举手提问，尽管此前没有被点到，但是他没有放弃，这种精神打动了温家宝总理，他获得了这次宝贵的当场最后一次提问机会。

二、搜集真实素材

新闻采访策划有时候还可以帮助新闻记者获得真实的新闻素材，尤其在一些调查性报道中，由于新闻记者采访的大都是负面新闻，采访对象会竭力掩盖行为和事实，如果新闻记者不做好策划和准备工作，贸然进入现场，他们就很难获得真实信息。所以面对这类新闻的采访，记者必须提前做好策划。

《焦点访谈》记者有一年曾经到山东枣庄调查采访非法加工豆制品的情况，由于这些非法生产厂家都是家族经营，陌生人是很难接近厂房的，尤其是那些造假的"配方"更是秘不示人，但这些又是节目关键所在，于是《焦点访谈》记者就策划采用隐性采访的方式，装扮成客户和学徒偷偷地进入厂家，进行原生态采访。在这里，他们拍摄到了晾晒在马路上的豆制品、脏乎乎的机器、成群乱飞的苍蝇，但是由于作坊主对他们存有戒备心理，所以三言两语就把他们赶出门外。记者又临时计划到作坊中打工，听到有人可以不要钱白干活，这些作坊主心花怒放，欣然同意。记者们才有机会拍摄到了制造假冒豆制品的关键流程。在拿到证据后，记者联系了当地镇政府，要求采访，没有想到刚刚赶到镇里的市场边，大喇叭就响了："各位加工户请注意，中央电视台要来检查质量问题，要求各家把平时生产用的燃料和滑石粉收起来，不要放在加工现场。查出你来，你要倒大霉的。不要因为一个人影响了全村的豆制品生产。"通知这些加工户的正是当地的镇政府，可见如果记者事前不进行认真谋划，采用适当的采访方式，他们是不可能搜集到如此真实又形象的素材的。在这一类采访中，新闻记者的策划重在介入方式、采访顺序、问题设计等等。

三、明确采访主题、角度

新闻记者在实际采访以前还可以对新闻主题进行预判，这也是新闻策划的一个重要方面。预判主题可以为下一步采访明确方向，不至于使新闻记者到了现场以后如无头的苍蝇瞎胡乱撞，找不到重点，摸不清路线，无法组织问题，最后采访失败。当然，这里必须强调的是预判主题绝对不是主题先行，即先设定一个主题，然后再在新闻现场去寻找适合这个主题的材料，或者故意采用一些诱导式提问，让采访对象的回答符合自己设定的主题，又或者在新闻素材的裁剪和筛选上只使用符合新闻主题的，对其他的素材视而不见。这些都违反了新闻的客观性原则，是一种新闻主观主义，将新闻记者的主观意识强加在客观事实方面，严重影响了新闻的真实和客观，这一点是必须避免的。

预判主题只是一种初步的判断，新闻记者应该意识到这种预判会随着你采访的深入而发生变化，有时候还是 180 度的改变。有一次一个新闻记者到某企业采访，他事先了解到的情况以及预判的主题是该企业由于进行企业改制一举改变了企业连年亏损的局面，开始盈利，但是等他来到企业内部进行采访，和一些工人进行了深入交流，又实地查看了企业的经营情况，他发现自己原来预判的主题是不对的，他发现企业负责人借着企业改制大量鲸吞国有资产。在获得大量证据以后，他就以这个主题采写了一篇通讯。大家看，记者作品最后的主题就和他刚开始预判的主题大相径庭，甚至是完全对立的。

除了主题还有角度。新闻角度是记者在采访和新闻写作中认识和表现新闻事实的着眼点和侧重点，即记者从什么立足点、什么视角、什么突破口去寻找、挖掘、认识、选择和表现新闻事实，以更充分、更鲜明地体现新闻事实的新闻价值[①]。新闻角度和新闻主题密不可分，新闻主题是选择和判断新闻角度的依据，而新闻角度的选择又可以表现新闻主题。采访策划有助于新闻记者把握新闻角度。2018 年全国两会期间，为了表现改革开放四十年的巨大成就，人民日报社新媒体中心策划推出了国家形象系列宣传片《中国一分钟》，以后又相继推出"中国一分钟·地方篇"和各主题篇，这套系列片一改过去类似报道"大成就""大历史"的角度，从短短的一分钟着眼，以小见大，从细微处看变化，从微观见宏观，引起了观众强烈的情感共鸣，据统计，改微视频的线上阅读量超过了 24 亿，线下用户有 2.5 亿。

---

① 甘惜分：《新闻学大辞典》，［M］，郑州：河南人民出版社，1993 年版，第 167 页。

二维码 5.3　　《中国一分钟》

2018 年，中国新闻社李佳赟在采写"新春走基层"时就将采写角度放在了海峡两岸的夫妻群体上，发现两岸夫妻从过去大都到台湾过年变成了现在"台湾女婿"携家带口陪妻子在"大陆娘家"过年。李佳赟以此为切口，采写了《两岸夫妻"过年回谁家"》，形象生动地体现出海峡两岸交融互通的常态化以及大陆经济的飞速发展，可以说是策划精当、构思巧妙。

二维码 5.4　　《两岸夫妻"过年回谁家"》

四、组织人员协同配合

很多新闻采访不是单打独斗，而是多人员、多工种的协同配合，尤其在电视新闻采访报道中更是这样。电视新闻采访一般会有编导、出镜记者、摄像师，如果有需要，还得配备录音师、灯光师等等。在电视现场直播中，参与人员更多。例如 2019 年，中央广播电视总台为直播好 70 周年国庆庆典动用了数百人的团队，除了普通设备外还采用了移动拍摄车、索道摄像机、直升机航拍、伸缩臂等多种特种拍摄设备，设置了 88 个机位，还有 50 个微型摄像机安装在受阅装备和群众游行队伍中，在正式直播前，总台进行了周密策划和多次演练，这才保证了这次直播顺利进行。

不光这样大型的电视直播报道，在一般的新闻采访中也需要协同配合，比如摄像记者和文字记者如何配合，出镜记者和摄像师如何协同、隐性采访中参与人员如何协调等都是需要事先策划和准备的。广东《新快报》曾经对成人高考的跨省替考案进行过采访报道，报社派出了多路记者参与这次采访：第一路是已经卧底到替考大军中的于任飞等人；第二路是陪同于任飞坐一趟火车但是不暴露身份的记者；第三路是坐飞机提前来到替考发生地武汉市的记者，他们的任务是和当地媒体取得联系并且向当地警方报案，取得警方受理和保护并且和警方一起进行调查，帮助警方抓获主要嫌疑人。这三路记者互相配合，协同作战，保证了采访报道顺利开展。

第三节　新闻采访策划的原则

新闻记者在进行采访策划时需要遵循一定的原则，不能盲目策划、随意策划。总体来说，就是要按照事物的客观规律以及新闻工作的基本规律来做策划工作，这样才能取得良好效果。

一、真实性原则

真实是新闻的生命，它不但是社会主义新闻事业必须遵循的一条基本原则，也是新闻媒体取得公信力的根本前提。新闻要想真实必须保证新闻采制活动的各个环节都要真实，新闻策划环节也概莫能外。

美国新闻历史上曾经有过不光彩的一幕。黄色新闻鼻祖赫斯特和他的《新闻报》曾经为了达到自己的目的不惜在新闻策划以及采访中牺牲新闻真实性原则。19 世纪末，赫斯特狂热地煽动美国对西班牙的战争以夺取其在古巴和菲律宾的殖民地。特别是 1896 年，赫斯特派遣一名速写画家雷明顿到哈瓦那挖掘战争素材，但是当雷明顿到达哈瓦那以后却发现那里风平浪静，根本就没有战争迹象，然后他就给赫斯特发电报："这里很平静，不会有战争，我想回去。"赫斯特却给他回电："雷明顿，留在那里，你供给照片，我制造战争。"1898 年，美国战舰缅因号在哈瓦那被炸沉，《新闻报》在没有认真采访的情况下就在报纸上刊登新闻，其通栏标题是《炸沉缅因号是一个敌人所为》，断言此举是西班牙所为，他的报道也让很多美国报纸仿效，"勿忘缅因号事件"成为对西班牙挑战的口号，美西战争终于爆发。有评论说，正是赫斯特一以贯之的对西班牙的仇视态度以及他策划的一系列新闻成为了美西战争的导火索。

再例如，2018 年 9 月 12 日，《呼和浩特晚报》刊发了一则新闻《车祸瞬间 老师把生的希望留给了孩子》，报道托克托县双河镇一位语文老师在路上看到一辆轿车失控冲向自己时，在被撞前的一瞬间将身边的两位学生推开，自己却被汽车碾压，最后不幸离世。报道称："这几天，学校积极寻找车祸的目击者，终于找到了一名在车祸中受皮外伤的二年级学生，他的脸部和手被擦伤。据这位学生说，在汽车撞来的瞬间，他确实感觉被推了一下，因事发突然，他不知道是谁把他推了出去，让他躲开了汽车。还有 5 个四年级的学生说，他们目睹了丁老师舍己救人的瞬间：她将身边一左一右两个学生推开，自己却被撞倒在地。"但是在 2018 年 9 月 30 日当地政府网站发布的《关于托县双河镇第五小学×××老师发生交通事故身亡的后续情况说明》中却有这样的文字："经进一步调查，根据县交警大队《道路交通事故认定书》认定，肇事车辆驶入道路北侧人行道时，先将小学生高某蹭伤，后车辆由东向西跨越旧 119 巷时又将丁燕桃老师碰撞后碾压致死。认定书中并未提及丁燕桃老师有'被撞瞬间推开学生'的行为。另据接受媒体采访的学生郑某某、崔某某、李某的监护人证实，事发当时他们均不在现场；被车蹭伤的小学生高某及其监护人证实，事发瞬间也没有被人推过。根据行车记录仪找到一位目击者郝某某，该目击者证实，当时没有看到丁燕桃老师周围有其他学生。综上所述，没有找到丁燕桃老师"被撞瞬间推开学生"的有力证据。"

从当地政府的情况说明看，《呼和浩特晚报》当天的新闻是一则假新闻。由于相关媒体和记者没有对这一情况作出解释，我们有理由猜测这则假新闻出炉的原因可能有两种：一种是新闻记者受到了采访对象误导；第二种原因就是新闻记者为了拔高遇难老师形象，增加新闻价值而策划和导演了上述报道。

新闻记者对这两种原因都要警惕，尤其是第二种原因。因为在一些报道特别是典型报道中，有的新闻记者为了让典型人物更加高大和光辉，就采用任意嫁接、无中生有、固定套路、脱离实际、十全十美等方式对报道进行策划和加工，虽然报道的人物看起来非常完美，但是牺牲了新闻的真实性原则，反而是舍本逐末，最后被受众厌倦。

二、全面性原则

新闻记者在进行新闻采访策划的时候还要把握全面性原则，即多方面、全方位地开展策划工作，使策划方案周密、细致，不遗漏重要的素材和情节。

2018年7月《鲁中晨报》刊登《淄博从未进过长春长生生物生产的疫苗》，报道声称："被爆出狂犬病疫苗生产过程中存在记录造假等行为后，长春长生生物科技有限责任公司2017年曾生产过问题百白破疫苗一事又被旧事重提。记者从淄博市食品药品监督局了解到，淄博没有进过该企业生产的疫苗，市民不管是接种百白破疫苗还是狂犬病疫苗都是安全的。"[①] 但是这则新闻刊登不久就被家长"打脸"，有家长晒出了孩子的

---

① 王兴华：《淄博从未进过长春长生生物生产的疫苗》，[J]，《鲁中晨报》，2018年7月19日。

接种记录，清楚显示曾经三次接种长春长生生产的疫苗，而且接种地点正是淄博市的一个接种门诊。三天后，《鲁中晨报》道歉，总编辑被问责。在道歉中，《鲁中晨报》承认信息不实、报道有误。造成这一问题的原因是采编环节对采访到的相关信息，没有进一步核实，把关不严误导读者。但是笔者认为出现这一问题的原因绝不仅仅是没有核实信息，而是因为违反了新闻采访的全面性原则。浏览这则新闻可以发现，新闻记者的报道中除了淄博市食品药品监督局以外其他都是背景信息，采访对象非常单一，如果新闻记者在进行采访策划时将淄博市的接种门诊（特别是这些门诊的接种记录）、淄博市接种过相关疫苗的部分家长考虑进去，全面地进行调查采访就不会出现这样的假新闻。

再一个，新闻记者在涉及对立和冲突双方的新闻采访中，应该策划采访双方人物，给双方同样的发言机会，不能以偏概全，只采纳其中一方的意见而有意无意地忽略另外一方。《新京报》2004 年采访报道《拆迁引发姐妹同日离婚》时从了解新闻线索后就将策划报道理念定义为："坚持以事实为本，追求报道平衡与零度情感。"[1] 在采访中，记者不但采访了被拆迁一方，还采访了进行拆迁的当地政府的负责人，比如嘉禾县政法委书记、珠泉商贸城协调建设指挥部部长、县委宣传部副部长等等。这样不但整个报道更加丰满，也避免出现武断、片面等问题，正像记者所说："操作舆论监督类报道，并不是简单地为某个人或某个群体讨公道，而是在一定的客观环境下，探索事件发生、发展的前因后果。"[2]

三、灵活性原则

新闻记者采集的不是普通信息，而是新闻信息。新闻信息有快、

[1] 《新京报》编：《新调查——新京报调查报道精选》，[M]，广州：南方日报出版社，2006 年 12 月版，第 11 页。

[2] 《新京报》编：《新调查——新京报调查报道精选》，[M]，广州：南方日报出版社，2006 年 12 月版，第 11 页。

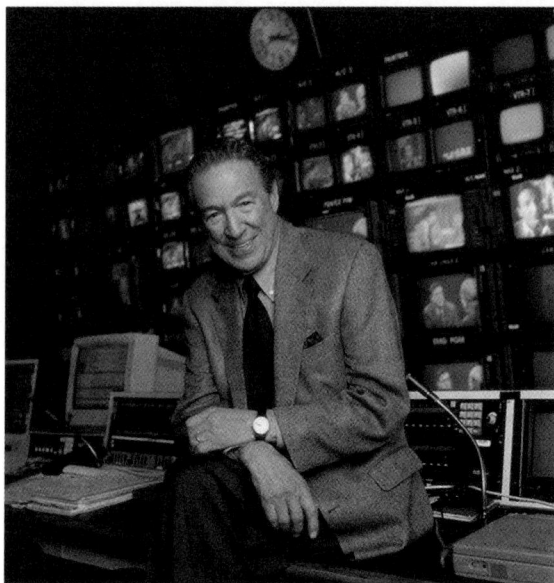

图 5.1　美国新闻记者华莱士

变、异、新等特点，因此新闻记者在采集新闻信息的时候应该遵循灵活性原则，在工作中守株待兔、墨守成规是很难采集到好新闻的。采访策划也是这样，新闻记者在采访前做的策划方案只是一种预判和准备，新闻现场千变万化，新闻记者要根据现场实际情况随时灵活调整自己的计划，以不变应万变在新闻领域是很难行得通的。例如美国 CBS 著名记者华莱士给自己制订了一个规则，每次采访前至少要准备 30 或者 40 个扎扎实实的问题，他通常的办法是在本子上列出 100 个问题以及他研究琢磨以后想到的一切，然后再分类。例如他在采访伊朗末代国王巴列维时就把 100 个问题浓缩成 50 个，分成了八九类，例如权力腐败、年龄问题等等，但是在真正采访时，他又不会完全按照采访策划时准备的那些问题来提问，甚至有时候他可能用到的只有原来准备的问题中的一两个。

四、有效性原则

在测量学中有一个名词叫效度，它原本是指测量工具对测量对象特质的衡量程度。简单讲就是测量是否有用和准确。对于新闻采访策划来讲，新闻记者也要讲效度，要通过新闻采访策划提高新闻采访的效率和功用，它主要体现在三个方面：一是使新闻记者能够在最短时间中获得最大量和最准确的信息；二是新闻采访策划要能够帮助记者尽量挖掘素材中包含的新闻价值；三是能够使记者采写的报道更加具有实效，能够对实际工作具有一定的推动作用。可以说，有效性既是新闻采访策划工作的动因也是它的目的，因此，它是新闻采访策划的一条基本原则。

2016 年，产粮大省河南省的小麦再获丰收。在一些媒体采写粮食丰收消息的时候，新华社记者孙志平等人却敏锐地发现，虽然河南省的小麦已经十余年丰收，部分地方甚至出现了卖粮难，但是当地的很多粮食加工企业却出现买粮难，还要从国外进口大量小麦。经过调研他们发现，出现这种情况的原因是农民生产的小麦无论品种还是质量都达不到这些粮食加工企业的标准，他们无奈才从国外进口小麦，农业生产急需供给侧结构性改革。于是他们就策划采写了调查性报道《产粮大省何以出现"买粮难"》，这篇报道深刻揭示了目前我国粮食生产存在的结构性矛盾，产生了深刻而广泛的社会影响，河南省委农办一位负责人说，新华社记者用"产粮大省买粮难"七个字，抓住了当前粮食市场的最大矛盾，反映了进行农业供给侧结构性改革的必要性和紧迫性，可以说，这篇稿件对实际工作的推动作用，比政府的红头文件还大。[①]

二维码 5.5　《产粮大省何以出现"买粮难"》

---

① 中国记协网 http：//www.xinhuanet.com//zgjx/2017—06/16/c_136370128.htm。

第四节　新闻采访策划方案的拟定

新闻记者在采访以前可以拟定一个采访策划方案，对将要开展的工作进行规划。策划方案的详略当视人员、采访事件、时间要求等情况而定。如果采访的是突发事件，留给新闻记者的准备时间很短或者根本就没时间准备，记者可以在前去新闻现场的路上打腹稿，对采访活动做出规划。如果新闻记者面对是预发事件，有充分时间进行策划和准备，那么记者就可以制定一个比较详细的策划方案，方案可以从以下几个方面进行设计。

一、新闻背景

新闻背景是新闻事件的历史条件和现实环境，它是新闻事件在时空中的坐标经纬。新闻背景不同，则新闻价值也完全不一样。再一个，新闻背景和新闻主题、角度密不可分，它是新闻记者预判新闻主题、角度的一个重要考量因素。

这一部分的内容主要包括采访原因和价值、被采访事件的简单介绍、事件发生的环境以及影响、其他媒体对该事件的相关报道（如果其他媒体已经有相关报道）等等。由于在媒体中，记者的选题和策划并不是都能够付诸实施的，很多需要通过编前会或者节目策划会的讨论批准才能进行采访，所以记者在这一部分应该把采访价值凸现出来，让人一目了然地了解选题的新闻价值所在。

二、新闻主题与角度

新闻主题是新闻的中心思想和核心观念，它是一篇新闻的灵魂所在，它决定了新闻采写时角度的确定，素材的选择，结构的搭建乃至语言的运用，可以说一篇新闻所有外在形式都在为这个灵魂而服务。

是不是所有的新闻都有主题呢？我认为不尽然，对于一般的事实消息而言，比如某地发生了气象灾害，或者某地发生交通事故，采写这类新闻的目的非常单一，就是传播信息从而让受众知道发生了什么事情，类似的新闻只要事实叙述真实、准确就可以了。但是也有很多新闻在传递新闻事实的同时还要传播一定的价值观念，也就是我们常常说的"用事实说话"，说什么话？怎样说话？为谁说话？说话的目的是什么？这些都和新闻主题有千丝万缕的联系。

再一个就是新闻角度。我们前面已经讲过，新闻角度是记者在新闻采访和写作中认识和表现新闻事实的着眼点和侧重点。新闻角度和新闻主题密不可分，新闻主题是选择和判断新闻角度的依据，而新闻角度的选择又可以表现新闻主题。

无论新闻主题还是新闻角度都可以在新闻策划方案中预先拟定，否则采访活动就容易陷入漫无目的状态。新闻记者预判主题和角度的时候需要注意做到三个统一。一是主观性与客观性的统一。新闻主题的预判是新闻记者的主观思维和判断，但是这种思维判断不能凭空而来，它要和将要采访的新闻事实统一起来。思维判断基于新闻事实的分析研究而来，而且在最后的写作中这种思维判断的表达也要依靠新闻事实，也就是用新闻事实来说话。二是独创性与规律性的统一。新闻价值要素中最重要的就是时新性，其中的"新"指的是新鲜，即新闻与受众已有知识范畴的重合程度要小，越小则越新鲜，新闻价值也越大。正是基于这一点，所以新闻记者在采写新闻的时候要创新，在新闻主题与角度的设定方面也要创新，这样才能够发掘事实最大的价值，吸引更多受众。需要注意的是，新闻记者在追求创新性的时候要符合事物客观发展规律，不能一味地为了创新而不顾规律、扭曲规律，违反规律的创新很容易事与愿违，达不到好的传播效果。三是导向性与价值性的统一。中国的新闻媒体是中国共产党、政府和人民群众的耳目喉舌，这一性质决定了中国的媒体必须坚持正确的舆论导向。因此新闻记者在进行新闻采访策划的时候也要考虑如何发挥媒体的舆论导向作用，但是要将舆论导向和新闻事实本身所蕴含的新闻价值结合起来，即做到导向性和价值性的统一，不能生搬硬套，机械地拔高和渲染，那样反而会被受众唾弃。

三、采访路径和重点

新闻记者在制定策划方案的时候还需要考虑采访路径，因为新闻采访面对的题材五花八门，所以采访的路径也就不能一成不变、千篇一律。新闻记者要根据将要采访的事实灵活地采用与之相适应的路径，有的需要单刀直入，有的需要外围开花，有的需要明暗结合，有的则需要反面下手。比如在调查性报道的采访中，由于这一报道大都面对的是一些损害公众利益的被掩盖的行为，因此难度大、风险高。面对这样的题材，新闻记者更多地采用外围开花的采访路径，因为这样采访一是先易后难，从薄弱环节比较容易突破；二是从外围可以了解相关信息，一些重要信息又可以作为证据在接触关键当事人的时候使用；三是外围开花不会打草惊蛇，不至于让对方过早地了解消息而和其他当事人结成攻守同盟，给采访增加难度；四是新闻记者从外围了解的信息可以作为一种手段来判断和核实从关键当事人那里了解的情况。

《新京报》的《拆迁引发姐妹同日离婚》就采用了这种采访路径。在访问调查时，记者首先接触的是事件举报人刘某，在他的家中，记者又采访了另外一些拆迁户，此外记者还来到拆迁现场，察看拆迁场面。后来在报道中出现的"因为拆迁导致姐妹同日离婚"的故事也是记者在这段采访中发现的。当记者对整个事件已经基本了解，并且掌握了有力证据后，记者才开始正面接触拆迁的组织者。记者分别采访了嘉禾县政法委书记、珠泉商贸城工程总指挥周贤勇，由于记者对事件已经有所了解，再加上记者采访时努力消除周贤勇的敌对感，因此采访十分顺利，他不仅回答了记者的所有问题，还把有些拆迁户的拆迁方案直接拿给了记者。在这个采访中，如果记者直接采访拆迁方，很容易吃到闭门羹，或者由于不了解相关情况而被对方搪塞或蒙蔽。

除了采访路径，记者还要考虑采访重点，因为新闻也讲究详略得当、重点突出。一般来说，凸显新闻价值和新闻主题的地方是新闻采访的重点，新闻事件的关键信息点是新闻采访的重点。策划好采访的重点可以让记者不遗漏新闻事件的重要信息，也可以让他们更好地安排采访时间，提高新闻时效性。

四、访问问题的设计

在新闻采访中，访问是最基本的采访方法，尤其在一些人物专访中，它更是最主要的采访方法。因此，新闻记者在制订采访策划方案的时候还可以对访问问题进行预先设计，这样"手中有粮，心中不慌"，在采访现场就可以更加从容、镇定地进行访问。按照新闻采访策划的灵活性原则，新闻记者面对不同的新闻事件以及采访对象，其问题设计也是不一样的，假如新闻记者将要参加的是新闻发布会或者记者招待会，他们就需要集中力量，准备几个最重要也最有个性的问题，因为在这样的场合，记者不能提出过多问题。假如记者做的是一个人物专访，那么他的问题设计就要更加详细一些，包括问题的顺序、层次、逻辑以及话题之间的转换可能都要考虑到。

五、发稿安排

在这一部分，新闻记者需要考虑如何安排稿件，比如报道的形式、发稿计划等等。这些虽然已经不属于采访环节，但是它们和采访工作密不可分，互相影响。当然和新闻主题一样，策划方案中的这部分内容也是新闻记者的一种预判，如果采访的素材和预想差异较大，新闻记者也可以随时调整自己的发稿计划。

2007年11月，重庆沙坪坝区家乐福商场发生踩踏伤亡事故，某报社记者对这件事进行了采访，在他的策划方案中，这一部分是这样安排的：

制定发稿计划

体裁以消息和评论为主，并配合反映社会舆论的言论。表现形式以文字稿件加大幅图片为主，还可向外约稿以收集更多信息。

版面设计，前两天（当天一定要头版头条）用头版头条进行报道，并配以大图片，以达到视觉冲击的效果和本报对此的重视程度。之后跟进报道的内容可排在二版或三版，视情况而定，也不排除将相关内容排在头版。

报道结构与报道方式

报道结构可以是两种：单由此次事件为切口对事件的发展进程进行并最终得出结果（连续式报道方式）；由此次事件再链接到其他类似事件（全国各地的）进行分析，揭示其最后的社会问题，深化主题（组合式报道方式）。[①]

从这个例子中我们可以看出，报道的形式与结构主要考虑新闻记者在采访完以后以什么样的题材写作新闻，是以单一式报道还是组合式报道。如果是单一式，使用消息、通讯、新闻评论还是深度报道。如果是组合式是采用连续报道还是系列报道等等。根据媒体类别的不同，还要考虑发稿计划，如果是报纸媒体，要策划发稿的版面，是否配图片、评论等等。

对一些特殊的采访，这一部分还要将保密工作考虑进去。例如，广东《新快报》曾经对广州餐饮市场一些黑幕进行过揭露报道，因为报道牵涉许多法律问题，需要律师对稿件审阅后才能出报，但是如果过早地让律师以及其他人了解报道内容，就有可能走漏风声。他们就计划在报纸印刷前的几个小时让律师审阅稿件，如果没有问题，立刻印刷，如果出现问题，就换成其他稿件。

---

① 吴玉兰：《经济新闻报道》，[M]，武汉：武汉大学出版社，2009年11月版，第115页。

六、人员调配及事务性准备

在新闻采访策划方案中，新闻记者还需要考虑人员的使用、调配以及事务性准备情况。特别是广播和电视记者的采访，由于他们要求的技术条件比较高，不但要计划采访设备，有些还要考虑传输设备，因此更需要做好这方面的策划工作。

2000 年，中央电视台对钱塘江潮做过一次直播报道。报道中总导演决定在钱塘江入海口向上游三十公里范围内选择四个地点，即大缺口、盐官、老盐仓和萧山进行现场直播，在策划方案中，萧山的直播机位是这样的，如图：

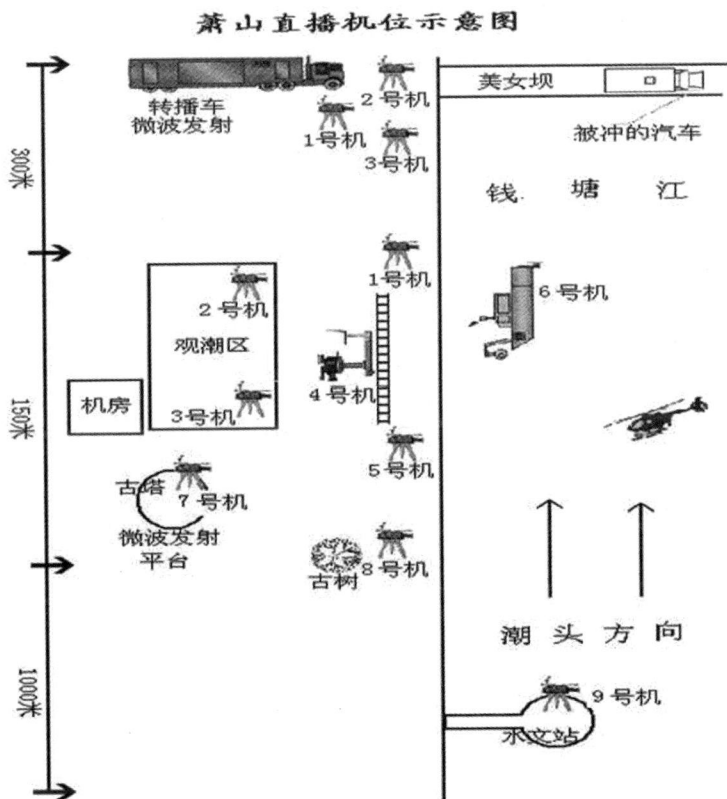

图 5.2　中央电视台钱塘江潮直播报道示意图

从图中我们可以看到，仅仅在这一直播地点就安排了十余台摄像机，其中一台是带滑轨的移动摄像机，另外还有直升机航拍。在传输设备方面有一台转播车和微博发射平台。在整个转播中，电视台设置了 37 个机位，安排有中心机房、转播车、直升机等多种设备。很难想象，如果没有事先的周密策划，如此庞大的技术系统能够顺利运行。当然，直播报道在电视报道中属于比较极端的例子，但是即使是普通的新闻采访，新闻记者也需要做好相应的技术准备工作。

第六章 资料搜集篇

在前面的章节中，我们讲述的内容主要是采访前的工作，还没有进入实际采访，从这一章开始，我们来探讨新闻采访的具体方法。一般来说，新闻采访的方法主要有搜集资料、访问、观察、体验感受、隐性采访等等，这一章主要讲述资料搜集法。

资料搜集就是新闻记者针对新闻事件和人物的相关资料进行收集整理的活动。在采访前的准备工作中，知识准备、背景准备、相关报道的了解以及对采访对象的熟悉都需要用到这样一种方法，在新闻采访活动中，它也是一种比较普遍的采访方法，尤其是在一些特殊的新闻报道中，比如调查性报道，这种方法起着非常重要的作用。

第一节 资料收集的必要性

作为一种采访方法，资料收集对于新闻记者的工作来说十分必要。

一、新闻事实是由许多具体资料组成

作为一种对新近或者正在进行的事实的报道，新闻是由许多具体素材构成的。例如人物或者事物的称谓、地点、时间、变化的数字、事件的原因与发展、结果等等，这些具体素材大多数是以文字资料的

形式保存、呈现的，搜集和整理这些资料既可以为下一步的访问和观察提供准备，同时还可以直接写入新闻之中，成为新闻的一部分。看2017年《人民日报》的一篇新闻：

收入增速持续跑赢GDP 老百姓的腰包更鼓了（一图说五年）

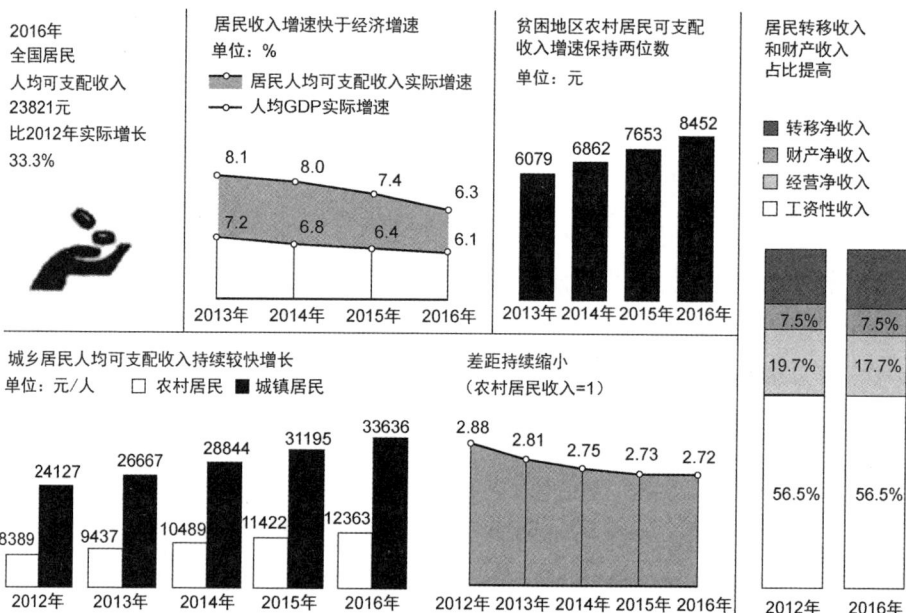

2016年
全国居民
人均可支配收入
23821元
比2012年实际增长
33.3%

居民收入增速快于经济增速
单位：%

- 居民人均可支配收入实际增速
- 人均GDP实际增速

8.1　8.0　7.4　6.3
7.2　6.8　6.4　6.1

2013年　2014年　2015年　2016年

贫困地区农村居民可支配收入增速保持两位数
单位：元

6079　6862　7653　8452

2013年 2014年 2015年 2016年

居民转移收入和财产收入占比提高

- 转移净收入
- 财产净收入
- 经营净收入
- 工资性收入

	2012年	2016年
	7.5%	7.5%
	19.7%	17.7%
	56.5%	56.5%

城乡居民人均可支配收入持续较快增长
单位：元/人　□ 农村居民　■ 城镇居民

24127　26667　28844　31195　33636
8389　9437　10489　11422　12363

2012年　2013年　2014年　2015年　2016年

差距持续缩小
（农村居民收入=1）

2.88　2.81　2.75　2.73　2.72

2012年 2013年 2014年 2015年 2016年

晚霞正浓，广西三江侗族自治县岩寨屯里响起了悠扬的侗歌，百米长的百家宴长桌上蕨粑焦香、糯米饭软烂，酸鸭酸鱼让人胃口大开。忙前忙后的村民吴爱仙笑着说，"以前种地收入不多，2014年高铁通了，游客多了，农家乐也火了，去年收入增加了不少，越忙越乐！"

岩寨屯村民的收入之变，是党的十八大以来，居民收入持续较快增长的一个缩影。

居民收入增速持续跑赢GDP。2016年，全国居民人均可支配收入23821元，比2012年增长44.3%，扣除价格因素，实际增长33.3%，年均实际增长7.4%。

特别值得关注的是，党的十八大以来，贫困地区农村居民收入保持快速增长，增速持续高于全国农村平均水平。2013—2016 年贫困地区农村居民人均收入连续保持两位数增长，年均实际增长 10.7％。

中国为全球减贫作出重大贡献。中国精准扶贫的新理论、新实践也为全球减少贫困提供了中国范例。

居民收入快速增长，为实现"收入倍增"计划打下坚实基础。国家统计局住户办主任王萍萍表示，2016 年全国居民人均可支配收入与 2010 年相比，实际增长 62.6％。在未来 4 年内，只要居民收入年均实际增速在 5.3％以上，就可以实现收入翻番的目标。

本报记者　陆娅楠

在这篇新闻中，很多都是新闻记者搜集的资料，从一开始的那幅图画，到新闻中的很多数字等都是，正是这些资料构成了这篇新闻的主体。

二、加深对被采访事物的认识

资料搜集既是新闻记者的采访过程也是他们的学习和认识过程。随着资料搜集，新闻记者对被采访事物的认识愈来愈深刻，原来的一些疑问可能被解开，原来的一些错误可能被推翻，原来的初步想法可能变成熟。

2002 年 6 月 16 日，在湖南省益阳市发生了这样一件事情：一个名叫刘骏的人被当地的一家派出所传唤，结果却死在了派出所楼下，检察机关调查认为刘骏是自己跳楼身亡，而刘骏的家属们却始终认为刘骏死得蹊跷。那么刘骏究竟是怎么死的呢？围绕着这个让我们所有人都百思不得其解的疑惑，中央电视台《新闻调查》做了一期调查性节目，深入地报道了事情的前因后果以及过程。

在采访过程中，记者杨春搜集了一些关键资料，比如当地检察院的调查笔录和法医鉴定书，其中调查笔录和他采访当事民警时对方的叙述存在差异。法医鉴定书记录，除了死亡人刘骏的高坠致严重颅脑损伤死亡这一伤情外，在刘骏的左额颞部还有 3.4×0.5 厘米纵行裂创，面部青紫，左右手腕和手指有多处表皮剥脱、青紫、擦挫伤痕，右腕骨骨折，胃内容物为血性液体，心肌水肿等多处伤情记录，这些伤痕在高坠死亡的方式中很少见到。这些资料让杨春对刘骏坠楼事件有了更深刻的认识，其坠楼原因看来并不一定是原来的调查结论——跳楼而亡。

三、特殊情态下资料搜集是最佳的采访手段

尽管新闻记者的采访方法有多种，但是对于一些比较特殊的事件或者题材，并不是所有采访方法都适用。例如在所有的采访方法中，访问和观察是最基本的两种，但是在调查性报道中，资料搜集应用得就更加普遍。斯蒂尔和巴雷特指出，最优秀的新闻记者应该具有"文献意识"。记录总是存在于某个地方。如果一个调查新手在"文献意识"方面遇到困难，他可以考虑一下他一生中的所有纸质纪录。从出生开始，他便有了包括出生证明、住院和出院记录在内的文档和数据库。当他长大后，他留下了诸如成绩单、年鉴本的学校记录。他拿到驾照，以自己的名义买车、注册、购买汽车保险。他收到学生贷款并且获得奖学金。毕业后，他整理个人简历，填写工作申请。他开始以信用卡购物，填写私人支票，申请健康保险，购买很多许可证，买地建房，支付人身税和财产税，填写州和联邦的所得税表格，登记选举，进行政治捐款，因生意而租车，因邻里纠纷而卷入地方法院诉讼，结婚、生子、离婚。[①]

资料搜集的方法还有一个好处就是它的非介入性，它可以让新闻记者在不进入新闻现场的情况下获得新闻信息。尽管采集新闻最好的

---

① （美）布兰特·休斯顿、莱恩·布卢兹斯、史蒂夫·温伯格著，张威、许海滨译：《调查记者手册——文件、数据及技巧指南》，南方日报出版社，2005 年 10 月第一版，第 6 页。

地方是新闻现场，但是有些新闻现场是新闻记者很难进入的，比如黑社会组织内部、被严密保护，记者不允许进入的现场等等。这时候资料搜集几乎就成为了记者唯一的采访方法，他们可以通过一些路径搜集和新闻事件相关的资料，这样也可以完成新闻写作。

1971 年 6 月，《纽约时报》和其他一些报纸披露了一批描写美国卷入越南战争的国防部绝密文件。这些文件是由一名国防部官员丹尼尔·艾尔斯伯格透露给报界的。这些文章给时任美国总统尼克松和他的政府带来了巨大冲击。可想而知，记者要想通过其他采访方法从五角大楼获得关于总统的丑闻是几乎不可能的。

再比如，中央电视台记者曲长缨有一次到山西省临汾市尧都区阳泉沟煤矿采访。这个煤矿发生了非常严重的矿难，但是矿主却瞒报死亡人数，记者到煤矿采访了死亡矿工的家属、煤矿的管理人员、火葬场的职工都是一无所获。在这种情况下，记者又来到煤矿，想在矿工的宿舍里寻找到一些蛛丝马迹。这时候，煤矿在得知他们又来采访的消息后就派人盯梢，在盯梢人的注意力集中在摄像师的时候，曲长缨在一间矿工宿舍里发现了一个小本，他偷偷地揣在怀里，走出来一看是一个电话号码本，里面记录不少人名和电话。这个电话号码本成为记者这次采访的突破口，他按图索骥通过这个本子终于揭开了死亡矿工被瞒报的黑幕。从这个例子可以看到，资料搜集在一些新闻活动中起着非常关键的作用。

第二节　新闻记者搜集资料的渠道

著名记者杰克·海敦曾经说："培训新闻记者的目的是教他们如

何搜集资料，进行客观报道。"① 新闻记者搜集资料的渠道有很多，比如互联网络、图书馆、档案馆、企事业单位、其他的媒体等等，这些地方都可以给他们提供丰富的资料以供采访使用。

一、互联网络

互联网络目前已经成为新闻记者搜集资料最主要的渠道。新闻记者在网络上可以通过搜集资料寻找新闻线索，为实际采访做好准备，当然也可以通过资料搜集完成采访。具体来看，新闻记者可以通过社交平台、新闻网站、搜索引擎、以及公共数据库完成资料的搜集。

社交平台是人们通过网络的可行性互动工具和平台来分享彼此之间的生活经历、兴趣爱好、新闻趣事。国内著名的社交平台有：微信、微博、QQ、今日头条、抖音、百度贴吧，国外则有 Facebook、Twitter、Google、Tumbir、Pinterest 等等。通过这些平台，新闻记者可以搜集到大量需要的资料。2015 年，《工人日报》记者贺少成等人采写的系列报道《为什么 2 元钱的"救命药"没有人做》的新闻线索就来自记者在社交平台的搜索。2015 年 4 月，在北京空军总医院住院的白血病人安宁骨髓移植后连续发烧 2 个月，情况十分危急，他的女友孙菊通过微博求助：安宁最后的希望是等待一种救命药——复方新诺明针剂。这个消息后来又在阿里公益搭建的全国公益记者联盟微信群中传开，记者在网络上发现这条新闻线索以后一方面和其他媒体的记者一起传播消息，为患者找药；另一方面他们开始寻找这样救命的廉价药物为什么没有人做的原因，最后根据采集的素材制作了系列报道。

新闻网站是主要经营新闻业务的网站。有些是传统媒体在网络中的新闻门户网站，例如人民网、新华网、央视网、凤凰网等等。有些

---

① （美）杰克·海敦著，伍任译：《怎样当好新闻记者》，[M]，北京：新华出版社，1980 年 6 月第一版，第 4 页。

是商业门户网站，像新浪、搜狐、网易等等。还有一些行业和地方的新闻门户网站。由于这些新闻网站刊登有大量以新闻信息为主的各类信息，这为新闻记者搜集资料提供了巨大便利。

二维码 6.1　《为什么 2 元钱的"救命药"没有人做》

搜索引擎是网络专门为网民提供网络搜索的一种网站。这类网站通过专门的搜索软件或者网站登录的方式，搜集大量信息，经过加工处理分类，为检索者提供检索。用户可以通过布尔逻辑检索、词组检索、截词检索、字段检索、限制检索和位置检索等方法寻找到自己所需要的信息。目前比较常用的搜索引擎有百度、360 搜索、搜狗搜索、Google、Yahoo 等等。像新华社、人民日报等还建立了自己搜索引擎，方便记者搜集整理资料。新华社的叫作新华全媒新闻服务平台。它提供多种搜索，在线路上有通告新闻线路、国际专稿线路、重要公共信息、公鉴、对外中文专线等等，分类方面有政治法律、科学技术、体育、军事、教育、社会、市场信息、宏观经济、行业经济、文化娱乐，还提供文本、视频、图片、对媒体、图表、音频、图集的搜索，另外还在地区和时间上进行了区分。

搜索引擎对信息的抓取速度极快，在现在海量信息的时代如果没有搜索引擎的帮助，很难找到让自己满意的信息。再者，搜索引擎在抓取信息的同时还能够对搜集的信息进行一定维度的分析。这对新闻记者使用信息提供了巨大帮助，它可以帮助新闻记者发现信息条目的热度。一定的热度代表信息关注度较高，相应的新闻价值含量也会比较大。随着技术的发展，搜索引擎检索类别也越来越多，文字、音频、视频、图像，乃至人类面部特征和特定动作都可以被检索，这就为各种媒体记者的信息搜集和整理提供了便利。《南方日报》经济部记者牛思远说过："平时在做选题时，像一些热点话题类的题材会通常在微博、天涯社区等上面寻找网友的意见，或者是通过搜索引擎来搜索，有时我也会去百科网站查一些专业名词或专家背景。"[1]

数据库是按照数据结构组织、存储和管理数据的仓库。公共数据库就是对公共数据进行组织、存贮和管理的仓库，这些数据都是依据特定的规则和任务集合和存储起来的。早在 2006 年，全国包括国家发改委、质检总局、外交部、工商总局、公安部、文化部等在内的5000 余政府机关、企事业单位均已正式开通相关中文 .CN 域名和通用网址。这些数据库都可以为记者搜集需要的信息。例如在教育部网站中，新闻记者就可以查阅政府信息、教育工作动态信息和教育相关的政策法规等等。

二、各种文件（文书）

既拥有市民身份又保留农村"三权"
武城农民率先持证带"权"进城

"有了这两个本本，进城落户就再没有后顾之忧了。"10 月 18 日，武城县李家户镇党庄村 31 岁农民郭子伟一天之内领到了两个证件：新户口本和《农村集体经济组织成员转移备案证》（下文简称《转移备案证》）。他一手一个，兴奋异常："紫本本，我迁户进城，成市民啦；红本本，老家权益保留不变！在城里待不住的话，还可以

---

① 陈媛媛、周新华主编：《实用新闻采访》，[M]，武汉：华中师范大学出版社，2017 年 9 月版，第 120 页。

把户口再迁回农村！"

早在 5 年前，郭子伟就在县城有了稳定的工作，买了房，但一家人的户口却始终没有"进城"。"老家有 8 亩承包地、1 处宅基地，万一户口迁走，地被收上去，将来在城里待不下去咋办？"这样的担心让他决意把户口留在农村。

今年 4 月，女儿降生。是要县城户口，还是要地？思来想去，郭子伟还是把闺女的户口落到了农村老家。

作为全省唯一的"产城融合推进就地城镇化"试点，6 月 12 日，武城县委办、政府办出台《农村集体经济组织成员进城落户转移备案实施办法》，对进城落户农民进行转移备案，村、镇、县三级登记在册，永久保存，承认其农村集体经济组织成员资格，保留土地承包经营权、宅基地使用权、集体资产收益权和这"三权"的合法继承权。

得知这一消息，郭子伟动心了。

随后，武城县公安局发文规定，农民转户来去自由，持有《转移备案证》，日后仍可把户口迁回农村。这让郭子伟一家吃了定心丸，他们立即申请了转户和转移备案。

农民持证进城后，享受市民、农民双重待遇。教育、医疗、就业创业服务、低保五保待遇比农民高；而计生家庭奖励扶助、农村妇女"两癌"筛查等农民专属优惠仍然保留，转户农民"哪头炕热坐哪头"。武城还规定，转户农民在县城购房，县财政每平方米补助 100 元。

今年 9 月，进城落户农民"转移备案证书"制度被写入了我省《关于加快推进农业转移人口市民化的实施意见》。

"6 月颁发首证以来，全县共有 1580 户转户农民领到了《转移备案证》。"武城县长张磊说，"我们实行备案证书制度，目的是为了让自愿进城落户的农民没有后顾之忧。县政府对乡镇、部门不考核户籍城镇化率，只考核群众对政策的知晓率、对服务的满意率，严格遵守群众自愿原则，决不允许搞强迫命令。"

上面是 2016 年《大众日报》上刊登的一则报道，讲述山东武城县为进城落户的农民进行转移备案，承认农民农村集体经济组织成员资格，保留他们的土地承包经营权、宅基地使用权、集体资产收益权和这"三权"的合法继承权。这样就为进城的农民吃了定心丸，推进了山东新型城镇化进程。在这则报道中，记者搜集和引用了武城县《农村集体经济组织成员进城落户转移备案实施办法》以及山东省《关于加快推进农业转移人口市民化的实施意见》，它们都属于文件的范畴。

文件是由法定作者制成，由公务产生并且应用于公务，具备特定格式的文字资料。文件可以分为三个层次：第一层次属各种公文，是国家、政党规定的各种正规的上行文、下行文、平行文，包括各种法律文件、章程、条例、外交文件等，它是文件的核心部分，正规性、通用性最强；第二层次是省略了某些格式的文件，如领导人讲话、调查报告、总结规划等，这也是比较正规的文件；第三层次是各种法定组织的专业文件（如司法文件）、记录性文件（如记录、纪要）、慰问电等杂体文件。①

文件在新闻记者的采访活动中具有不可替代的作用。首先，文件出自权威部门，其公信力较强，新闻记者引用相关文件可以印证被采访对象行为是否合理合法；其次，文件出自各个专业部门，除了权威性以外还具有知识性，可以为新闻记者的采访解疑释惑，使他们具备和采访相关的专业知识；第三，文件可以为新闻记者的采访提供新闻线索。例如 2018 年 11 月 15 日，山西忻州市政府公布的中央生态环境保护督察组"回头看"文件显示，山西忻州神达台基麻地沟煤业有限公司违规倾倒煤矸石，致忻州市河曲县 6 名村民于 11 月 4 日至 5 日相继中毒身亡，同时所涉当地平田造地项目未经立项和环评审批。

---

① 周振华：《文件学概论》，[M]，兰州：甘肃人民出版社，2002 年 6 月第一版，第 5、6 页。

目前涉事煤矿企业被罚，县政府相关责任人受处理。《新京报》记者在看到这个文件以后，敏锐地意识到这是一条新闻线索，赶到当地采访，采写了一系列相关报道。

三、知识性文献

知识性文献主要包括书籍、论文、年鉴、档案等等，它们都可以为新闻记者提供资料。

以档案为例，档案是记录和反映国家机构、社会组织或个人工作、生产、科研、学习等活动原貌的，按一定规则组合归档，以备查考利用的各种文献。① 我国《档案法》规定："国家档案馆保管的档案，一般应当自形成之日起满三十年向社会开放。经济、科学、技术、文化等类档案向社会开放的期限，可以少于三十年，涉及国家安全或者重大利益以及其他到期不宜开放的档案向社会开放的期限，可以多于三十年，具体期限由国家档案行政管理部门制定，报国务院批准施行。档案馆应当定期公布开放档案的目录，并为档案的利用创造条件，简化手续，提供方便。中华人民共和国公民和组织持有合法证明，可以利用已经开放的档案。"

新闻记者可以利用档案搜集报道需要的资料。2009 年 4 月，《人民日报》社记者李鹤、王舒怀调查采访广西隆林各族自治县寄宿制学校中办学条件与寄宿生需求之间的矛盾，采访中记者就引用了当地的档案：隆林县教育局档案显示，2001 年起，全国农村中小学布局调整展开，当年该县撤并了 1/3 的教学点，减为 225 所。在之后的 8 年中，教学点数量以平均每年十几所的速度递减。到 2008 年，教学点仅剩下 80 所。

在一些特殊采访中，档案能够起到关键作用。2004 年普利策调

---

① 朱玉媛编著：《档案学基础》，[M]，武汉：武汉大学出版社，2008 年 7 月第二版，第 15 页。

查性报道的获奖者——俄亥俄州托莱多市报纸《刀锋》（the Blade）的三名记者迈克尔·D·萨拉赫、米奇·韦斯和乔·马赫尔就是主要通过翻阅档案来揭露美军一支精锐部队（Tiger Force）在越战中屠杀越南平民的罪行。2003 年 10 月 29 日，《刀锋》详细披露了记者的调查过程：

《刀锋》的调查采访开始于他们的记者得到了一份 22 页的美军机密档案，这份档案比较详细地描述了 Tiger Force 部队的暴行。报社于是决定派记者对这一事件展开调查报道。调查记者翻阅了大量关于越战的档案，但是没有发现有提到美军暴行的纪录。他们还查阅了位于华盛顿郊区的美国国家档案馆的大量已经解密的档案资料，另外，报社还采访了数十位部队的老战士。为了进一步揭开事实真相，《刀锋》还派文字记者和摄影记者亲自到越南，在那里他们找到了事件的亲历者，通过他们的叙述，历史真相揭开了。

第三节　新闻记者如何搜集资料

一、培养搜集资料的意识

新闻记者应该具备一种资料意识，因为他们面对的资料并不是完完整整、原原本本、清清楚楚地摆在眼前，这些资料一是有的比较分散，存在于很多地方，需要从这些地方搜集汇总才能够得到；二是有的资料比较零碎，不成系统，需要新闻记者将这些资料进行逻辑整合才能够使用；三是有的资料被某些组织或者个人故意掩盖，不想让其他人发现，这就需要新闻记者排除困难，认真挖掘才能够得到。面对这三种问题，新闻记者需要培养自身的资料意识，认识到资料对于新闻采访至关重要。再一个就是要随时随地寻找资料，尽可能将和新闻相关的资料搜集齐全。尤其进入网络时代以后，通过网络搜集和整理资料成为了记者的基本功。

2009 年，英国曝出议员滥用公款报销个人账单的丑闻，英国三大政党、300 余名议员卷入其中。《每日电讯报》《卫报》等报纸是这次报道的主力军。2009 年 5 月，《每日电讯报》的报道拉开序幕，它首先瞄准的是女议员、内政大臣史密斯，《每日电讯报》搜集了史密斯的报销账单，包括电视机 370 英镑、门垫 14 英镑、洗衣机 320 英镑、牙刷架 2.5 英镑，连浴缸活塞的 0.8 英镑也被记者扒了出来。媒体并没有就此罢休，又查到了史密斯报销的收费电视节目清单（其中包括她丈夫收看色情电视节目的费用），一时间舆论哗然。《卫报》则搜集到了下议院发布的近 50 万份文件，由于资料数量巨大，《卫报》采用"众包"的形式，让网站用户帮助报纸审核，后来有 3.3 万名网站用户审核了 226170 页文件，并且提供了有用的信息。① 在这次报道中，新闻记者尽一切可能搜集相关资料，不但搜集资料的种类多、项目细，包括住房补贴、生活补贴、通讯费用、聘用秘书、助手，乃至非常琐碎的法院传票费、狗粮费、裤子熨烫费等等，全部都搜集齐全，再一个就是搜集的资料涉及人员多，涉及议院中所有议员的资料，先是布朗领导的工党议院，后是卡梅伦领导的保守党议员，最后自由民主党也被卷入其中。在整个采访报道中，资料发挥了无法替代的作用，随着一张张账单的曝出，英国议员们廉洁奉公的形象轰然倒塌。

二、取得有关部门帮助

尽管我们要求新闻记者要成为杂家和专家，但并不是所有人都能够达到这个标准，而且即使达到也不是百科全书和全能选手，所以在新闻采访中还得依靠其他部门和个人的帮助。新闻记者的资料搜集工作也概莫能外。而且在我国的《政府信息公开条例》中要求行政机关

---

① （英）史蒂夫·希尔、保罗·拉什马著，张玉译：《简明网络新闻学教程》，[M]，上海：同济大学出版社，2017 年 10 月版，第 116 页。

主动公开下列信息：

（一）行政法规、规章和规范性文件；

（二）机关职能、机构设置、办公地址、办公时间、联系方式、负责人姓名；

（三）国民经济和社会发展规划、专项规划、区域规划及相关政策；

（四）国民经济和社会发展统计信息；

（五）办理行政许可和其他对外管理服务事项的依据、条件、程序以及办理结果；

（六）实施行政处罚、行政强制的依据、条件、程序以及本行政机关认为具有一定社会影响的行政处罚决定；

（七）财政预算、决算信息；

（八）行政事业性收费项目及其依据、标准；

（九）政府集中采购项目的目录、标准及实施情况；

（十）重大建设项目的批准和实施情况；

（十一）扶贫、教育、医疗、社会保障、促进就业等方面的政策、措施及其实施情况；

（十二）突发公共事件的应急预案、预警信息及应对情况；

（十三）环境保护、公共卫生、安全生产、食品药品、产品质量的监督检查情况；

（十四）公务员招考的职位、名额、报考条件等事项以及录用结果；

（十五）法律、法规、规章和国家有关规定规定应当主动公开的其他政府信息。

目前，各级行政机关已经建立比较健全的政府信息发布机制，通过政府公报、政府网站或者其他互联网政务媒体、新闻发布会以及新闻媒体予以公开。新闻记者如果需要这些信息，就可以主动和这些部门联系，获取资料。

三、采取多种多样的办法获取资料

资料对于新闻采访十分重要，这就要求新闻记者灵活采用多种方法获取资料。

首先是从多种途径，像网络、各种文件、书籍、档案、其他媒体中获取资料。其次在不同地点面对不同采访对象采用不同的方法。例如新闻记者进行一些会议采访，对方会提供一些与会议内容相关的资料，这时候记者要主动让对方提供，这些资料有的含有本次采访需要的内容，有的还有记者意想不到的新闻线索。可是让对方提供材料并不那么简单，著名记者穆青就曾经说过："要求有关部门提供我们材料，不是一件容易的事，因为我们不是他们系统内的单位，他们不了解我们的需要，不能经常主动地送给我们，因此这些材料要不断地去争取，要不嫌其烦，愈多愈好。"[①] 有时候新闻记者采访的是负面新闻，对方拒绝配合，这时候就需要新闻记者费一些工夫和周折，可以从公共数据库获取资料，还可以通过被采访组织的新闻线人获取资料等。有时候新闻记者搜集材料真可谓"踏破铁鞋、掘地三尺"。美国南卡罗来纳州的一家地方报纸与美联社曾经共同完成了一项关于某研究机构开发财团行贿的调查性报道。那次调查性报道的成功，最终取决于翻腾垃圾场。一开始，记者怀疑该财团有经济问题，要求采访，但是遭到拒绝，经过了两年的辛苦调查，他们掌握了一些材料，但是关键性的财务收支记录一直没有找到。最后根据勤杂工提供的线索，记者来到了垃圾场，他们穿上工作服，开着推土机，把堆积三年的垃圾场翻了个底朝天，结果真的找到了几个球箱，在箱子里发现了原始的财务收支记录，掌握了确凿证据，写出了成功的报道。

---

① 穆青：《新闻散论》，[M]，北京：新华出版社，1996 年 9 月版，第 56 页。

　　总之，在新闻采访中，新闻记者要想尽一切办法利用一切合法途径和手段搜集资料。只有这样，他们才能了解更多素材，才能对被采访事物有更加深刻的认识，这对后面的采访和写作是大有帮助的。

第七章　访问座谈篇

美国《塔尔萨论坛报》著名记者鲍勃·福尔斯曼说："笔下的功夫不强照样能当一名出色的记者，但不善于进行访问是决当不好记者的。"[①]古今中外的著名记者，像中国的邵飘萍、范长江、穆青、范敬宜、水均益、白岩松，外国的法拉奇、克朗凯特、默罗、华莱士等等，他们有的能够以鬼神莫测之手段获得新闻素材，有的能够纵横捭阖世界政坛，有的能够和人民群众水乳交融，还有的能够以一己之力开创一种全新报道形式。他们之所以能够获得成功并不单单因为写得好，最主要原因是他们无一例外都是新闻采访的行家里手，尤其善于访问，精于通过向采访对象提问题获取新闻素材，发现新闻事实。

访问是新闻记者采访的最基本手段，也是一种最重要的采访方法。它是新闻记者通过向采访对象提出问题、进行交流获取新闻素材的一种采访方法。

访问根据不同标准可以分为不同种类。根据访问的规模可以分为单独访问和群体访问。单独访问就是新闻记者单独采访一个采访对象，像中央电视台长篇人物专访栏目《面对面》就属于这一类采访。群体访问是新闻记者针对多个采访对象提出问题，例如采访座谈会、记者招待会、新闻发布会等就属于这一类。如果按照访问的媒介不同

[①]　（美）杰克·海敦著，伍任译：《怎样当好新闻记者》，[M]，北京：新华出版社，1980年6月第一版，第119页。

来分类的话，访问又可以分为电视专访、广播录音采访、网络聊天采访、电话访问等等。如果按照访问提纲的同一性标准来划分，又可以分为结构化访问和非结构化访问。结构化访问是指新闻记者访问时虽然面对的访问对象不同，但是所提问题按照同一提纲提问，问题内容一样、顺序一样。非结构化访谈则反之。结构化访谈和非结构化访谈不仅在新闻采访领域使用，在社会调查领域也在大量应用。

第一节　访问的意义和作用

访问是新闻记者最重要的一种采访方法，它在新闻活动中具有特殊的意义和作用。

一、访问是做好新闻工作的基础

著名记者杰克·海敦说："新闻事业是一个跟人打交道的行业。大约有 99% 的新闻是部分或全部以访问——也就是向人提问题——为基础写成的。"① 尽管实际可能没有杰克·海敦说的那么绝对，但是访问确实是做好新闻工作的基础，是新闻记者的基本功。

新闻记者是社会活动家，他要和各种各样的人打交道、交朋友。在这中间，访问、交流是最重要的工具。如果一个新闻记者懂得访问技巧，他就可以和采访对象聊得很投机，搜集到许多自己需要的素材，而且还能和对方成为朋友，如果以后有了新线索，他也可以更快知晓。

新华社的老社长穆青就特别善于和人民群众息息相通。他七访兰考、八下扶沟、四到宁陵、十进辉县、两上红旗渠，和这里的干部群

---

① （美）杰克·海敦著，伍任译：《怎样当好新闻记者》，[M]，北京：新华出版社，1980 年 6 月第一版，第 23 页。

众拉家常、谈工作、交朋友。穆青还十分重视基层新闻工作，即使后来身居要职，他只要有时间见到了基层记者，都会和他们聊天，听他们讲基层的见闻。总社的同志们管这叫"吹会"，后来还渐渐地成了传统，每年都要邀请基层记者来"吹"几回。那些满是乡土味的故事和情真意切的报告给"上面"的记者带来了很多素材和灵感，也带来了新的思想，很多精品稿件就这样被"吹"出来了。① 这里的"吹"其实就是访问，就是通过沟通交流使下情上传，上情下达。

相反，如果一个记者没有运用访问技巧，他就无法和采访对象有效沟通，甚至还会出现话不投机半句多的情况。2016 年 8 月 19 日，CCTV5 发了一篇微博"谌龙赛后采访突然消失"，记者的采访是这样的：

记者：跑到看台做一个手势，相信是给特殊的人的吧？王适娴的吧？

谌龙：我是给我自己的。谢谢！

记者：谌龙，稍等，这是混合区的直播的采访，谌龙。

谌龙：一个吧。

记者：好，一个一个。够了。从整个的这次比赛来说，感觉是不是一场比一场好？

谌龙：我觉得打到半决赛了，肯定没有比较差的吧，大家都很想赢，我觉得自己今天打得还是不错。

记者：怎么期待明天决赛呢？

还没有等提问完毕，谌龙已经离开了采访现场，使在场的记者显得有些尴尬。为什么会出现这样的情况？一是虽然谌龙和王适娴是一

① 李师荀：《穆青"勿忘人民"的三种境界》，[J]，郑州：《新闻爱好者》，2014 年 9 期。

对情侣，但是显然谌龙不希望在大赛前牵涉到自己的私事；再一个就是记者的提问带有明显的诱导性，答案也显而易见，所以就没有引发对方的谈兴，导致访问没有成功，最后以尴尬收场。

二、通过访问可以获得深层信息

访问和搜集资料不同。搜集资料停留在书面材料，获得的是显性素材，如果没有材料记载，新闻记者即使费劲九牛二虎之力也是竹篮打水一场空。访问则不同，它是新闻记者通过语言和被采访对象交流来获得新闻素材，采访过程动态、随机，而且访问的深度可以由新闻记者掌控，如果访问对象提供的信息比较笼统或者表层，新闻记者可以通过进一步提问来获得更加明确和有深度的信息。

2020 年 1 月 20 日，白岩松就新型冠状病毒肺炎传播情况采访钟南山院士。采访以前，白岩松已经掌握了一些资料，比如截止到 1 月 19 日，武汉累计确诊新型冠状病毒肺炎病人 198 例，死亡 3 例，包括武汉市疾病预防控制中心主任提供的病情信息是此次新型冠状病毒的传染力不强，不排除有限人传人的可能，但持续人传人的风险较低等等。访问中，白岩松一共提出了 8 个公众关注的问题，例如第二个问题：

白岩松：1 月 19 日，武汉市的累计确诊病例 198，但累计死亡病例是 3，这个数字是否意味着它对人的威胁性远远小于 2003 年的 SARS，还是因为我们积累了打 SARS 那场战役有很多的经验，因此导致 3 这样一个数字就是不至于让大家太过担心？

钟南山：两个因素都有。一旦有新型冠状病毒感染的话，我们确实积累了一定的经验，治疗的措施比以前有很大进步。另外一方面，因为这个疾病是处于一个起始阶段，现在的病死率不能说明全面，恐怕还得看这个疾病的发展，在这个问题上我们应该提高警惕的。当前这个情况并不能代表它的全貌，因为这个疾病刚刚开始，也处于一个爬坡的阶段。

大家可以看到白岩松原来掌握的是一种表层信息，通过和钟南山院士的交流，公众了解到这一数字背后的深层信息，这是通过其他方式无法掌握的。

二维码 7.1　新闻 1＋1 白岩松采访钟南山院士

再例如中央电视台记者王志曾经就蓝田问题采访中央财经大学研究院刘姝威。蓝田股份 1996 年在上海证券交易所上市，报表显示上市后业绩高速增长，主营收入从 4 亿 6000 万增长到 18 亿 4000 万，三年间利润翻了三番多，蓝田公司当时也被誉为"农业产业化的一面旗帜"。然而在 2001 年，刘姝威写给《金融内参》的 600 字短文《应立即停止对蓝田股份发放贷款》却直接改变了蓝田公司的命运。

刘姝威：我是从 10 月 9 号开始对蓝田的财务报告各种方法进行分析的。当这个分析结果出来的时候，我非常震惊。因为它的分析结果，是我第一次看到的。

王志：你看到了什么？

刘姝威：2000 年它的流动比率已经下降到 0.77 了，速动比率下降到了 0.35，净营运资金已经下降到 -1.27 亿元。那么按照它这三个主要的财务指标，都已经明显地超过了临界点了……

在这一段采访中，刘姝威说得比较笼统，如果记者不追问，她可能就谈别的内容了。在这个时候，记者立刻就问：你看到了什么，通过这个问题了解到更加详细和明确的信息，类似这样挖掘深层信息的追问还有许多次。也正是记者没有停留在表面和肤浅的信息，而是不断深挖，最后才揭开了蓝田公司的真相。

三、通过访问可以核实信息

新闻记者通过前期准备工作已经积累了一些材料，但是这些材料有虚有实、有真有假，新闻记者可以通过访问一一核实这些信息。

2020 年 2 月，中央电视台记者董倩采访武汉市长周先旺，其中的一个问题就是为了核实一个疑问：

董倩：首先我觉得需要您澄清一个相关的疑问。因为在昨天（26日）的记者会上，省长说，在湖北省的范围内防护服紧缺呢是特别紧缺，但是轮到您对记者说的时候，说防护服的紧缺已经全面缓解，那么有些人就觉得，为什么你们两个人的说法会有冲突？

周先旺：省长是全省的省长，他想的是全省的事，我是武汉市的市长，我想的是武汉市的事，那么武汉市在国家动员的大背景下，（防护服紧缺）已经得到了缓解，但是呢，这里面还有结构上的不足，就是说，我们进入隔离区的，进入医院红区的隔离服还是紧张的，但是总面上已经极大缓解了。

在采访之前的新闻发布会上，因为武汉市长和湖北省长针对同一个问题有不同答案，一些网民有疑惑，两位领导谁说的是真实的呢？董倩通过这个问题就核实了情况，解答了疑惑，原因是两位领导职责权力不同导致两个人掌握情况也不一样。

二维码 7.2　董倩采访武汉市长周先旺

　　有时候，新闻记者的访问还能够起到一种"核假"作用，即新闻记者已经找到真实证据或者答案，但是在访问时却明知故问，让对方故意掩盖，这样就可以更好地发现对方的错误和问题，也能够使访问具有一种戏剧化的效果。这种方法更多地运用在电视访问中。

　　2005 年 4 月，陕西省淳化县和凤县改建淳耀公路，公路全长 35 公里，改建过程中要征用沿路村庄农民的土地。根据规定，土地被征用，既要对土地上的农作物给予适当补偿，还要对土地本身作出相应补偿。但村民反映，在这次征地过程中，县里给每棵挂果果树的补偿标准为 30 元，不挂果的每棵 5 元。这种补偿标准显然较低，而且全年的补偿标准比今年要高。记者采访了淳化县交通局长任晓明：

　　记者：所有不管你这个树是 5 年挂果，还是 16 年还是 10 年的都是 30 元？

　　任晓明：这个基本上都是这样子。

　　记者：这是县里面规定的，是吧？

　　任晓明：这是县里规定。

　　记者：你觉得这个标准合适吗？

　　任晓明：要说这个标准，我跟你说，我说还是很合适的。

　　记者：那你们依据什么定下来去年一棵树赔 100 （元钱），今年一棵树只赔 30 （元钱）？

记者在采访之前其实已经知道这种赔偿标准是不合适的，但是在访问时依然提出了这个问题，一方面可以让这一不合理行为得到充分表现，另外也起到了戏剧化效果，被采访对象最后被问得哑口无言，只能以"好了吗？"这样无奈的回答结束访问。

第二节 做好访问的条件

在上一节，我们讲了访问在新闻采访中具有非常重要的意义和作用，而做好访问工作又不是轻而易举的事情。因为访问是一种介入式采访方法，面对的是鲜活而又经常处于变化状态的人物，所以就有很多因素会对访问产生影响，概而言之，影响访问的因素主要有这样几个方面。

一、做好访问准备

访前准备在第四章已经做了专门论述，对于访问，尤其是人物专访来说，最重要的访前准备就是人物的背景准备。新闻记者在见到被采访人物以前需要尽可能地了解他的背景。包括年龄、性别、职业、政治面貌、主要成就、特殊爱好等等，乃至他的婚姻状况都要了解清楚。有一位女化学家年过六旬获得了诺贝尔奖，某电视台记者要采访她，在亲友的鼓励和帮助下，这位平时不爱打扮的化学家终于脱下了终日穿着白工作服换上了一身西装套裙。记者一见面就很有兴致地夸奖她："您穿的这身衣服真漂亮！"女化学家听了以后微微点了点头，没有太大反应。记者紧接着又问："您这么成功，您的儿女都是做什么的？"对方听了以后，立刻扭身就离开了，留下记者孤零零地坐在椅子上。这个记者在去访问之前没有很好了解这个化学家的背景，不知道她因为感情挫折根本就没有结婚，更别提生儿育女了。显然记者提了一个最不该提的问题，戳到了对方的伤心之处。这个例子告诉新闻记者在访问之前需要做好准备工作，尤其应该熟悉对方的背景，这样他才能够更好地沟通和交流。

中央电视台记者水均益在采访基辛格之前就专门来到新华社国际部的资料室查阅资料，他不但了解基辛格作为一个外交家的经历还记下了许多他的个人情况和逸闻趣事。例如他的生日是 5 月 27 日。他酷爱锻炼，几乎每天都会坚持慢跑。喜欢吃北京烤鸭，每次来都要品尝一下。他还喜欢年轻貌美的女人，尤其是高个子的，当年访华时，基辛格就带着他个子高挑的秘书兼情人会见了毛泽东等等。这些资料在后来的访问中都发挥了重要作用。

二、确定访问对象

新闻记者在开展访问之前还需要确定访问对象。如果缺少了这一环节，那么在新闻现场，新闻记者就有可能变成没头苍蝇，乱撞乱碰，采访结束后发现非常关键的人物没有见到，导致访问效果大打折扣。为了能够采访到所有关键的人物，也为了访问工作更加有条不紊，新闻记者在访问前需要确定访问对象。但是，新闻记者每次采访的主题不同、面对的采访人物也千差万别，到底有没有规律可以帮助新闻记者快速、准确地确定采访对象呢？华中科技大学教授申凡在《当代新闻采访学》一书中将记者要访问的人物划分为三类：掌握总体情况的人；知情者、目击者或一般参与者；事件的外围人物，比如旁观者、听说过的人等等。① 安徽师范大学教授沈正赋认为采访对象的选择受到各种主客观因素的制约和影响，但一般来说，访问对象的选择是有一定规律的。任何事件大体有这样几种人：知情人、负责人、赞成的人和持不同意见的人、权威人士（专家和上级部门）

---

① 申凡：《当代新闻采访学》，[M]，武汉：华中理工大学出版社，1999 年 9 月版，第 99 页。

等。① 我认为他们的划分方法都有一定道理，为新闻记者开展访问提供了认识方面的帮助。

我认为，新闻记者的访问大体可以分为两类：一类是核心人物，另一类是外围人物。

核心人物是和新闻事件有直接关系的人物，他们是新闻记者访问的关键人物，缺少了对他们的访问，就难以形成新闻作品。在核心人物中，由于访问对象参与工作和了解情况的不同，又大体可以分为负责人、领导者和事件的直接参与者、当事人和知情者。在一个新闻事件中，负责人和领导者往往掌握总体情况，虽然他们对事件的详细情况不一定把握，但是因为他们总揽全局，了解事件全貌，所以采访他们可以对事件有一个总体印象。再一类就是事件的直接参与者、当事人和知情者，这些人是新闻事件中最关键的人物，很多新闻中只有这样一类人。这一类人往往给新闻记者提供最直接最详细也是最重要的内容，通过他们的讲述，新闻记者可以了解新闻事件的详细情况，尤其可以了解新闻事件的细节信息，这在新闻写作中是非常重要的。

外围人物是和新闻事件没有直接关系的一类人，比如旁观者、相关领域的专家，对新闻事件有所耳闻的人等等。这些人由于和新闻事件没有直接利害关系，所以处于一种"旁观者清"的地位；再一个，新闻讲究用事实说话，通过和新闻事件没有利害关系的人阐述观点、表明立场，其观点和立场就会更加令人信服。

看下面这则深度报道：

"螃蟹养到太湖里，没想到代价这么大！"
——太湖围网清拆的调查与思考

苏州市吴中区金庭镇正荣渔业村渔民沈兴财在东太湖上有 15 亩

---

① 沈正赋：《新闻采访学基础：理论与方法》，[M]，杭州：浙江大学出版社，2013年11月版，第 79 页。

围网养蟹，随着近年来太湖治理力度的不断加大，他总担心围养时间不长了。果然，按照中央环保督察整改要求和省委、省政府对太湖水环境治理的精神，今年 4 月 13 日和 5 月 25 日，苏州市相继发布拆除太湖全部围网的公告和相关补偿方案，要求今年 12 月底前基本拆除太湖水域 4.5 万亩围网，明年 6 月清理到位，对养殖设施做无公害化处理。这个结果，尽管已在他和其他渔民们的意料中，但时间进度比原计划提前了两年。

这几天，正荣渔业村已派人到养殖户家中，一户户签订补偿协议。

太湖围网拆除，进入最后的倒计时。

高密度围养，污染湖泊水体

太湖是我国第三大淡水湖，湖面 2233 平方公里。从上世纪 80 年代起，太湖开始围网养殖。"好水养好蟹"，太湖大闸蟹声名鹊起，利益驱使下，到太湖养蟹的不光有本地渔民，农民、外地人也纷纷加入围网养蟹队伍，最多时围网面积 20.43 万亩。经过 1998 年、2008 年两次集中整治，逐步被压缩到现在的 4.5 万亩，主要集中在东太湖湖湾的吴中区东山岛与吴江区的庙港、七都沿岸。按照国务院及江苏省相关规定，2020 年前取消太湖网围养殖，恢复养殖区原有生态面貌。

6 月 13 日，记者在东太湖围养区实地采访看到，湖面上看护棚林立，一圈圈围网、一个个养殖小区，把浩渺的湖面分割成无数的网格，进入湖区宛如进了庞大的迷魂阵。省太湖渔政监督支队三大队副大队长余家庆说，围网养殖区往西就是水草保护区，选择在湖湾这个位置，就是希望把对太湖生态的影响降到最低。

围网养殖对湖泊水体产生怎样的影响？中科院太湖湖泊生态系统研究站站长秦伯强说："如果太湖纯天然放养，不投饵料生态养殖，密度低一点是可以接受的。但围网的养殖户都追求高产量高利润，以最小面积追求最大价值，必然形成高密度养殖。密度大了，投饵也多，饵料沉入湖底，腐烂后加剧水体富营养化，形成污染。所以围网养殖必须取缔。"

中科院南京地理与湖泊研究所湖泊生态专家刘正文认为，螃蟹自然繁殖对湖泊不构成影响，把螃蟹网围在太湖里养，投饵的污染，螃蟹吃草等对湖泊生态系统的毁损，对湖泊影响是负面的。湖泊有多重功能，养殖鱼蟹的产量虽然高了，但影响了其他功能。从保护湖泊生态来看，不仅仅是太湖，其他湖泊围网养鱼都应该拆除。

环保部门监测表明，东太湖网围养殖区底泥中的有机质、总氮和总磷均比未养殖水域大幅增加，明显影响水质。国家环保部门明确，太湖最主要功能是提供饮用水源、调蓄防洪，保持流域生态平衡，发展渔业必须服从这一大局。

2017 年，中央环保督察组实地察看我省治太工作，约谈沿湖的苏锡常三市政府，明确指出我省东太湖养殖过程大量投喂冰鱼和颗粒饲料，太湖围网养殖污染突出，要求限期完成清拆。

渔民生活有保障

大闸蟹牌子不会倒

根据苏州市和有关部门的方案，本次太湖围网清拆，对渔民既有经济补偿，也有社会保障，确保渔民生活无虞。

江苏省太湖渔管办党组书记杜民根介绍说，经济补偿方面，包括国有水域占用补偿费 6912 元/亩、提前终止养殖补偿费 6500 元/亩·年（按两年计）、养殖设施（网围）补偿费 4000 元/亩，设备补偿费中船只、看管棚等，以第三方评估核定补偿；社会保障方面，捕捞户渔民进社保，转产转业保障每人每月 1940 元，每一养殖证按两人计，每人补贴 24 个月，此外，吴中区、吴江区各拿出 1000 个就业岗位，用以渔民安置。

杜民根告诉记者，2008 年围网整治后，养殖水域确权发证的共2809 名养殖户，养殖户租赁国有水域，每年缴纳资源保护费每亩 160

元，每户 15 亩一年交 2400 元，现在的补偿费已超过 200 年的资源保护费。"每户养殖渔民，不含设备补偿费为 47.43 万元，如加上设备补偿费，至少在 50 万元以上。养殖户渔民原先在太湖捕鱼，有捕捞证，围网拆除后，还可以继续捕鱼。"他说，补偿公告和实施方案公布后，渔民反响比预料的好。

考虑到太湖渔民养殖的大闸蟹，到 9 月以后将是成熟期，签约在 9 月底前全部完成，渔民今年一季的螃蟹仍然可以正常销售，因此，今年苏州大闸蟹产量不会受拆围影响。

历经多年的经营和打拼，太湖大闸蟹已形成良好的品牌和完整的产业链。拆除围网，太湖大闸蟹的牌子会不会倒？

对此，省海洋渔业局副局长张建军表示，拆除围网将促使大闸蟹加快实现生态养殖，水质好，有螺蛳、水草，螃蟹的口味比围养的更鲜美。省渔业管理部门聘请湖泊专家对东太湖进行规划，设立增殖保护区、休闲渔业区。苏州计划用 3 年时间，推广带有尾水净化功能的标准化池塘改造，目前吴中区已实施，吴江区七都镇规划 1.5 万亩生态大闸蟹养殖基地，已全部被渔民承包。此外，太湖加大增殖放流鱼蟹苗后，渔民将捕捞到更多的野生太湖螃蟹。所以，太湖大闸蟹的牌子不会倒。

发展养蟹没有错
关键是路径选择错了

"螃蟹养到太湖里，想不到代价这么大！"

杜民根向记者坦陈，太湖从当年政府贴息鼓励围养，到如今不惜重金清拆，走了这么大一个弯路，值得深刻反思。发展养蟹没有错，关键是路径选择错了，把螃蟹直接养到太湖里，是养错了地方、养错了方式，是过去的发展理念有偏差。当年没有长远眼光，管理粗放失控，现在痛定思痛，围养对太湖生态的损害有些已无法逆转，导致的生态受损难以估算，修复期也将很漫长。

而拆围的直接经济损失，杜民根告诉记者，仅补偿渔民一项就需要 20 亿元。此外，还要解决诸多矛盾，难题很多：涉及人数众多，渔民普遍文化低，后续工作存在的法律纠纷、经济利益纠纷，包括渔具拆违材料等的无害化处理，养殖渔民生产资料的第三方评估等，工作繁杂而艰巨。

太湖网围初衷是致富渔民，改善群众生活，当时政府还贴息鼓励发展养殖，到后来无序发展，出现众多无证养殖，经过两轮整治，打击取缔无证养殖，控制养殖规模，到目前全面取缔，是环保优先的需要。江苏以"压倒性思维"保护生态环境，算大账、算长远账，杜民根感触很深，"挥泪斩马谡！绝不能为眼前利益牺牲太湖生态环境。这次太湖拆围斩草除根，为的就是保护生态太湖重要水源地，这是最大的民生！"

网围大闸蟹要为生态环境让路，太湖将彻底告别围网养殖！在付出巨大代价之后，太湖围网给社会带来的阵痛和冲击，将是一个长期的过程。

美国五大湖没有养鱼，国外河湖都没有围养。为保护生态，对大江、大河、湖泊、水库等开放性水域，我国正在逐步取缔围网养殖。将来人们吃的鱼、虾、蟹，要么是天然捕捞，要么是池塘生态养殖。

在这篇报道中，记者主要采访了省太湖渔政监督支队三大队副大队长余家庆、中科院太湖湖泊生态系统研究站站长秦伯强、中科院南京地理与湖泊研究所湖泊生态专家刘正文、江苏省太湖渔管办党组书记杜民根、省海洋渔业局副局长张建军 5 个采访对象。张建军作为省海洋渔业局的副局长显然是新闻记者采访的负责人，他提供的情况比较宏观，从大的方面阐述太湖大闸蟹的品牌不会倒掉。太湖渔政监督支队的余家庆和江苏省太湖渔管办党组书记杜民根在访问中属于当事人，他们对太湖围网拆除有亲身体会，提供的内容和信息比较详细。而中科院的两位专家属于事件外围人物，他们不是围网拆除的直接参与者，但是由于他们的专业能力，所以他们具有一种评论和判定作用。

当然，将采访对象划分为核心人物和外围人物只是一种大致的分类，新闻记者可以根据现场情况以及采访的目的灵活选择采访对象。

三、沟通访问时间

访问时间对新闻记者采访也是一个重要的影响因素。新闻记者在采访以前需要和访问对象提前沟通采访时间，选择一个双方都满意的时间进行访问。一般来说，新闻记者在选择采访时间时需要考虑以下因素：一是对方工作是否繁忙，如果对方的工作很繁忙，那就意味着对方的时间表排得很紧，即使对方挤出时间可能也比较匆忙；二是对方的身体状况，如果对方身体有恙或者非常劳累，就没有精力很好地接受记者访问，只能疲于应付，这样采访起来效果也不是很好；三是尽量错开对方的节假日，不干扰对方的休息时间；四是提前和访问对象预约时间。预约时间是一个基本礼节，我们平时走亲访友还要这样做，更不要说记者访问了。再一个记者预约还起到一种提醒作用，提醒对方做好准备，这样正式访问时大家能更快进入状态，记者也更容易获取到想要的素材，访问效率比较高。当然，以上说的都是一般原则，如果情况特殊，新闻记者也可以打破常规，寻找时机，找一个看似不好的时间段完成访问。

邵飘萍有一次采访段祺瑞就选择了一个看似很差实则很好的采访时间。1917年，时任总理段祺瑞和总统黎元洪在是否对德宣战的问题上产生了分歧。段祺瑞负气出走天津，以此来要挟黎元洪，黎元洪迫不得已和段祺瑞妥协。段祺瑞在条件满足后于一天深夜回到北京。邵飘萍了解消息后立刻赶往火车站，但是发现段祺瑞坐的火车已经到站，他已经坐车回官邸，这时候已是夜晚11点半，邵飘萍并没有放弃，而是直接驱车来到段祺瑞官邸，很顺利地见到了他，并且一直畅谈到凌晨3点。对于一般采访而言，邵飘萍选择的采访时间是欠佳的，因为当时已经是凌晨，在这样的时间去采访往往会碰一鼻子灰。可是邵飘萍却反其道而行之，这是因为他分析了段祺瑞的心理，这时候段祺瑞是一个得胜者，信心百倍，会有强烈的倾吐欲，这时候如果记者去采访他，甚至不用提问题，他都会向记者一吐为快。

四、确定访问场合

时间与空间是物质存在的基本形式，任何事物都是在一定的时间和空间存在的，新闻记者的访问也不例外。在分析完记者访问的时间因素后我们再来探讨一下空间因素。通俗地讲，就是新闻记者在访问时要确定合适的访问场合和环境，如果场合选择不当，访问很难顺利进行。笔者在做新闻工作的时候曾经去采访过一个领导。因为我在广播电台工作，所以那次采访采用了录音采访的形式，可是在我打开录音机刚刚问了一个问题，他的手机就响了，他很抱歉地关掉手机，我们重新开始采访，但又过了两三分钟，他办公室的座机又响了，采访不得不再次中断。在他接完这个电话以后，我和他来到了一个安静的会议室，关掉手机，最后访问才得以顺利进行。

一般来说，新闻记者选取的采访场合要比较安静，不受外界干扰，这样有利于记者提问和访问对象回答。鲁豫有一次去采访成龙，因为成龙有三个住处，其中有两个狗仔队都知道，所以他们把访问约在了不为人知的第三个住处。成龙的助手还专门给鲁豫发来传真，叮嘱记者对这个住处一定要保密，因为这是成龙在香港最后一个清净的地方。而且他们还把时间约定在了晚上 8 点钟，成龙说这样就能够在不受干扰的环境下自由自在地畅谈了，那次他们一共畅谈了 6 个小时。

广播记者在选取访问场合的时候需要考虑现场因素。在新闻现场访问可以增强节目的现场感，给人身临其境的感觉，但记者需要注意的是一定得控制好背景音量，不能喧宾夺主，使背景音将访问的声音淹没。

　　而电视和网络的相关访问，由于主要依靠视频表现，所以记者要考虑被采访人的身份特征，要将被采访人放在一个和其身份特征相适应的环境中采访。例如采访一个教师，记者就可以选取教室、资料室、图书馆等等；假如采访一个战士，比较好的采访地点是军事训练场、比武场，身后硝烟弥漫能够更好地映衬军人的铁血情怀；而采访一个法官，可能审判庭就是比较好的采访场合，在国徽的背景下能更好地体现法律的庄严和神圣。

　　2015年，中央电视台《面对面》记者采访了刚刚参加完跨越2015朱日和第三场对抗演习的蓝军旅旅长满光志，整个访问都选取朱日和训练基地为背景，凸显了访问对象的军人身份。

图 7.1　蓝军旅旅长满光志接受《面对面》采访

五、调整访问心理

　　新闻记者的心理品质也会影响访问效果，因此，新闻记者在访问前以及访问时需要调整自己的访问心理。

（一）消除心理成见

心理学家认为，人们在认知事物的时候会有刻板印象和心理定势。刻板印象是指人们对某一类人或者事物产生的比较固定、概括而笼统的看法，是人们在认识他人时经常出现的一种心理现象。比如，一提到军人，绝大部分人想到的都是冲锋陷阵、临危不惧的男性形象，而说到护士，又会想到救死扶伤、细心呵护的女性形象。刻板印象能够让人们对人或者事物快速形成判断，节省时间和精力，有利于人们快速适应环境。但是其缺点也是显而易见的，就是抹杀个性差异，过度重视共同性，忽视差异性，导致认知出现偏差。心理定势则是指人们在认识特定对象时的心理准备状态，是一种心理上的特定趋势，也就是根据以往的经验来认识面对的事物，也被称为惯性思维。心理定势可以让人们面对问题的时候用常规方式去处理，省去了很多探索步骤，从而节约了时间，提高了效率。但是这种心理行为容易让人固守传统、千篇一律，不利于创新和变革。

这两种心理品质对于记者访问也有较大影响，这两种心理品质可以让记者对某一事物产生成见，而这种成见会蔓延到记者的整个访问过程，包括访问前对资料的选择、访问问题的设计、问题的先后顺序，乃至访问时的语气和表情等等。

例如一些西方媒体对于中国历来抱有偏见，尤其在 2020 年中国同新冠肺炎疫情的斗争中表现得更加明显。2020 年 2 月 13 日，美国全国公共广播电台（NPR）早间新闻节目主持人史蒂芬·英斯基普就中国抗击疫情以及中美关系等方面采访了中国驻美大使崔天凯。

在这次采访中，史蒂芬·英斯基普一共向崔天凯大使提出了 43 个问题，其中涉及抗击疫情的问题有 29 个，而这些问题基本围绕着一个核心来设计，那就是"中国犯错"，例如：

记者：这是否已构成对中国治理体系有效性的一次考验？

图 7.2　崔天凯大使接受美国全国公共广播电台访问

记者：您刚才说确定了正确的目标。那么问题是你们做错了什么需要纠正。我知道处于此次疫情暴发中心的湖北省两名高级别官员已被解职。什么地方出了错？

记者：我知道卫生系统官员会说，中国的应对其实并不那么慢，但两名官员被解职说明出了问题。到底什么地方出了问题？

记者：因为您提到公开、透明。我想问关于李文亮医生的问题，他去年底率先就新冠病毒敲响警钟，但却被拘留及训诫。此事在他死后更受关注。他为何被拘留？

记者：政府是否因曾要求他撤回言论而欠他家人一个道歉？

记者：从微博等社交媒体上的网民评论看，大家认为李医生去世印证了中国的制度缺乏公开透明。中国是存在不公开不透明的问题吗？

记者：您是说他发声这本身是中国共产党的功劳吗？我尊重这一点，但？

记者：但这是否说明了他效力的政府并没有对他的警示持应有的开放态度吗？

记者：当前在中国内部有很多不寻常的批评声音，李医生去世几天后，针对湖北省政府官员承认不知道问题的严重性、不知道新冠病毒感染者到底有多少，有一条社交媒体评论表示，一个多月过去，总算有句实话了。这是不是说明了政府在一定程度上失信于民？

记者：我理解，但您能回答一下，中国政府是否失信于民？

记者：那在这次的具体问题上，您指地方政府也许犯错了，但国家层面没有？

记者：当美国人看待中国为应对这场危机所做努力时，一些人会很自然地将美国制度与中国制度进行比较，他们会问，如果危机发生在美国，情况会有什么不同？他们可能会说，为防止病毒传播，中国可以封锁整个城市的举动令人印象深刻，因为这在美国不太可能发生。但同时他们也会认为，美国的制度更加开放，人民在分享信息和获取可靠信息方面也更加自由。这可能就是美国人对比中美体制优劣的方式。您怎么看待这种比较呢？

记者：你提到了高昂的代价。中国封闭一些城市付出了高昂的经济成本等诸多代价。中国政府会不会到一定时候不得不承认付出的代价太高了？这是一种流行性疾病，一些人会死亡，但中国需要重新开放城市并恢复经济生产。

记者：所以在疫情得到控制之前，你们会继续之前的努力，即使付出高昂的成本也继续走下去？

记者：此次采访前不久，中国政府大幅增加了确诊病例数量。当然这源于诊断方式的调整，并不代表实际感染人数上涨。但这引出了一个问题。您是否确信现在公布的病例数字是可靠的，是否确信中国政府掌握整个疫情的规模与程度？

从这些问题我们可以看出，记者的采访充斥着一种傲慢与偏见，丝毫没有看到中国共产党和中国人民为抗击疫情做出的巨大牺牲和为世界应对疫情做出的重大贡献，而是将这样一场公共卫生事件政治化，从而抹黑中国的政治体制。记者的采访符合某些西方媒体一贯的思维逻辑，那就是中国的政治体制和西方不同，因此你无论做什么都是错的。虽然记者在整个采访中步步下套，处处挖坑，可是崔天凯大使凭借着自己的政治智慧一一化解，没有让对方捞着半点便宜。

如果从专业角度看，记者的采访并不成功，因为他是带着一种刻板印象而且是偏见的前提下进行采访的，违反了新闻应该客观、真实、公正的原则。新闻的主要目的是探求真相、传播信息，而不是去指责和攻击访问对象。

因此，新闻记者访问时应该努力摒弃刻板印象和思维定势，不带偏见地展开访问。假如访问的是一个先进典型，新闻记者不能神话对方，有可能损害对方形象的问题就不去设计和提问。要知道先进典型也是人，是人就食人间烟火，就有七情六欲，真实地展现一个立体多面的人物反而能够让这个人物更加鲜活和可爱。中央电视台记者王志有一次采访华中农业大学支教大学生徐本禹。两个人有这样一段对话：

王志：那几个同学为什么没有坚持？

徐本禹：因为条件差，而且他们也有自己的事情，然后就决定待半个月就走了，后来我想我也走，因为我要复习考研究生了。

王志：怎么条件差呢？

徐本禹：虽然我们去的时候，他们也做一点好吃的，但是猛地一去还是很不适应的，包括我刚开始也是这样。我刚开始不吃辣椒的，后来天天吃辣椒很不习惯，再加上刚开始吃玉米饭，很硬，我的胃也不好，很难受，后来适应以后才好起来，当地卫生条件也很差，苍蝇时不时就发现在你的碗里面，发现虫子了，也没有办法的事情……

王志：为什么想做这件事情？这不是你分内的事情。

徐本禹：2002年暑假的经历让我知道这边的孩子挺可怜的，也需要帮助的，再加上我考上研究生了，本科毕业了，我有这个能力，而且有这个机会，如果说我本科毕业我不过来，以后研究生毕业也不会过来，因为我研究生毕业以后放弃的东西会更多。

王志：但是你帮助别人的方式可以有很多种，不一定是用这种方式，以牺牲自己的学业为代价。

徐本禹：每个人的价值观念不一样，生活方式不一样。在我的角度来看，我做这件事情比做其他事情划算。

王志：怎么算账？怎么划算？你帮我算算。

徐本禹：我感觉很快乐。

王志：为什么定两年？两年能做什么？能带一届学生吗？

徐本禹：带不到，但是最起码比一年要好，待一年匆匆忙忙的，刚适应完，这边孩子适应了你，你也适应了这边环境，你要走了。

王志：按你的逻辑来说，一辈子不是更好吗？我就扎根在这个地方。

徐本禹：我是一个平常人，一个正常人，我应该也有自己的（生活），以后还要过自己正常的生活。当然这是我自己想做的一件事情，我就过来做了，但不能说我一辈子过没有钱的生活，我要吃饭，我要养活我家里，我用我两年的时间先把我想做的事情做好，以后我找一个正当的工作，用我其他的方式来帮助这里。

在这一段采访中，有徐本禹对支教山村生活条件差的描述。尤其当王志问他为什么选择在这个地方待两年，而不是一辈子的时候，徐本禹的回答非常真实，那是一个本性纯良的人最真实的心理祖露，而不是像过去的一些典型报道中，类似这样问题的答案一般是，我一定要在这里扎根，我还要让我的孩子在这里从事教育工作，做一个当代愚公。采访中，王志没有主题先行，心理预期，而是秉持一种开放包容的采访心理，让一个有血有肉、自然真实，就像一个邻家大男孩似的徐本禹站在我们面前，而且丝毫没有影响他的先进性和典型性。

（二）建构平等心理

新闻记者在对采访对象访问时应该平等待人，做到谦恭不流于谄媚，庄严不流于傲慢。华中科技大学申凡教授提出过一个在采访心理方面非常实用的概念——心理势差，但是他没有给这个概念做具体的阐释。我认为，心理势差是新闻记者和采访对象之间心理高度之间的差额。在社会中，每一个人对自己都会有社会角色的自我认定，这种自我认定和性格、学识、能力、地位、财富、视野、家庭背景等有关系，是基于以上元素对自身的一种综合判断。这种自我认定在一定程度决定了一个人的心理高度，当人们在进行社会交往和联系时，这种心理高度以及人与人之间心理高度之间的差别会发挥无形影响。尤其对于从事社会工作的新闻记者来说，心理势差的影响更大。例如让一个记者去访问高官或者名人，由于高官和名人特殊的社会地位以及常年的熏陶、培养而释放出来的那种光环和魅力，会让新闻记者产生或者扩大心理势差。面对这种心理势差，新闻记者需要客观对待。首先应该承认心理势差的出现并不是一无是处，在访问前的准备工作时期心理势差可以提高新闻记者的重视程度，让他们做好充分准备，这对新闻访问是有利的。同时，更应该看到心理势差对于新闻记者访问不利的心理影响，它可能造成新闻记者在访问时惊慌失措、忐忑不安，甚至大脑空白、无从提问。因此，新闻记者在这个时候需要控制心理势差，不使它对访问活动产生破坏性影响。

新闻记者控制心理势差的方法主要有以下几个方面，一是提高自己的心理高度，变图一为图二。

心理势差

新闻记者的心理高度

采访对象的心理高度

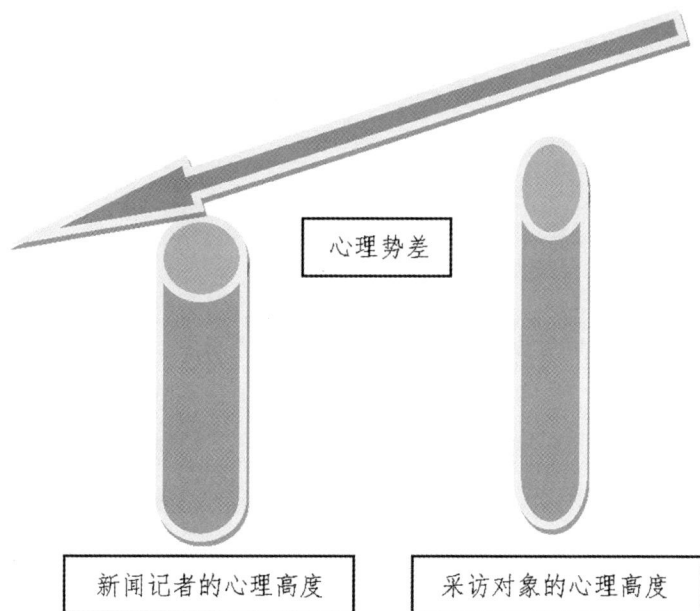

图 7.3 心理势差示意图一

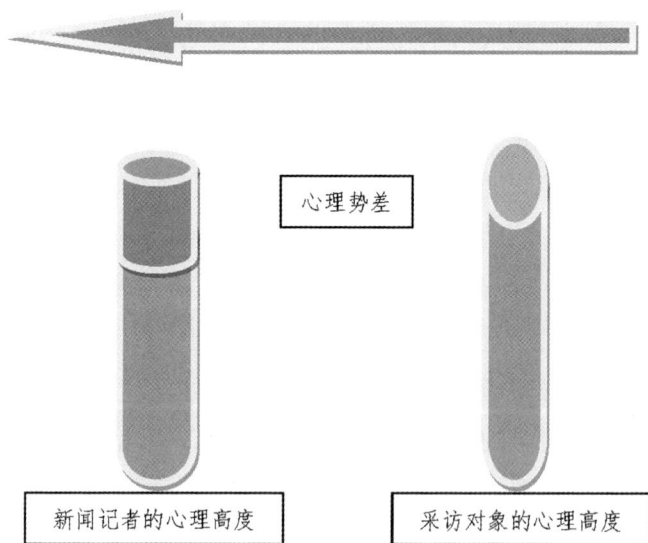

心理势差

新闻记者的心理高度

采访对象的心理高度

图 7.4 心理势差示意图二

　　具体说，新闻记者提高心理高度的方法有多种，比如运用花车效应减少孤立感。新闻记者在访问的时候要想到自己不是孤立无援的，虽然自己是一个人或者几个人去访问，但是代表的是一个新闻媒体，而这个媒体后面千千万万的受众都是自己的强大后援，想到这里就会无形之中提高自己的心理高度。

　　上世纪 30 年代，由于蒋介石的国民政府奉行"攘外必先安内"的政策，民族资本家史量才主持下的《申报》一直批判这一政策，呼吁抗日。蒋介石有一天将史量才请到自己的办公室说："现在中央政府的政策是攘外必先安内，共产党才是国家的心腹大患，日本只不过是肘腋之疾罢了，只有先消灭了共产党，政府才能集中精力对付日本人。"史量才对蒋介石的这番话颇不以为然，他说："国家养兵是为了抵御外侮，不是为了同室操戈，这样只能令亲者痛，仇者快。"史量才的态度让蒋介石勃然大怒，他威胁史量才说："你难道不怕我吗？我有百万军队。"而史量才不卑不亢地说："你有百万军队，我有百万读者。"正是因为史量才想到自己庞大的读者群体以及《申报》在全国和全世界的影响力，所以才有了与蒋介石对峙的信息和勇气，即使对方发出威胁也毫不屈服。

　　当然，一般情况下，新闻记者和采访对象没有这样的对立关系，但是提高自身的心理高度依然有利于访问。例如，见到访问对象，如果出现了心理紧张的情绪，可以暗暗给自己鼓励，自己后面有很多读者和观众，他们都是自己的同盟军，有时候甚至可以通过委婉的方式通过语言表述出来。2016 年 3 月 16 日上午十二届全国人大四次会议闭幕后，国务院总理李克强在人民大会堂三楼金色大厅会见采访十二届全国人大四次会议的中外记者，并回答记者提出的问题。中国日报记者对总理的提问是这样的：在本次两会开始之前，我们发起了一个"我向总理提问"的网上投票调查。截止到目前，有大量网友参与了投票，选出了十大问题，和民生都紧密相关。目前来看，排在第一位的是加快推进医保的全国联网。有 1000 多万网友把票投给了这个问题，他们也许正在看直播，等待您的回答。那么我的问题就是，对于解决这个问题，您有没有一个时间表？这个问题就将记者和 1000 多万网友联系在一起，无形中增加了记者自信，也让总理更加重视这一问题，因为毕竟是千万网友都关注的事情。

新闻记者控制心理势差的第二个方法就是降低采访对象的心理高度，由图三变为图四。

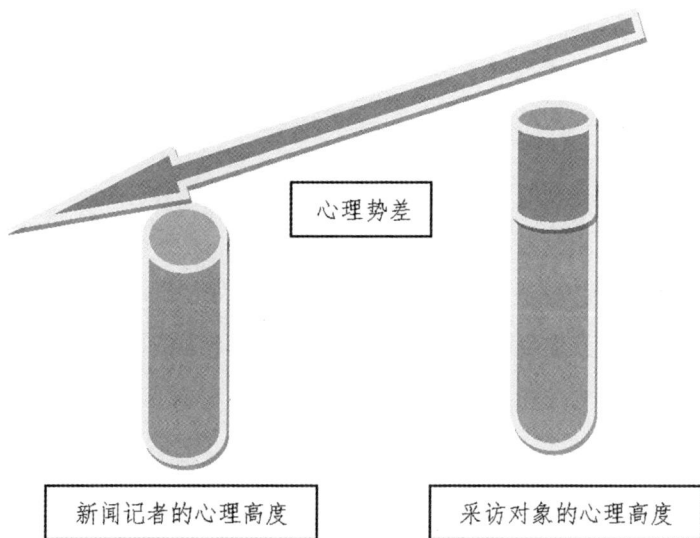

图 7.5　心理势差示意图三

当然，新闻记者不是魔法师，不能够控制对方心理，但是可以在自己的观念中有意识地降低对方的心理高度，也就是以一种平常心对待访问，对待访问对象。即使对方位高权重、才华横溢、富可敌国，但是新闻记者也以平常之心待之，把他看成一个普通人。就像著名记者法拉奇曾经说过的那样，在我的眼中，没有什么国王和首相，只有访问对象。我国著名记者穆青也是这样，在他的新闻生涯中采访过的人物不计其数，无论国家领导还是普通群众他都能够以平等姿态对之，面对领导他能够泰然自若、谈笑风生，而和普通群众在一起他

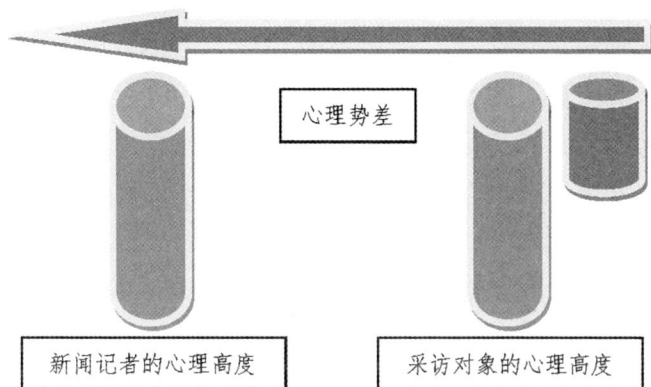

图 7.6　心理势差示意图四

也可以水乳交融，打成一片。

（三）灵活调整心理

新闻工作最具魅力的地方就是它的非守常性，新闻记者经常面对新鲜的事物、陌生的人物、全新的环境，因此其思维和工作方式也不能一成不变，包括在访问时，也需要根据不同情形灵活地调适自己心理。

在这一点，近代名记者邵飘萍有一些心得，例如和人交谈偶然获得新闻线索的时候，他说："此时有两点须注意：（一）不可即示惊诧而对之穷追其所以然，否则彼将觉悟而后悔，或即要求'顷所言者，我不应泄漏，请勿披露于报纸'则等于未闻矣。（二）不可立即告辞。如闻一语觉为重要而即起立告别，则其人又将觉悟而为上述之要求，是仍不能作为新闻之材料也。故必闻之泰然，若未闻也，使其不觉，无所约束。"[①] 他的意思是记者在非职业的沟通交流时如果了解了新闻线索应该控制自己心理，虽然心里很高兴，但是表面要平静如水，

---

　① （日）松本君平等著，余家宏等编著：《新闻文存》，［M］，北京：中国新闻出版社，1987 年版，第 414－415 页。

不能露出惊讶之色或者立刻起身离开，这些都容易让对方警觉，给采访带来不便。

另外，新闻记者面对的访问对象也是不同的。有的人性格外向，喜欢和记者打交道，有的则是为了通过媒体展示和宣传自己，所以这类人见了记者以后口若悬河，滔滔不绝；还有的人性格内向，不愿意和媒体与记者沟通交流，见到记者后三缄其口；还有的人出于某些特殊的原因，和记者交流的时候谨小慎微，遮遮掩掩等等。面对这些不同种类的采访对象，新闻记者首先需要审视判断，了解对方性格特征，根据不同人物的特点灵活采用不同访问方式，针对第一类访问对象记者要牢牢把握话语控制权。在访问中，访问对象是主角，新闻记者是主导，新闻记者要通过主导话语进程来让访问对象表演，这才是一出好戏，但是如果对方表演欲过强，那么就容易脱离新闻记者对话语的控制，说了很多，但是对新闻记者有用的素材却不多。因此，在这样的情形下，新闻记者的主要精力需要放在对语言控制上，在对方跑题的时候，通过话语转换、提问、打断等方式时话题回归正轨。而新闻记者如果面对的是第二类访问对象，他们就应该将重点放在鼓励、赞扬，通过激励性的语言提高对方的谈话欲，再一个在对方讲话的时候，不要轻易打断，尤其在谈话开始时候，即使对方谈的内容和自己采访无关，也要小心翼翼地疏导到自己需要的主题上来。而对于第三类对象，新闻记者要分析和判断原因。有的人是害怕被打击报复，针对这类人，新闻记者应该给对方作出承诺，为对方保密，不给对方带来麻烦。而有的人不愿意谈则是抱着一种事不关己高高挂起的心态，新闻记者则可以给对方分析一下事件和他的利害关系，有的还可以将访问对象的对立方对他的评价内容告诉他，这样就可以激发访问对象的辩护欲望，为了证明自己清白就会给新闻记者提供丰富的素材。

再一个，新闻记者在访问时还需要观察和分析访问对象的心理再予以应对。法拉奇采访基辛格的时候就采用这种方法，基辛格是著名外交家，在上世纪 70 年代纵横世界外交领域，用法拉奇的话说："他被称为超人、超级明星、超级德国佬。他拼凑自相矛盾的联盟，签订无法实现的协议，使世界像他在哈佛大学的学生那样为之屏息……他可以在他想见毛泽东时就能见到，在他想去克里姆林宫时就能进去，在他认为合适的时候叫醒总统并进入总统的房间。"[①] 在采访基辛格时，法拉奇对对方进行了仔细观察："1972 年 11 月 2 日，星期四，他如期在白宫接见了我。他气喘吁吁地向我走来，板着脸对我说：'早安，法拉奇小姐。'然后，还是板着脸把我让进了他那陈设华丽的书房，那里到处放着书籍、电话、纸张、抽象派的画和尼克松的照片。进去以后他竟忘了我的存在，背着我，开始阅读起一份打字稿。我站在房间中央感到有点尴尬，而他始终背着我念他的打字稿。他这样做既愚蠢又不礼貌，但是这种局面倒使我有机会在他研究我以前先把他研究一番。我发现他毫无诱人之处：粗壮的矮个子，顶着一个羝羊般的大脑袋。我还发现他并不从容自如，并不那么自信。在跟对手打交道之前，他需要一些时间作临场准备，需要凭借他的权势来壮胆子，其结果是表现得极不礼貌。这是怯懦者的经常表现：色厉内荏。也许他本来就是如此。"[②] 也正是发现了基辛格的这一性格特征，所以在访问时，法拉奇采用了欲擒故纵的采访方法，通过给基辛格提供舞台让他放情表演的方式采访到了一个脱去层层包装的真实外交家。例如，法拉奇问：

　　基辛格博士，那么怎样来解释您成了风云人物，甚至几乎比总统更出名这一事实？对此，您有什么理论吗？

　　基辛格博士，我不敢肯定，我想通过这次采访找到理论根据，但

① （意）奥里亚娜·法拉奇著，嵇书佩、乐华、杨顺祥译：《风云人物采访记》，南京：译林出版社，2016 年 6 月版，第 3 页。

② （意）奥里亚娜·法拉奇著，嵇书佩、乐华、杨顺祥译：《风云人物采访记》，南京：译林出版社，2016 年 6 月版，第 5 页。

是没有找到。我想归根到底是成功使您出名，我的意思是说您就像一个棋手走了几步好棋一样，首先是中国这步棋，人们喜欢能吃掉国王的棋手。

我明白了，您就像不带枪的亨利·方达，时刻准备为正直的理想伸出拳头。他是孤独的，勇敢的……

法拉奇的这次采访产生了轰动影响，几乎美国所有的报纸都转载了其中最引人注意的部分。采访给基辛格带来了麻烦，尤其是破坏了他和尼克松之间的关系，尼克松不再是那个他随时可以见到的美国总统，包括他给总统打电话都被拒绝了，基辛格说。接受法拉奇的采访是他一生做的最愚蠢的一件事情。

新闻记者在访问时还有一件非常重要的工作就是判断对方的话是否真实，当然这是一件难度很高的工作，但是通过其口头和身体语言进行心理的分析判断不失为一个好办法。例如，新闻记者采访时经常会遇到访问对象出现语误，有一部分语误是由于对方没有充分准备或者见到记者紧张、兴奋等等引起的，这些语误是没有太大意义的。也有一些语误"本身就有一定意义……口误的结果本身就可以被看成是一种完全正当的、有目的的心理动作，是一种有内容、有意义的表述。到目前为止，我们谈起的总是失误动作（错误动作），可现在看来，似乎这种错误动作本身有时也是一种很正常的动作，它仅仅是代替了那种更为人们所期待或意欲的别的动作而已"。[①] 所以说，有些语误是人们心理的真实体现，它比正常的话语包含更多而且更加真实的信息。基于这一点，假如对方出现语误，新闻记者可以按照语误提供的线索进行分析，说不定能够拨开云雾见得天日。

再一个就是体态语言，体态语是人们通过身体语言进行沟通和交

---

① （奥）弗洛伊德著，彭舜译：《精神分析引论》，［M］，西安：陕西人民出版社，2001年1月版，第24页。

流，比如声调、眼神、服装、手势、姿态、空间距离等等。美国著名
测谎专家斯坦·沃尔特斯说："说话者对其言语输出的注意力高于对
其非语言行为的注意力。因此，非语言行为所占比例就高于其言语行
为的比例。据估计，人类多达三分之二的交际是由非言语行为或身姿
语所组成。"① 正因为人类对体态语言的注意力相对较少，所以控制
力也相对较弱，它就能够更真实、更不受控制地表现人们的真实心
理。沃尔特斯从头、眼睛、胳膊、腿、身体姿势等方面对谎言进行了
分析，比如他说："一般来说，当我们在和某人谈话时，我们的面部
表情始终在变化。当我们对说话人的话做出反应时，我们的面部表情
会变。当我们向对方表达自己的观点、想法或心情时，我们的面部表
情也会变。如果我们的脸上没有了这些表情变化，那就是虚假的表情
或装出的表情，很不正常。如果你发现听你说话的人面无表情，他实
际上是在尽力避免暴露出重要的或者必要的有关他对当时话题的看法
和情感反应的信息，他也许不想让你看出他的心口不一，因此他对你
并不坦诚。"② 正因为人们的体态语言可以给新闻记者提供丰富而真
实的信息，所以在访问的时候，新闻记者更需要察言观色，通过体态
语言或者通过口头语言和体态语言的结合来判断对方话语的真伪。

六、注意访问细节

有一句话说得好，细节决定成败。细节虽然是细枝末节的东西，
但是它有时候却可以起到决定作用，新闻记者的访问也不例外。

新闻记者在访问时的衣着打扮就是值得研究的。假如新闻记者到
一个高级写字楼里采访一家企业的总裁，那就要穿得正式一点，过于
随意就会让对方觉得记者不尊重给自己，或者对节目的品质产生疑

---

① （美）斯坦·沃尔特斯著，牛曼漪等译：《挑战谎言 识别谎言的技巧》，[M]，海
口：南海出版公司，2001 年 11 月版，第 111 页。

② （美）斯坦·沃尔特斯著，牛曼漪等译：《挑战谎言 识别谎言的技巧》，[M]，海
口：南海出版公司，2001 年 11 月版，第 121 页。

问，影响了访问效果。而新闻记者如果采访一个普通农民或者到工厂车间访问一个工人，那么他的穿着应该以朴素为宜，这样可以更好地和对方融合。假如新闻记者西装革履地去采访，反而会让人产生距离感，不愿意接近你。

图 7.7　王志采访徐本禹　　　　　图 7.8　王志采访金庸

图 7.7、图 7.8 是同一个记者在同一个栏目中的采访，只是采访的环境和采访的人物发生了变化，而记者的着装也有很大差异。第一张记者穿的是一件休闲的羽绒服，第二张身着正装给人的感觉就非常正式。假如把记者的衣服换一换，给人的感觉是不是就特别违和？

新闻记者在访问时使用什么设备也是有讲究的。灯光如何运用，用什么型号的摄像机，录音用哪种类型的话筒等等。比如话筒的使用，在面对面的专访中，记者最好使用领夹式话筒。这种话筒体积小，隐蔽性强，戴在采访对象和记者身上不容易让人觉察到，这样就可以打破那种专业采访的职业状态而回归到人与人日常的交流样态，使双方的对话更加自然。如果使用手持式话筒，话筒不仅会成为双方交流的媒介，还会成为一堵无形的墙，时刻提醒采访对象和记者的交流是一种职业行为，很难形成心灵的碰撞和沟通。在随机采访中，由于条件、环境和时间的限制，新闻记者大多使用手持式话筒，这时也有一些细节性问题需要注意，例如新闻记者话筒的指向，在由对方回答的时候，话筒一定要指向对方。有的记者可能是紧张的原因，问完问题，话筒还停留在自己面前。话筒指向对方的高度也要注意，不能出现话筒将采访对象面部遮挡的情况。再一个，有的新闻记者在使用话筒时将其变成了教鞭，拿着话筒指点江山，这就会给人很不严肃的感觉，尤其对于电视媒体会影响其画面效果。

再一个，新闻记者的访问不仅仅只有问还有听。艾丰就提醒所有的记者"在采访时别忘了带上眼睛和耳朵"，所以会听也是访问成功的一个条件。那么新闻记者应该如何听呢？我认为主要有以下几点：一是听的态度要专注和认真。新闻记者在对方讲话的时候一定要认真倾听，因为听首先是一种态度，如果对方发现新闻记者在自己讲话时注意力不集中，他可能就会认为自己谈的内容不重要，或者记者不感兴趣，这种情绪就会干扰采访对象的谈话思路或者态度，极端的情况甚至会让对方中断谈话，一走了之。二是听不仅仅是一种态度还是一种技巧。首先新闻记者要通过听和采访对象建立起有效沟通，他可以通过专注的眼神、肯定式的点头、赞扬式的微笑等等技巧鼓励对方将谈话进行下去。美国著名的电视节目主持人迈克·华莱士说："我发现，在电视采访中最有趣的做法就是问一个漂亮的问题，等对方回答完毕你再沉默三四秒钟，仿佛你还在期待着他更多的回答。你知道会怎样吗？对方会感到有点窘促而 向你谈出更多的东西。"其次，新闻记者在听的时候要考察、思索、鉴别，因为对方有时候会有意无意地提供一些不真实的信息，这时候就需要新闻记者在倾听的同时观察采访对象，鉴别其提供信息的真伪。第三，采访对象谈的内容并不都重要，有些是重复信息，有些是无关紧要的东西，这时候就需要新闻记者去粗取精，迅速在对方提供的信息中找到最有价值的内容再通过追问的形式进行深入挖掘。总之，对于新闻记者来说，提问与倾听是相得益彰的一体两面，他只有会听才能够问出更好的问题，只有问出好的问题也才能够听到有价值的内容。

新闻记者在访问时需要注意的细节问题还有很多，例如如果和对方预约了时间，最好早到几分钟，一来表示尊重，二来可以临场做些准备。访问的时候要尊重对方，提到涉及对方隐私的问题要注意等等。虽然这些看起来都是小事，但是如果处理不好却可能坏了记者采访的大事。

第三节　记者访问的技巧

上一节讲述的是访问条件，除此之外，新闻记者要想获得访问成功还需要掌握一些技巧。

一、创设氛围

在大多数访问中，新闻记者和访问对象都是初次见面，即使原来有过交集也多是浅层交往，因此能够在很短时间熟悉对方，并且让对方提供有价值的信息确属不易。我认为要做到这一点，新闻记者首先应该创设良好的交谈氛围，让双方在一个愉悦、轻松的氛围中沟通交流。

（一）寻找感兴趣的话题

创设氛围的技巧多种多样。新闻记者在访谈开始的时候可以谈一些访问对象感兴趣的事情，来激发对方谈话的欲望。比如对方最成功的一次经历，受到过的表彰、奖励，让大家津津乐道的事情，别人对访问对象的评价等等。美国哈佛商学院院长汤哈姆曾经告诫过他的学生：也许你每天都要麻烦他人办几件事，在你走进他的办公室之前，请你先在门外徘徊几分钟，考虑考虑他的兴趣，再来判断他会如何对待你的请求。从他的角度着想，找出你和他的共同语言，然后你再胸有成竹地推门进去。①

鲁豫有一次采访成龙，她在开始的时候是这样提问的：

鲁豫：那天我们参加就是微笑行动的那个记者会，当时有工作人员特别叮嘱一个人说，成龙大哥来了以后，你要么叫成龙大哥，要么叫 DR. JACKIE CHAN（成龙博士），然后我事后想了一下，我的感受很深，就是这两个称呼。对你来说，是你花了很多很多年，你得到的别人的尊重和认可。

成龙：DR. JACKIE CHAN（成龙博士）我听了不舒服，我听了会不舒服，成龙大哥或者是大哥，我从不舒服现在变成舒服，而变成自然。以前人家叫我大哥的时候，我说不要不要，叫我 JACKIE 就好。

这么多年我在外国唐人街，老人家（看到我）就说成龙大哥，我说不要叫我大哥，叫我 JACKIE，好好好 JACKIE 大哥。那我到了香港连我们的董特首，见到我来了也说大哥来了，大哥来了。警察先生在外边见到我也说大哥，现在变成一个很自然（的事），少的、年的、老的、外国人都叫大哥，现在已经好了叫大哥就叫大哥吧。现在反而人家一叫我大哥我先叫人家大哥，哎，大哥大哥，是，这么多年来，我得到人家的尊重，但是我也付出了很多，这两个名字得来不易。对，我真的得来不易。

鲁豫采访成龙是从"大哥"这个称呼开始的，因为这个称呼是成龙依靠多年的打拼得到的尊重和认可，鲁豫先谈这个称呼极容易和对方产生情感共鸣，同时也将自己对他的赞赏委婉地表达出来，从而创设了良好的访谈氛围。

---

① 薛可、余明阳主编：《人际传播学 新版》，［M］，上海：上海人民出版社，2012年 12 月版，第 187 页。

水均益采访美国总统克林顿时也采取了这种办法,"另外,为了调节采访当时的气氛,我们考虑采访中间穿插一些涉及两国文化、传统、友谊的趣味性问题。为此我们决定采访采取循序渐进的方法。从中美两国文化的轻松话题切入。"[①] 为此,水均益和节目组设计了一连三个追问式的问题:

我们注意到您到达中国的第一站是中国西北的一个城市西安,您为什么要在平生第一次来到中国的时候首先访问这个城市?

很多人了解中国是从中国的文明和历史开始的,总统先生,在您的记忆中,您最初了解中国是通过什么?比如说,是通过一本书? 一部电影? 或者是一件什么事?

看来,您说的也证实了许多人的一种观点,就是由于历史、文化的不同,对于中国和美国这两个世界大国和这两个国家的人民来说,相互了解是一件长期的事情,而且不断保持这种沟通和了解就会使我们之间的共同语言不断地增多。这是否就是您来华之前向美国公众所强调的要和中国保持接触的理由的基本出发点呢?

(二)寻找类似性因素

新闻记者在访问前以及访问开始的时候还可以寻找和采访对象之间的相似点。

在图7.9中,A代表新闻记者,B代表访问对象,C代表两个人之间的类似性因素,即两个人之间相同或者比较接近的因素。类似性因素可以分为浅层类似性因素和深层类似性因素。浅层类似性因素包括地域、年龄、经历、爱好、职业、文化程度等等;深层类似性因素包括情感、态度、价值观等等。无论浅层还是深层的类似性因素在访问中都可以发挥作用,因此新闻记者在做访前准备的时候应该有意识

---

① 水均益:《前沿故事》,[M],武汉:长江文艺出版社,2015年6月版,第105页。

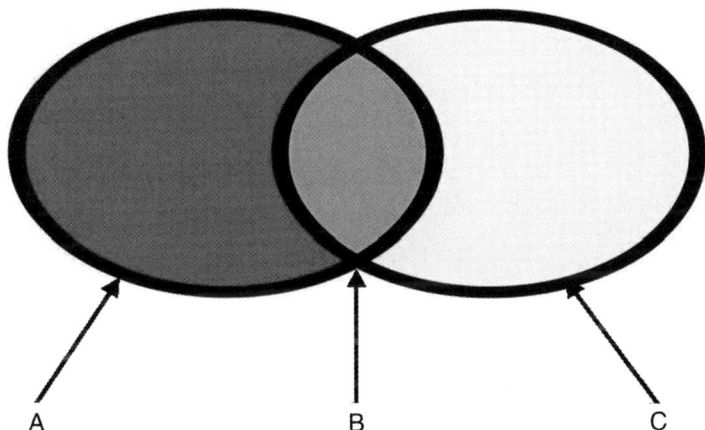

图 7.9　寻找类似性因素示意图

地去寻找这些类似性因素，这样就容易在采访时候有话可谈，引起共鸣，最后收到好的访问效果。需要注意的是，在新闻记者和访问对象见面初期一般应该从浅层类似性因素谈起，比如共同的经历或者共同的爱好等等，随着谈话内容深入，再寻找一些深层类似性因素，比如对某件事物的态度和观点等等，这样比较符合人们的认识规律。

记者水均益有次采访以色列总理拉宾。拉宾是一个不愿意和记者打交道的人，有些记者甚至在采访他时自尊心受到伤害。采访之前，水均益事先做了充分的准备，一见面，就递上了自己的名片，因为名片没有英文，他便开玩笑地对拉宾说："很抱歉，这上面只有中文，不过，假如您想要找我们是很容易的，不像我们找您那么难。"可是拉宾的面部没有丝毫表情，让记者碰了一个软钉子。但这并没有影响记者的情绪，水均益请拉宾坐了下来，从容地问了一个问题："总理先生，一千多年前，一些犹太商人和拉比（犹太教士）带着商品和在羊皮上写成的圣经卷宗来到了中国的黄河边，从那时算起，犹太人民和中华民族有了第一次良好的交往。今天，您作为第一位犹太国家的领导人又一次来到中国，您给我们带来了什么？"这个问题就很好地运用了类似性因素，它是中国人民和以色列人民最早的交往，这段经历和友谊属于两国人民。在听到这个问题后，拉宾的脸上绽放出了笑容，他说，犹太人民和中国人民的确有着历史悠久的友谊，虽然我们相隔千山万水，但我们有一个共同的特点：我们都是勤劳、勇敢、智慧的民族。仅仅这一个问题，拉宾就回答了7分钟，可见谈兴之高。采访结束后，拉宾的助手告诉记者，拉宾从来没有对记者说过那么多话。[①]

新闻记者在运用这一技巧的时候需要注意两个方面：一是寻找的类似性因素不要扩大新闻记者和采访对象之间的心理势差。在前面我们已经讲过，新闻记者和采访对象之间的心理高度如果存在差异，在采访时就有可能给他带来不便，那他在寻找和对方的类似性因素时就要避免扩大这种差异，比如对访问对象不能表示过分地崇拜或迷恋，不要进入到对方下属的行列中。如果有这样的类似性因素，访问时也最好不要提及，因为这些类似性因素有可能会让新闻记者更加紧张，或者准备的一些比较尖锐的问题在那种语境中就没办法提出了。

二是寻找的相似性因素要自然、真实，不能生搬硬套甚至无中生有一些类似性因素。看下面某报记者写的这篇花絮：

我当了一回欧阳自远的"校友"

作为"神六"零距离报道组一员，与报社两名资深的深度报道记者同抵北京，确实有些心虚。

对于我来说，在大多数的日子里，是一个普通的文体记者，习惯写情感再加上一点点的娱乐文化精神。

在北京，一个阳光透亮的上午，靳晖突然告诉我，要让我去采访欧阳自远——我国探月工程首席科学家。之所以指定我，原因其实很简单，因为我最像学生。我前去采访的身份是中国地质大学广播站学

---

① 水均益：《前沿故事》，［M］，武汉：长江文艺出版社，2015年6月版，第158、159页。

生，欧阳自远即毕业于这所学校。并且，靳晖千交代万交代：不许暴露身份，提问时不许太专业，要把专业问题通俗化，其实就是4个字：要装天真。

旁边的摄影记者沈翔强烈要求和我一起去，靳晖对他上下一扫描，沈翔的语气便落了下去：瞅瞅那眼神，一看就是专业摄影，贼亮贼亮的。你说，能让他去吗？

跟两名真学生一起去，来到中科院欧阳自远的办公室里，一开门，便献上了鲜花，当然，以校广播站的名义。见了校友，他很高兴，也很亲切，没有想象中大人物的严肃庄重，在他爱护和鼓励的眼光里，心里一热，还真把自己当成了他的校友。

"你是学什么的？"他出其不意地问。

"啊，英语。"我信口答道。

"大几了？"他继续亲切关怀。

"大四。"想想自己的样子，还是装大四比较稳妥。

他很失望，因为我不是学地质学的，而地质是他的老专业。我却暗出冷汗，幸亏没有说是学地质的，否则他一时兴起，跟我探讨起地质，岂不是要露馅？

还好，采访比较顺利，这个和蔼的科学家相当平和，有问必答。

这篇报道的后续有二：其一，有读者质问为什么在见报照片上我没有笑容。其二，次日，欧阳自远通过秘书告知，他答应接受《×××报》记者的采访。消息传来，全体晕倒。

在这次采访中，记者的初衷是好的，想通过寻找和科学家欧阳自远的接近点来完成采访任务，但是在实际采访中却采用了造假的手段，让一个年轻记者冒充欧阳自远的校友去采访。虽然记者完成了采访任务，但是如果欧阳自远看到这篇文章会怎么看待这个媒体？读者看了这篇文章又会作何感想？这个媒体还有公信力吗？可能有人会辩解道，这不就是隐性采访的方法吗？很多媒体和记者不一直在使用吗？笔者认为，隐性采访本身就存在伦理道德的问题，它是一种不得已而为之的采访方法，往往是在采访侵害公众权益而用其他方法不能完成采访任务的前提下才使用的，而这则新闻就是一次普通的人物专访，再有从文中也可以看到，欧阳自远最后并没有拒绝这家报社的采访，它根本就没有必要使用这样一种欺骗的手段。

最后还要指出的是，创设良好交谈氛围固然重要，但是在访问中新闻记者的最终目的是得到需要的素材，发现真实的情况，创设交谈氛围只是达到目的的手段。因此在访问中，新闻记者不能舍本逐末，不能一味地求取良好氛围，特别是在一些有争议或者负面的话题上，因为害怕破坏气氛就不敢提出问题，这是我们反对的。

二、立足受众

新闻记者在组织问题的时候不能仅凭个人兴趣，还应该考虑所在媒体的特点和性质，尤其是媒体的受众群体有哪些，他们感兴趣的问题是什么等等。

首先新闻记者需要考虑媒体的地域特点。根据新闻价值要素中的接近性原则，距离受众越近的事物，受众越关心。尤其在我国，除了中央级媒体以外，其他媒体基本是条块分割、以块为主的格局，这就进一步加剧了媒体的地域性特征。新闻记者在访问时就需要考虑媒体所在地域的受众想要了解什么内容。下面看看凤凰卫视中文台记者吴小莉对朱镕基总理的那次经典访问：

吴小莉：谢谢！首先我要谢谢朱总理，我必须这样说，您也是我的偶像！大家好，我是香港凤凰卫视中文台的吴小莉，想要请教朱总理的是，我们知道在亚洲的金融风暴当中香港的影响在今年已经陆续显现了，想要请教的是在中央政府对于香港经济的困难和困境的时候，会采取什么样具体的措施来加以支持？另外海外媒体对您的评价相当高，外界有人说您是"铁面宰相"，或者说"经济沙皇"，想请您谈谈您在进行改革过程当中的心路历程，有没有曾经想过沮丧？想要放弃过？

　　朱镕基：中国政府高度评价香港政府所采取的政策，我们不认为香港在今后会遇到不可克服的困难，但是如果在特定的情况底下，万一香港政府需要中央人民政府的帮助的时候，只要香港特区行政政府向中国中央政府提出要求，中央政府将不惜一切代价维护香港的繁荣稳定，保护它的联系汇率制度。至于我本人，没有什么好说的，不管前面是地雷阵还是万丈深渊，我将勇往直前，义无反顾，鞠躬尽瘁，死而后已。

　　吴小莉是香港凤凰卫视中文台的记者，它首先服务的受众群体是香港地区的电视观众，所以在访问时，她提出了一个和香港经济生死攸关的问题，在朱镕基总理回答后的当天，香港股市狂飙 300 点，可见这个问答在当时香港的影响力之大。

　　再一个，新闻记者需要考虑媒体受众的兴趣特点。随着传播科技日益进步，新闻媒体数量日益增加，信息量也呈指数级增长，面对如此规模的海量信息，新闻受众只能对其中个别种类的信息经常关注，因此新闻媒体也在进行受众细分的供给侧改革。以中央广播电视总台为例，现在电视节目一共有 40 余个频道，每个频道中又设置不同的栏目，各个栏目的观众群体都不一样，在这样的态势下，每个新闻记者在访问时都应该考虑下自己栏目的编辑方针是什么以及电视观众的兴趣点又是什么，这样才能够有的放矢地组织电视观众关心的问题。

　　中央电视台财经频道从 2000 年开始播出一档谈话栏目《对话》，栏目的收视群体为关注经济改革动态并具有决策能力的社会精英人士，致力于为新闻人物、企业精英、政府官员、经济专家和决策者提供一个交流和对话平台。因此栏目主要关注国内外经济政策和大事、企业家的创业历程等等。以 2019 年 11 月为例，栏目共播出了《创新药加速度》《宋志平：从股市运动员到教练员》《进博会：中国正在买什么》《新时代中国石油新发现》4 期节目，主持人访问的有医药公司董事长、上市公司协会会长、国外一些企业的总裁等等，访问主题全部围绕经济发展展开，和节目观众群体的兴趣和品味深度契合。

三、利于沟通

新闻记者访问中应该把握利于沟通这一原则，即采访提出的问题要让对方容易理解，这样他才能够更好地回答提问。总体来说，新闻记者的问题要简单、明白、具体。

简单就是要求新闻记者的问题用最简洁的话语表达，不使用过于冗长的句子和复杂的句式，在问题中不夹杂无关信息，不要将过多问题放在一起提问。

在一次新闻发布会上，有路透社记者提问：美国总统特朗普周末暗示，他或许会邀请习主席到美国爱荷华州签订贸易协议，中方是否有到爱荷华签协议的计划？如果没有，可否透露一下鉴于目前中美谈判下一步究竟怎样还面临不确定性？如果真的是中美两国元首签订协议的话，两国领导人有可能会在哪里会晤？

这个问题一来比较冗长，二来含有三重提问，所以给人一种比较复杂和啰唆的感觉。发言人耿爽在听了这个问题以后说："你的问题比我的答案要长很多，关于中美元首会晤，我想指出，习主席和特朗普总统一直通过各种方式保持着联系。"

新闻记者尤其不要表演式提问，即提问目的不是为了获得新闻信息，而是为了在采访对象或者受众面前炫耀自己的学识或者才华。新闻记者需要时刻记得在整个访问过程中，采访对象是主角，作为记者应该学会隐藏自己，不要让自己抢了采访对象的戏份。学者姚喜双也曾经谈到对这种表演式采访的看法："时政新闻的话语样态的改变势在必行。以 2013 年李克强总理首场记者招待会上媒体记者的提问为例，'表演式'提问引起了观众的强烈反感。如胡一虎在提问时强调自己与总理的老乡关系，提问总理的个人情怀在当今时代下就显得不合时宜；而人民日报的记者赵婀娜的提问，更像是在朗诵或背诵，与新时代下的话语表达样式和观众的收视需求、审美心理严重脱轨，自然引起受众情绪的反弹。"①

　　明白就是新闻记者要问得通俗易懂，在提问时尽量不使用晦涩的词语或者难懂的句子，还要分析面对的访问对象，如果访问对象文化程度不高那就需要多使用群众语言，让自己的话语能够和对方接轨，这样才能有好的效果。记者郝建生在长期的对农采访工作中总结自己成功采访经验的时候说："细心的读者不难发现，我五篇手记共6000字，10个字以上的句子不超过百句，大多是五六字、七八字一句，琅琅上口，短促有力，这既是农民的语言特色，也应是记者锻句炼字的功夫。同时，尽量不用修饰词，更不用只作句子连接词的虚词。句子中只用动词、宾语、场景、对话。所以读者中的行家说我写的这五篇手记的风格像穆青写的'老坚决''吴吉昌'，也像华山的《鸡毛信》和赵树理的农村小说。"② 新闻记者即使采访和写作关于高科技的新闻，也可以使用浅显易懂的话语深入浅出地提问和写作。著名记者范敬宜曾经说过："今天一版《科学恩惠洒人间》是一篇好文章。它从最贴近群众的角度去揭示科技发展的伟大意义，用广大群众最能理解的事实和语言去告诉人们世界发生的变化。这说明高科技的报道也完全可以写得深入浅出，为读者所喜闻乐见，关键是我们的编辑记者要舍得下功夫。"③

　　具体就是新闻记者的提问不能太空、太大，要言之有物、细致入微。宏大问题首先不利于采访对象理解和把握，对方可能不知道你想了解哪些内容或者不知道从何谈起。例如2014年李克强总理出席记者招待会，有记者问总理执政一年的感受，李克强总理笑答，你的问

①　姚喜双主编：《新媒体时代广播电视语言研究》，[M]，北京：语文出版社，2013年12月版，第106、107页。
②　王琼：《如何采访农民》，[J]，杭州：《视听纵横》，2013年第9期。
③　范敬宜：《总编辑手记》，[M]，北京：人民日报出版社，1997年10月版，第196页。

题太大了。其次，宏大问题也不利于新闻记者控制访问进程和访问节奏，有可能出现内容谈了很多但是离题太远，关键内容却没有了解到的情况。第三，宏大问题不容易让新闻记者了解事件情节和过程，尤其是细节，给今后写作造成隐患。正是因为宏大问题存在上面种种弊端，所以有经验的新闻记者在访问中会多提一些比较具体的问题，看下面这段访问：

董倩：像您这样一位专家作为浙江省的代表去参与，在浙江省怎么把您产生出来的？

许伟：国家 30 多个省都要推荐 2 到 3 位专家，当时有要求，第一个要长期从事医保工作，第二个是以前参加过国家谈判的专家。我正好参加了两次谈判……

董倩：既然是谈判，为什么不做到知己知彼？

许伟：我觉得保密，保密原则是很重要的，如果谈判专家之前知晓了这个药品，里面可能会有一些风声或者有些信息容易透露。

董倩：透露给谁？

许伟：透漏给企业，企业知道我是一个谈判专家，而且正好是这家企业的谈判专家，企业会通过各种渠道干扰谈判。

董倩：对方第一次报价 5.62，您当时的心理感受是什么？

许伟：我当时第一感觉，还有很大空间……我们国家之前也说了，要给他们一些提示，让他们进入到国谈的一个价格范围之内。

董倩：为什么要给他们这个提示？

许伟：因为国家要求我们底价的 15% 之内才有继续谈的可能，规则很明确，如果第二次报价不在我们范围之内，企业直接出局。

董倩：出局又怎样，结果是什么？

许伟：出局这个药品就不会纳入到我们这次谈判的范围之内。

董倩：我们的损失是什么？

许伟：最大的损失就是老百姓用不到这种药。

董倩：您怎么提示？

许伟：我们还是跟他说有很大差距这一句话。

董倩：就这一句话？

许伟：对。

董倩：他们什么反应？

许伟：如果二次报价不在这个范围内，可能他要马上出局，这种情况下，他们还是有点紧张的。

董倩：当对方第二次报价 4.72 元的时候，您给他们的回复是什么？

许伟：我跟他们说，恭喜你们中靶了。

董倩：这个时候您观察对方的表情什么样？

许伟：长舒一口气……

（第四次报价 4.5 元后）

董倩：他们报价的时候您观察什么表情了已经？

许伟：其实我的感觉，他说 4.5 这个报价的时候，我就发现他们在观察我们，不停地扫视我们……

董倩：观察本身说明什么？

许伟：我在分析他们的心理，如果他们觉得这个价格已经很为难了，他不太会观察我们，他可能会很忐忑地在考虑……

董倩：您那个时候什么表情？

许伟：我面无表情。

董倩：能做到面无表情吗？

许伟：尽量吧，如果脸上有过多表情，比如你脸上有那么一丝喜悦或者高兴的表情……

上面这段采访是中央电视台记者董倩采访医保专家许伟。在2019 年国家医保药品目录谈判中，许伟和药企代表通过 5 轮交锋，将价格从 5.62 元/10 毫克降到了 4.36/10 毫克。采访中，董倩问的几乎所有问题都很具体，通过这些问题不但还原了谈判场景，了解到激烈交锋的细节，使访问具有了戏剧性，同时还了解到谈判双方的心理活动。

二维码 7.3 《面对面：谈判》

四、认清角色

角色是戏剧舞台的用语，是演员在戏剧中扮演的特定角色，最常见的角色就是主角和配角。如果把一次新闻访问看成是一幕戏剧的话，采访对象就是这出戏的主角，他的戏份最足，如果他能够淋漓尽致地表演那就可以成就一出好戏，相反如果他不在状态或者忘词、漏戏，那就会把戏演砸。新闻记者在这出戏里是一个特殊的配角。首先他不需要太多戏份，尤其不能和采访对象抢戏，如果一次访问中绝大部分是新闻记者在喋喋不休地高谈阔论，那多半不会是成功的访问。其次这个配角又不同于一般配角，因为他要在整个访问中起主导作用，他需要设计整个访问，如何开始提问，节奏怎样把控，什么时候转换话题，什么时候结束等等都需要新闻记者引导和决定。总而言之，新闻记者在访问过程中是一个发挥主导作用的配角，他要通过引导、提示、激励、控制、质疑等手段把控整个访谈进程，使访问对象上演一幕好戏。

一是引导。新闻记者要根据自己的采访意图和目的引导采访对象谈话，将和对方的交谈指引到自己需要的素材上。在这个过程中，新闻记者应该根据不同情况使用不同方法。在刚开始采访时，记者一般要告诉对方自己前来的目的和意图，让对方知道你想了解哪些内容。在对方跑题的时候，记者需要委婉地提示对方，比如可以说"您刚才谈到的××话题非常重要，您能不能接着刚才的话题再谈具体一些"等等，记者碰到对方答非所问时最好不要生硬打断对方，如若不然就可能会影响对方情绪，导致采访失利。

二是提示。在访问时，新闻记者还可以通过语言或者表情给采访对象以提示，比如采访对象回答问题出现含混不清、卡壳停顿，或者需要进一步了解具体情况，对方对记者的问题不是很明白的时候就可以采用这种引导方法，让访问继续进行下去。

三是激励。采访对象有些时候不愿意多谈，有的因为性格使然，本身就是一个沉默寡言的人；有的因为话题比较敏感，害怕谈话会给自己带来麻烦；有的因为处世比较低调，不愿意和媒体、记者打交道等等。面对这种情况，新闻记者首先需要分析原因，然后因人而宜地采用不同激励方法。

比如针对沉默寡言的人，新闻记者可以寻找对方感兴趣的话题，寻找共振点。人民日报社有一名记者一次去采访一个基层干部，事先了解到这个干部爱吸烟，于是就买了烟去找他。一见面，见对方沉默寡言，问十句回答一句。记者找了个借口，与他聊烟的产地、口味。聊着聊着，话就多起来了，最后到了无话不谈的境地。记者收获了宝贵的新闻素材，回到北京，连夜挥笔，文章一气呵成、十分精彩。

如果因为话题敏感，对方担心访问带来麻烦，新闻记者的引导方法应该着眼于打消对方恐惧心理。可以保证给对方保密，在新闻作品中不透露对方个人信息，如果作品出现声音和画面也会做技术性处理等等，让对方安心和记者交流。

如果新闻记者见到的是不愿意和媒体和记者打交道的人，一方面可以通过坚持不懈的态度和精神感动对方。就像有人说："新闻记者应该是当别人把你从门赶出去的时候，你不要走，你还要从窗户再爬进来！"中央电视台《大家》栏目记者有一次访问著名科学家丁肇中，丁肇中是一个非常低调的人，不愿意媒体报道自己，所以记者和他联系了几次都被婉拒了，但是记者并没有放弃，当了解到丁肇中要到山东大学做讲座时，他们又立刻赶往济南，在他讲座的教室早早架起了摄像机，丁肇中来到教室看到这几个记者时既吃惊又感动，在讲座结束以后主动接受了对方的访问。另一方面，新闻记者也可以通过激将的方法引导对方讲话。一位美国记者有次在火车上采访胡佛，当时胡佛是美国总统竞选的大热门，由于作为一位未来的总统，胡佛不愿意让自己的政见轻易透露，所以记者问了好几个问题，胡佛总是缄默不语，当时沮丧的情绪笼罩着这位以探听政界要人言论而闻名的记者。就在这时，火车窗外出现了一片刚刚开垦的土地，这名记者故意说："太落后了，想不到这里竟然还是用锄头在耕种！""胡说！"听到记者的话，沉默了好长时间的胡佛终于开口了，"这里早已经用现代化的方法代替过去那种乱垦乱伐了！"接着他就开始饶有兴致地谈起土地开垦这个话题，最后记者的采访大获成功，《胡佛谈美国农业垦殖问题》的消息很快就见报了。

四是控制。新闻记者在访谈时还要控制话语的方向、内容和节奏。假如对方谈话方向出现偏差或者内容不符合新闻记者采访主题时，新闻记者应该想方设法将谈话方向和内容及时引导回来。再一个就是控制节奏，也就是谈话的快慢张弛。新闻记者可以通过提问的频率以及问题的类别等加以控制。一般来说，问题频率快则谈话节奏也快，反之则较慢。提出的问题如果是开放式问题，则节奏相对较慢，而闭合式问题则可以加快谈话速度。正如孔子所言："张而不驰，文武弗能也；驰而不张，文武弗为也；一张一弛，文武之道也。"新闻记者的访问也应该行所当行，止所当止。

《新闻调查》记者王志就蓝田问题采访财经学者刘姝威，在节目前四分之三中记者提的问题较少，而在节目最后一段，记者提问数量明显增加，访谈节奏也随之加快，看这一段访问：

记者：就是600个字，粉碎了一个上市公司的神话。这件事本身我们听起来，就令人难以置信。不知道你作为当事人来说，你的个人感触是什么？

刘姝威：我纠正你的说法，不是由于我600字粉碎了一个神话。它这个蓝田的问题的话，我想的话不是我首先发现的。你不能说是因为我发了这600字，才把这个神话来粉碎的。在我之前，证监会已经开始进行调查了。

记者：但是问题是，你是第一个吹响预信号的人。

刘姝威：如果这样的话，那你太小看了我们银行家了。现在我要考虑的问题是什么呢，这么简单的问题，银行不会发现不了。那么为什么不应该发放的贷款发放出去了呢？应该停发的贷款停发不了呢？这就说明一定是有其他的因素在干扰。

记者：照你这么说，就是没有人来关注这件事。

刘姝威：没有人说出这件事。银行没有及时采取行动的原因，不是因为技术上的原因。

记者：不是由于技术上的原因？

刘姝威：从技术上，现在银行有那么多博士和硕士。他们都受过很好的训练，他们怎么能够看不出来呢？绝对不是由于技术上的原因，而是由于技术以外的原因。

记者：你指的这个因素是什么？

刘姝威：就是什么呢？作为一个上市公司的话，瞿兆玉哪有那么大的本事上天入地。他为什么能那么迅速地就能拿到《金融内参》呢？如果这个因素你不消除的话，保证我们的信贷安全是很难的。

记者：你指的这个因素是在商业游戏规则之内呢，还是之外？

刘姝威：我想这不是市场经济允许的。要是在一个健康的市场经济当中，这些因素是不可能存在的。这些因素呢，会威胁到我们国家社会主义市场经济的健康发展。而我以前的研究，就像瞿兆玉对我的评价一样——你太学术了，我对这些因素原来关注的太少了。

记者：你指的这个因素是权力吗？

刘姝威：你说呢？

记者：我问你。

刘姝威：我问你。你听了我的讲述的话，你认为这个因素是什么？

记者：你是当事人。

刘姝威：这个问题我想应该让公众来分析吧。现在的问题是如果是权力的话，这就有一个他为什么会用他掌握的权力干出这种事？怎么才能够制止他运用手中的权力干这种事？这是我们应该思考的问题。那么对于决策部门来讲是不了了之呢？还是要一查到底呢？如果你这个向题你不一查到底的话，以后他还这么干；如果这个因素你再纵容它存在下去的话，银行没法办，行长无法当，这是很危险的。

记者：你认为会不了了之吗？

刘姝威：我不希望不了了之。

记者：你的预测是什么？

刘姝威：我的预测，我无法预测。

记者：预感呢？

刘姝威：我无法预感。

记者：这个事情让很多人难以置信。那么你作为当事人，你的最大的感触是什么？

刘姝威：要从大的来讲，就是说，要使我们国家的社会主义市场经济健康发展，使我们国家的经济能够持续稳定地增长，老百姓的日子能够越过越好，我们还有许多事情要做。如果因为干扰银行信贷工作的这些因素——同时也是干扰我们社会主义市场经济健康发展的因素，最终它会妨碍我们老百姓过好日子，对吧？那么如果这些因素你不消除的话，早晚有一天，怎么说呢，它是一个蛀虫，它会把我们国家经济最核心的部分给蛀空。

节目前期内容主要是刘姝威讲述她和蓝天公司较量的过程，记者这时候如果频繁提问反而会影响事件整体感。在这一段，记者要通过提问揭示出现这一现象的原因和本质，这是这期节目的主题和核心，所以记者提问的频率和节奏明显加快，两人你来我往数个回合，不仅将"权力"这个原因揭示出来，也使节目显得分外精彩。

五是质疑。新闻记者采访的最重要目的是寻找事实真相，因为了解真相不是为了满足记者个人的好奇心，而是要保护公众知情权，因此他们就应该具备"打破砂锅问到底"的精神，代替公众去提问。在访问过程中，对方提供的信息有可能模棱两可、含混不清、真真假假，遇到这些情况，新闻记者需要深入挖掘，不能存有疑点，要经常在脑海中问一问"事实是这样吗？""为什么"。

中央电视台《新闻调查》非常经典的一期节目《透视运城渗灌工程》就充满了质疑精神。例如运城地委多个文件关于渗灌的数字不一样，记者王利芬针对这个问题采访运城地委书记黄有泉：

记者：统计的数字是多少？

黄有泉：实实在在地说，当时 95 年，可能就是八九万亩。

记者：那么在这个发言中已经对这个数字做了一个比较精确的统计，整个渗灌面积也是完成了当年的任务。

黄有泉：这个发言，现在看来，这个数字他们基层统计得不准确。

记者：那这个数字和刚才说的这个数字以及现在的这个数字都是不太一样的，而且都是出自您的文章。

黄有泉：从实际情况看来，这个数字统计得不准确。

记者：那到底哪个数字是准确的？

黄有泉：现在的统计的数字比较准确。

记者：那究竟有多少？地委能给我们提供一个比较准确的数字？

黄有泉：就是十一二万亩吧。

针对芮城县学张乡渗灌使用情况，王利芬采访当地乡长。

记者：学张乡一共有多少渗灌？

乡长：学张乡有三四十个吧。

记者：全部配套了吗？

乡长：基本上 90％配套。

记者：用过了没有？

乡长：用过了。当时参观的时候，全部看过了。

记者：为什么很多的渗灌要建在路旁边呢？

乡长：你这给我住了。我也不知道该咋说。

（来到现场，在一个渗灌池边）

记者：这个渗灌用过了吗？乡长。

乡长：用过！

记者：用过了吗？下水管在哪？哪儿？

乡长：那不是。

（记者采访旁边的农民）：这地里有没有埋管子？

农民：没有埋管子。

记者：那个池子用过没有？

农民：没有。

记者：从来没有用过？

农民：没有用过。

乡长：她一个老太婆，又不在地里，她怎么会知道？

农民：我老在地里。

乡长：你一个一个落实，你要是这样，非落实好不行，谁胡说了，我马上收拾他。

记者：你肯定这个渗灌从来没有用过？

农民：没有。

记者：绝对没有？

农民：没有。

记者：没有放过水进去？

农民：没有放过水。

乡长：谁胡说了我马上收拾他，你哪能这样跟我搞？咱们实事求是，你就叫住家来。你要是再这样说，我不管你。你随便上哪儿去就上哪儿去。

记者：好的，好的。

（记者来到另外一个渗灌池边）

记者：这个您拿的准吗？

乡长：我拿不准。

记者：拿不准的话，您当时说95％以上配套了？

乡长：我跟你说不是90％以上吗？我们抽查一部分，数字就是这样。

记者：您抽查的结果怎么样？

乡长：我抽查的结果还可以。这几个村上面有。

记者：90％以上都是配套的？

从这两段采访可以看到，记者的访问目的就是找到真相，看一看运城地区的渗灌数字到底是多少，建设过程中有没有造假。为了发现真相，记者不但在访问中追根刨底、锲而不舍，而且还从旁边农民那里对乡长的话求证，这才有了戏剧性一幕，而有没有造假恐怕电视机前的观众心中早已经有了答案。

五、理清顺序

新闻记者在访问时不能随意提问，需要考虑问题的先后顺序。那么如何来设计访问顺序呢？英国18世纪著名小说家亨利·菲尔丁说："秩序就是正确的规律和事物永久的合理性。"这一句话提示我们在安排顺序的时候要考虑两条原则：一是要符合事物发展以及人们认识事物的客观规律；二是要合乎道理或者事理。由于新闻记者采访的随机性和灵活性，找到一种放之四海而皆准的顺序显然是不可能，我们只能理出这样两条原则，再从这两条原则出发结合采访实际情况梳理访问顺序。

一般来说，根据不同的采访对象和新闻事件可以有这样几种顺序。第一种是时间顺序，访问主要脉络以事情发展或者人物经历的前后顺序展开。这种顺序在人物专访或者事件发展路线比较明晰的采访中较为常见。例如鲁豫访问成龙就是以这种顺序展开的。在通过谈论"大哥"这个称呼创设了一个良好的访谈氛围后，鲁豫问了这样一个问题：我是看您的那本书里面，您自己写就是第一天您爸爸带着您去到那个学校，您说一看之后哎呀，这个好玩，可以随便打架，特别高兴。一般的小朋友第一天进幼儿园，可能哭得不敢去，您就是高兴得不得了就走了。鲁豫这个问题就让成龙从小时候进入武校学习开始谈起。而且后面的问题基本也是按照成龙的经历设计，比如您在学校什么时候练武，每天学习，您当时的梦想是什么？您在能当主演之前，是不是也在李小龙的影片里面帮他做过特技？南斯拉夫那次（拍戏摔断腿脚）最厉害是吧，那是在哪一年？每个问题都针对采访对象人生过程的关键点或难忘事件，然后按照前后顺序展开并且起到一种连贯和转折作用。

2019 年，中央电视台《面对面》记者采访澳门特区首任立法会主席曹其真也是按照这样一种顺序安排的。看记者的提问：

记者：为什么在当时（1968 年）一切并没有十分确定的情况下曹老先生就敢做这件事情，为什么？

记者：您当时就能理解曹老师这么做吗？

记者：您刚刚开始进入到澳门立法会的时候，当时还是在葡萄牙政府的统治下，还没有回归之前，在立法会里面工作语言是什么语言？

记者：那么 1999 年您当上立法会主席之后是基本法要求必须说中文还是说……

记者：您一直说这十年（任立法会主席）是您最快乐的十年。

第二种是按照由浅入深的认识规律展开。人们认识事物是有过程的，刚开始一般是一个大概印象，认识是宏观和浅层的，然后认识会越来越具体，越来越细致，最后发现事物的本来面目。新闻记者的有些访问也是这样一个过程，刚开始宏观了解事物概貌，在了解到重点线索或者情况以后就会针对这一点深入挖掘，特别是细节和场景更要详细询问，最后还可以了解一下事物的影响或者对社会的意义和作用。如果我们把按照时间顺序安排访问看成是一种线性规律的话，那么这种安排方法就更加侧重于横断面的剖析，它更多使用在阶段性事物中，或者和时间顺序的访问搭配起来使用。

2005 年，《东方时空》记者白岩松采访了刚刚结束大陆之行的国民党主席连战，他这次访问主要就是按照这样一种顺序整体安排访问的。为了分析方便，我们把记者提的问题前面编辑了序号。

1. 主席，一来到这个大楼，首先我们就去七楼看了我们整个抗日战争胜利 60 周年这样一个展览，并且我也听说国民党会做很多的活动，包括研讨会、学术会等等，两岸也会针对这个主题进行许多交流，主席先生为什么要急着推动这样一系列的事情？

2. 我也注意到连战主席，比如说在一些发言中会用到这样一些字词：谁忘记了这样的历史谁就是忘祖，但是别人不去做的时候我们一定要做。

3. 以您个人的经历来说，尤其这一次阔别了很多很多年重回了自己的故乡，是否更对这样一段历史格外地关注？

4. 据说在胡总书记会见您之后，并且晚餐之后送给您个人的礼物差点儿让您热泪盈眶是吗？

5. 就是说其实好多人现在都在回忆您的大陆行，而且甚至出了好多的书，写了好多的文章，可是时间过得很快，一转眼两个多月过去了，我不知道主席先生会不会经常回忆短短几天的大陆之行？

6. 哪几个细节，哪几个场景是让您个人觉得特别特别的难忘？

7. 我们不能不说到很多老百姓，说句实话我们作为媒体也会非常关注你们所到之处老百姓的反映，到南京的时候，两边会打出"大哥您好""连战兄您好"，等等等等，我相信您也一定注意到了老百姓的这种热情，您怎么看？

8. 在大陆的网上后来流行了一首诗，这首诗的名字叫"娘，大哥他回来了"，写的就是您的大陆之行，您有没有知道这件事情？

9. 因为北京饭店离故宫都很近，台北会有"故宫博物院"，北京也有故宫博物院，您也有去，这种一对比，又走了这一趟，格外的感受是什么？

10. 提到大陆行当然不能不谈到在北大的演讲，因为在北大的演讲，大陆都通过直播的方式，我相信那天的收视率会非常高，因为我在做直播，正好我有很多台湾的同行跟我讲，说连战先生在北大的发挥太好了，比在台湾的发挥都还好，为什么那天会发挥那么出色？

11. 这个若干得有多少，不是一点点吧？

12. 因为当演讲刚一结束的时候，我们前方直播的就问了我们整个访问团其中一个成员，当时问了这样一个问题，他说连战先生的演讲是不是精心的准备，他说没有准备，没有文稿，真是这样吗？

13. 最后我们不谈舍的，我们谈取的，也是大家听到的，就是关于对自由的解读，对整个中华民族未来的展望等等，最后为什么会选择这样一个主题选项？

14. 当在北大的演讲结束的时候，北大给您送礼物，其中出乎意料的送了您母亲的照片，我在做直播，我注意到您扭过头去，掏出手绢，掉泪了吗？

15. 其实刚才谈到了既有通过电视媒体跟整个大陆的百姓的沟

通，也有整个在过往之中沿线的人们自发的表达感情，当然您的大陆行很重要的，甚至可以说最高潮的看点在您和胡锦涛总书记的见面，毕竟这是跨越了60年之间的距离，当平常，比如说这样的一个交流变成直接的面对面的人和人之间的交流的时候，这种感受会是什么样的，胡总书记给您留下了什么样的印象？

16. 从个人的情感上来说，是不是有过这样一次面对面之后，沟通就变得会更加容易？

17. 也有评论我注意到，比如说连战先生这么多年的努力，包括一些打拼，包括一些挫折等等，似乎都是在为这几天做最辉煌的准备，您同意这种看法吗？

18. 您特别说到了无论是热还是烧，它都是可逆的，可转变的，但是从未来的趋势，海峡两岸的趋势来说，显然您认为它是不可改变的，应该是不可逆的，这是一个趋势的问题。

19. 其实自打连宋行已经过去了一段时间之后，大家其实更在关注的是它的改变的情况和它落实的情况，我们先说具体的，比如说因为在走了之后，大家会看到很多很多从大陆方面有人叫大礼包也好，有人叫政策也好，当然很重要的一块，也有连战主席，你们所极力提倡的台商的利益等等，您判断现在两个多月的时间过去了，整个落实的情况怎么样？

20. 因为前几天作为传媒人，我们会注意到江丙坤先生以另外的身份会带领一个团去大陆，谈关于农产品、谈关于水果的种种问题，这是否可以当成是落实的一部分，或者是看出我们这边有一些着急，希望它尽早地落实？

21. 通过连宋行，您感觉会对台湾现在执政的一些人或者说执政当局会产生一种什么样的影响呢？

22. 您去大陆的这一行，虽然时间并不长，但是回来过了两个月以后，感受到它是否让中国国民党在台湾变得更强大，更有信心，更对未来很乐观？

23. 大家内部对未来呢，是否会因此变得更加团结，更加乐观，在国民党的内部？

24. 其实从您在结束了大陆行回到台湾之后，包括我在大陆也会看到很多的报道，有相当多的人会力劝连战主席连任和继续，不要使原计划中的选举开始，但是您好象真是面对各样的人群，你都在说"不"，最后的确使 7 月 16 号国民党主席的选举变成现实，您为什么一再地说"不"，在这样的大好形势下？

25. 大陆相当多的人在关心这样一个问题，当您离开国民党主席位置上之后，在未来的海峡两岸的关系上，您准备如何发挥您的个人作用？

26. 位置离得开，心离得开吗，会不会以后依然是像现在一样的忙碌？

27. 我也注意到您这两天说的话，您说不管王金平先生也好，还是马英九先生也好，他们无论谁最后赢了，都应该赢出风范来，输者也应该有输者的风范，另外您对他们的期待又是什么？

28. 未来，无论谁，总有一个赢家，您对他的期待是什么，您为什么说这样的话，无论是谁，都应该输赢有风范？

29. 最后一个问题，一个相对轻松一点儿，也是温馨一点儿的问题，因为大家注意到了，在大陆行的时候，夫人、儿子，其他的好多家人也都去了，大家都听到连战先生对很多事情的评价，但是夫人对大陆之行印象最深的是什么，儿子是什么，各举一件就可以。

30. 前些天夫人又有机会去上海，您会很羡慕吧，其实还有很多地方是您特想去的？

在整个访问中，记者一共提出了 30 个问题。其中第 1 到 4 个问题是引子，从他们所在大楼正在举办的抗日战争胜利 60 周年展览切入话题。第 5、6 个问题从整体了解连战的大陆之行。从第 7 个问题开始进入到分层次或者分角度深入采访。第 7 到 9 个问题请访问对象

谈对大陆群众的看法。第 10 到 14 个问题主要围绕北大演讲展开，对
细节详细了解，比如连战接到北大送给他的礼物（连战母亲的照片）
时的情绪变化。第 15、16 个问题是连战对胡锦涛总书记的印象。从
第 17 个问题开始，记者主要侧重连战大陆行的影响以及后续活动。
第 17、18 个问题主要谈两岸关系的发展趋势。第 19 到 23 谈的都是
连战大陆之行的影响。第 24 到 28 个问题谈的是连战的卸任以及国民
党主席竞选。第 29、30 个问题的内容是连战主席家人对大陆之行的
看法以及访问的结束语。如果用一张图表示的话，应该是这样的：

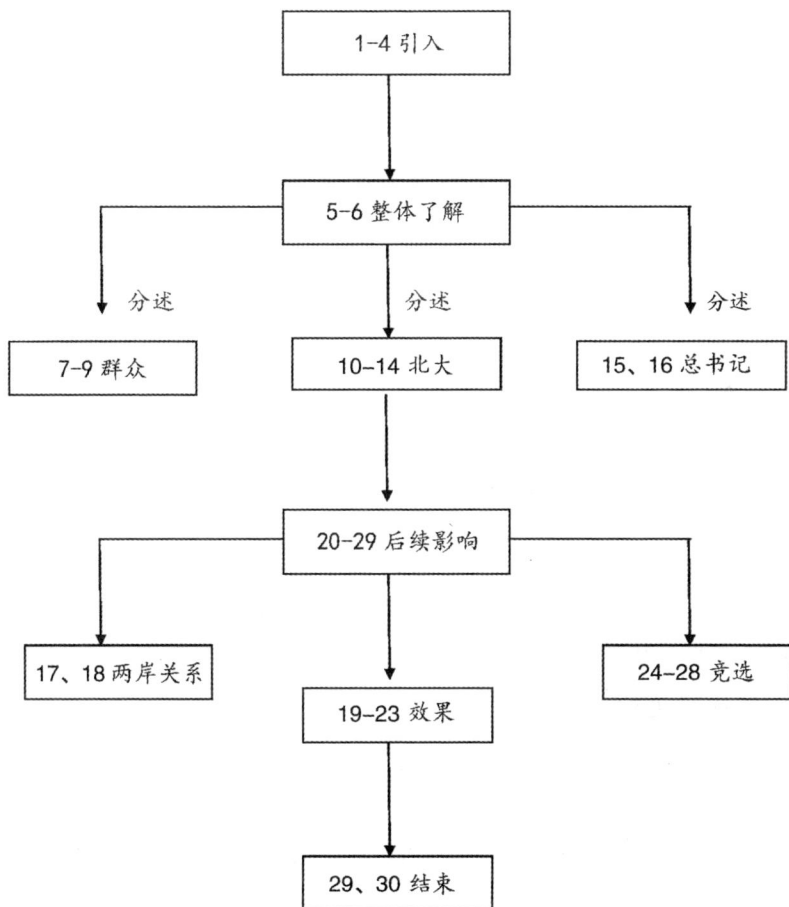

图 7.10 白岩松专访连战问题分析图

这张图简要地将记者访问路线表示出来，可以清晰地看出记者基本是按照这样一种逻辑顺序安排问题先后的。这样访问层次比较清晰，既了解事物的整体情况，又了解重点环节尤其是细节；既立足于事件本身又跳出时空限制，了解到事件的社会影响和后续工作，信息更加全面。

当然，时间顺序和认识顺序只是大多数访问中问题安排的规律，在有些访问中，虽然访问主体按照上面两种顺序展开，但是在一些局部还会呈现另外一些样态。比如按照先易后难顺序安排访问，即按照问题的难度或者敏感度设计问题，将难度较小或者不太敏感的问题放在前面，逐渐过渡到难度大或者比较敏感的问题，这样比较容易接受。但在有些访问中，新闻记者却要反其道而为之，先问难度大的或者比较刁钻的问题。水均益采访基辛格开始时就有意设计了这样的问题："基辛格博士，在冷战结束前后的这些年，国际关系显然发生了很多变化，您认为冷战结束后中美两国是一种什么关系？我们是朋友呢还是敌人？"水均益之所以在访问开始就问了这样一个敏感问题是因为他考虑到基辛格是一个风云人物，也是一位面对过无数记者的行家里手。所以，问题上来就要"狠"，让对方意想不到，这样基辛格才会认真对待坐在他面前的这个"小记者"[①]。正所谓"兵无常道，水无常形"。新闻记者在安排问题顺序的时候不能"以不变应万变"，而应该根据不同的事件和任务灵活调整顺序，这样才可以获得成功。

六、突出重点

人们写文章讲究详略得当，这样才能突出重点。新闻记者的访问也是同样，不可能所有方面都寻根问底、不厌其详，而应该当详则详，该略则略，这样才可以既有效率又有效果。那在访问中，哪些时候记者应该打破砂锅问到底呢？笔者认为主要在这几种情况下记者应

---

① 水均益：《前沿故事》，[M]，武汉：长江文艺出版社，2015年6月版，第114页。

该详细询问。

　　一是在涉及关键信息的时候，记者需要多问。在新闻事件中并不是所有信息都一样重要，总有部分信息地位更加特殊。它或者是揭开事实真相的关键，或者是决定事件性质的核心，或者是导引事件走向的枢纽。离开这类事实一篇新闻就是残缺不全的或者根本就无法形成新闻，在采访这类事实的时候，记者应该详细询问，不要留下疑点或缺失。中央电视台记者在"非典"时期曾经采访过解放军 302 医院 74 岁的老专家蒋素椿，他在抢救一位"非典"病人时不幸被感染，为了探索有效的治疗方法，他尝试给自己注射"非典"康复者血清进行治疗，获得成功。在这次采访里蒋素椿给自己注射血清无疑是最重要的新闻事实也是最关键的信息，记者就在这一部分问得特别详细：

　　记者：原来帮别人治病，这次是发生在你的身上？

　　记者：你把自己当做实验品？

　　记者：有风险吗？

　　记者：成功的几率有多少？

　　记者：凭什么这么说？

　　记者：但是再检查，也有可能漏检？

　　记者：你还不害怕？

　　记者：如果成了，就是一个很宝贵的经验？

　　记者：如果不成怎么办？

　　记者：你当时是什么时候注射？

　　记者：注射以后，你的反应呢？

　　记者：什么时候有好的作用呢？

　　记者：你自己的症状呢？

　　记者：有别的辅助的治疗吗？

　　记者：用什么方法治呢？

　　记者：这个治疗手段能推广吗？

有关注射血清的问题一共有 16 个，记者问得非常详细，包括注射过程、蒋素椿的心理活动、成功概率以及其他辅助治疗等等，涵盖了这一事实的方方面面，让受众了解得非常全面。

二是在需要细节呈现的地方新闻记者要详细询问。细节是新闻作品中详细描写的地方，它在表现新闻人物的性格特征，还原新闻事实真相，烘托情景气氛等方面都起着关键作用，也是能够将新闻作品写活写好的重要方法。虽然细节有如此重要的作用，但是细节不是新闻记者轻轻松松就能了解到的，尤其很多新闻事件发生时记者并不在场，他需要访问新闻当事人再通过他们的回忆重现细节，这就要求他们有高超的细节发现和挖掘能力，其中就包括在涉及细节呈现时新闻记者的重点提问。还以上面的采访为例，记者在了解蒋素椿是如何感染非典时，就通过详细询问来了解细节。

记者：什么时候通知你的？

记者：你当时没有问什么病人？

记者：当时知道是"非典"的重病人吗？

记者：你去之前知道有"非典"的疫情吗？

记者：当时他身体有症状吗？

记者：为什么要进去看呢？

记者：你离他多远？

记者：等于你就挨着床了？

记者：抢救了多长时间？

记者：什么情况下放弃努力的？

记者：就是这次被感染的？

这一段记者也问得特别详细，比如：你离他多远？等于你就挨着床了等等，通过提出这些问题记者就可以借助蒋素椿的回答还原当时的现场，还能了解到蒋素椿医生临危不惧、医者仁心的性格特点。

三是在能够体现新闻主题的地方要多问。新闻主题是新闻报道的中心思想和基本观点，它是一篇新闻报道的魂和核心，在新闻报道中有至关重要的意义。新闻记者在访问时在可能涉及新闻主题的部分也需要详细询问，文字记者可以通过和采访对象的交流碰撞明确主题、提炼主题，而对于广播电视或者网络媒介来说，新闻采访过程很多会直接构成作品内容，记者就可以一方面通过访问了解主题，一方面可以通过问话让采访对象点明主题。

第四节　问题的种类

在战争中，士兵使用的武器多种多样，近距离战斗的时候大多使用手枪，定点清除对方重点目标的时候可以选用狙击步枪，而在大面积杀伤的时候更青睐机关枪。访问中不同种类的问题也是新闻记者采访的武器，面对不同的新闻事件和人物也要选用不一样的问题。

在以往的新闻学教材中，针对问题的种类有不同的划分方法，有的将其分成十余种，还有的分成二十余种，这些划分方法比较细致也各有各的道理，但是新闻实践中的实用性不高。新闻记者不可能访问时先在十余种问题里面扒扒捡捡，考虑一下是采用声东击西式还是欲扬先抑式，更或是直捣黄龙式。笔者认为申凡老师在《当代新闻采访学》中将问题种类划分为三大类六种的方法更具实用价值。在此基础上，笔者认为新闻记者访问时提出的问题种类是这样的：

第一类从新闻事实的角度划分为"基本问题"和"拓展问题"。"基本问题"是了解新闻事实基本要素的问题。新闻的基本要素主要有六个方面：人物（who）、时间（when）、地点（where）、事件（what）、原因（why）、如何发展（how），人们将这六要素称为5个W和1个H。基本要素是构成一则新闻的必备元素，也是最重要的部分，失去了这些信息很多新闻就不能构成一则完整的新闻作品。与

"基本问题"相对应的是"拓展问题"，它是了解新闻基本要素以外内容的问题，比如了解新闻背景、新闻未来的发展趋势、对新闻事件如何评价等等。这些内容虽然不是每则新闻必备的内容，但是也有不可替代的作用，在一些特殊事件中，这些内容反而要占据新闻作品的主体地位。但总体而言，这些内容没有基本要素重要。

既然"基本问题"要比"拓展问题"更加重要，是不是在新闻现场记者要首先提出"基本问题"呢？笔者认为这要视情形而定。一般来说，新闻记者面对的新闻事件主要有两类：一类是突发事件，即突然发生，以前无法预料和准备的事件；另一类是预发事件，即新闻记者可以预判和事先准备甚至可以调控时间、地点等的事件（例如新闻记者的专访）。如果面对突发事件，建议新闻记者尽可能地先把新闻事实基本要素了解清楚。因为突发事件情况一般比较紧急，而且新闻现场千变万化，在这样的事件中新闻记者的掌控力又普遍比较差。例如某地突然发生一场火灾，记者来到现场采访负责指挥灭火的指挥员，记者就要在第一时间将基本要素了解清楚，因为这位指挥员随时可能因为现场其他突发情况而中断采访。如果新闻记者面对预发事件就可以从容一些，按照事物的发展规律以及人们认识事物的规律来安排提问，可以将"基本问题"和"拓展问题"穿插使用。

第二类是从问题的尖锐程度可以分为"尖锐问题"和"过渡问题"。尖锐问题是新闻记者提出的不留情面、一针见血，让对方比较难以回答的问题。尖锐问题的好处是直指要害，让对方来不得半点含糊，而且此类问题一般比较敏锐和深刻，利于记者了解真相和内幕。再一个好处是回答此类问题比较困难，可以在心理上给采访对象以触动，在特殊采访中有利于新闻记者撕开对方防线，取得心理优势，从而打开突破口最后获得成功。但是"尖锐问题"的劣势也显而易见，那就是杀伤力过大，容易破坏访谈氛围，甚至会出现访谈进行不下去的情况。需要指出，尽管这一类别的问题具有这些劣势，但是新闻记者不能因此束缚自己手脚，要像那句歌词一样"该出手时就出手，风风火火闯九州",在个别时候即使破坏整个访问也在所不惜。因为访问对象的缄默不语、暴跳如雷、百般推脱等等都在告诉受众真相到底是什么?

"过渡问题"主要配合"尖锐问题"使用。因为"尖锐问题"的"杀伤力"较大,有时候为了平衡和减少"杀伤力"就需要在"尖锐问题"提出以前先提几个不太尖锐主要用来铺垫的问题,使"尖锐问题"在水到渠成、不得不发的时候再提出来,就不显得那么尖锐和突兀了,这样就可以使新闻记者既了解情况又使访谈进行下去。中央电视台《艺术人生》栏目有次同时采访梁朝伟和刘德华,主持人是这样组织问题的:

主持人:让二位同时坐在这儿,是不是挺意外的?

梁朝伟:不会的。

刘德华:不会啊!

主持人:你们怎么评价二位导演?

梁朝伟:我从来没有拍过一个导演那么舒服的。因为通常拍电影都会时间很长的,他不能熬那么长的时间,所以我们拍电视时间很短,对,很快他就会这样,快点,快点,我要回家,他也是很急的人。

刘德华:对啊,很奇怪,我们在外地拍戏,他就说,快点拍完,我回家,我要看看我的女儿,我要看看我的儿子,我不知道为什么有一个导演那么不用心还可以拍那么好的,他是我拍过最舒服的一个导演……

主持人:可是你合作过很多个导演啊,你就不怕说,跟他合作得最舒服,这帮导演听了以后不舒服吗?

梁朝伟:不会,他真的是最舒服的。

主持人:在《无间道3》当中你们的合作,你们有没有计算过是第几次?拍电影你们俩曾经有多少次合作?

刘德华：五部。

主持人：这五部其中包括《无间道3》和《无间道1》，你们觉得哪一部合作得最痛快？

梁朝伟：应该是《无间道》，第一集比较痛快，第一集戏份比较多。

刘德华：我们碰到的机会没那么多，如果真的飙戏，可能第一集对手戏比较多。

主持人：你们觉得最难忘的对手戏是哪一场？

梁朝伟：应该是在天台我用枪指着他的那一场。

主持人：从当年的五虎将，到现在一个刘天王、一个梁天王，两个天王，有人说一山不容二虎啊，两个天王在一起有没有较劲的时候？

刘德华：他是虎我是牛。

主持人：我可能遇到一个对手的时候，我真的会有意无意地竞争，你们有吗？

梁朝伟：在我的记忆里面是我跟他一起合作《鹿鼎记》电视剧的时候，大家对戏的时间很多，很喜欢跟他合作是因为我一直觉得演员是互动的，演员之间不是一场比赛，我让你更好的时候，你可以刺激我更好，我不会把你比下去，我把你比下去没有用。我觉得演戏是应该这样，所以没有较劲的想法。

主持人：有一个对手其实是一件好事。

刘德华：对，看到比赛破纪录，两个都很强，然后两个比比比，才会破纪录，这个一定需要的，因为那个是你的永推动力。

主持人：那说到这儿的时候，我又想起来了，也许这个事说起来不愉快，香港金像奖的评奖《无间道1》，二位同时被提名为影帝，在这个颁奖礼上，把这个奖项颁给了梁朝伟的时候，你坐在下面舒服吗？

刘德华：为什么不舒服？

主持人：因为你们是对手啊！应该说，谁都想拿到这个奖。

刘德华：我当然希望我能够拿到啊，但是我会怎么说，输了之后我会去研究，到底我输在哪里？因为我今天也问了很多媒体，香港是需要这样，我们怎么样去调整，这才是奖项中间最重要的部分。

在这段采访中，主持人问的"一山不容二虎，有没有较劲的时候？"以及"把奖颁给梁朝伟的时候，你在下面舒服吗？"这两个问题显然是比较尖锐的问题，但是如果两个嘉宾一上场他就提出这两个问题，显然会让现场气氛很尴尬，甚至让节目无法继续下去。可是由于梁朝伟和刘德华的特殊经历，这个问题观众又非常关心，是必须在节目中涉及的内容。为了既提出问题同时又保持现场气氛，主持人就在前面组织了"你们合作过几次？""哪一部戏合作得最愉快？""最难忘的对手戏是哪一场？"等等问题，通过这些问题的过渡再提出尖锐问题就不会让人感觉过于直接，嘉宾接受起来也不会太为难，这样就达到了预设效果。

第三类是"开放问题"和"闭合问题"。所谓"开放问题"就是没有特殊限制或者约束，采访对象可以谈得很宽、内容可以很多的问题。例如"您对这件事情是如何看的？""你们单位有哪些新鲜事？能和我谈谈吗？"等等。

"开放问题"一般在访问中的三个环节使用：一是可以在访问开头使用，通过随意聊天创造好的交流语境；二是在转换话题时使用，它相对灵活，方便新闻记者操控；三是在访问结束时使用，比如"您还有什么要补充的？"等等，这样不至于遗漏重要的采访素材。

"开放问题"的优点是由于对采访对象没有限制，所以对方可以随性而谈，有时能够收到意想不到的效果。比如帮助新闻记者了解新线索，或者发现和原来预判有较大差异的主题，再或者可以缓解访问中紧张的气氛等等。但是"开放问题"的缺点也很明显，比如由于缺少访问控制可能导致访问对象所答非所问，或者答案空洞无物、大而无当，再或者让采访对象丈二和尚摸不着头脑，不知道从何谈起。所以美国记者麦尔文·曼切尔曾说："那些仅仅只能问一些开放性问题的记者应该懂得这样做的后果。对于某些提供情况的人士来说，开放性问题意味着记者的准备不充分或无能。"

正因为如此，新闻记者在访问时还可以提出"闭合问题"，即给采访对象的回答范围限定比较窄，要有明确和具体答案的问题。这类问题得到的答案比较具体、明确、指向性强，方便新闻记者控制访问的内容、方向和节奏，尤其在追问或者查证事实时更加便于记者打开突破口。再一个优点就是这一类问题便于采访对象理解，使他们能够快速领会记者需要哪些材料，从而有效节约采访时间。"闭合问题"的缺点是比较局限和死板，新闻记者提问后获得的信息量相对较少，很少有意外之喜。

虽然"开放问题"和"闭合问题"都不是十全十美，有与生俱来的缺点和问题，但是相较而言，新闻记者使用"闭合问题"更普遍一些。因为这类问题得到的素材更加具体，而新闻作品本身就是由一个又一个具体的素材和情节构成的。所以，新闻记者在访问时可以有意地将"开放问题"变成一系列由"闭合问题"组成的问题串。例如有一年《钱江晚报》一名记者去采访一名抗美援朝老军人，开口就问："您能不能谈谈您当年抗美援朝的事情？"老军人一听就愣住了，因为他在朝鲜待了八九年时间，这"当年的事"几天几夜也说不完。他反问记者："你想听什么？"随后，记者调整思路，把这一开放式问题改成了"您在哪一年入朝的？""您当年在哪个部队？哪个兵种？""您在战场上负过伤吗？在哪一年？怎么负的伤？"等等闭合式问题，老军人听了以后对答如流，采访得以顺利进行。

第五节　访问的方法

在上一节，我们了解了访问的种类，这一节主要谈谈访问方法。新闻记者访问的方法多种多样，具体来说有 8 种：正面直击法、旁敲侧击法、痛处下手法、步步紧逼法、设身处地法、明知故问法、循循善诱法、虚实结合法。

一、正面直击法

正面直击法即新闻记者从正面开门见山地提出问题，这是访问中最常见和普通的问题。这种访问方法不绕圈子、直截了当，方便记者快速掌握信息。

2020 年 3 月，杨澜采访"病毒猎手"美国传染病学家利普金，基本运用的都是这样一种访问方法：

杨澜：（在机场）你发现他（钟南山）是什么样的心态？你们之间有什么交流？

杨澜：他对这次疫情的形势是如何评估的？你们一起经历过非典，这次的情况有多严重？

杨澜：在您被隔离期间，你们有没有联系过？

杨澜：如何描述你的任务？

杨澜：那么，你对这种病毒的推理是什么？

杨澜：您的意思是，当我们在武汉华南海鲜市场发现这种病毒时，它就已经适应人类了。

杨澜：您认为（疫情）未来走向如何？有人说，也许经历了人与人之间的几轮传播，病毒毒力正在降低。因此，它将成为另一种威胁性更小的季节性流感，这会是未来的发展方向吗？

杨澜：这种病毒会不会随着温度上升而慢慢消亡，或者它是不是具有季节性……

从这个例子可以看出，正面直击提出问题一是一、二是二，方便对方理解和交流，访问效率较高。需要注意的是，正面直击法应用在普通采访中没有多大问题，但是在一些难度较大的采访例如针对负面新闻的采访，对方不愿意配合记者访问时，这种方法就可能受阻。又或者是一个不愿意和媒体和记者打交道的人，记者如果直截了当地去访问的话也可能会被拒之门外。在这个时候，就需要考虑其他的访问方法。

二、旁敲侧击法

旁敲侧击是在新闻记者访问正面直击受阻后，可以另辟蹊径从侧面迂回进行访问，绕开对方重点盯防的领域，寻找或者制造薄弱环节然后再寻机突破。

法拉奇非常善于运用这一访问方法，在她的访问录里经典的旁敲侧击比比皆是。例如在访问阮文绍时，她先提出一个问题："有人指控您是个腐败的人，是南越最腐败的人。您如何回答那些指控者？"在这个问题得到否定的回答后，法拉奇又连续问了这样两个问题："好吧，总统先生，那么我们从另一角度提问题。您出身十分贫穷，对吗？""今天，您富裕至极，在瑞士、伦敦、巴黎和澳大利亚有银行存款和住房，对吗？"后两个问题显然就属于旁敲侧击的访问方法。

正如前面所言，旁敲侧击的访问方法为新闻记者提供了另外一种访问路径，可以让对方毫无察觉地提供信息，而这些信息是通过其他方法无法获得的。可是这种访问方法也有一些缺点：一是对新闻记者要求较高，需要他们在现场灵活地改变策略，而且要在短时间内组织适当问题，这不是所有人能够做到的；二是访问效率不高，比其他方法花费的时间和精力多一些。正因为如此，在普通的访问中，新闻记者较少采用这种方法，只有预判或者真正遇到障碍时再侧面迂回提出问题。

三、痛处下手法

采访对象并不是全部都会配合新闻记者的访问，他们有时候会推诿扯皮，有时候会百般掩盖，有时候会言不由衷，有时候会自吹自擂。面对这样的采访对象，新闻记者可以提出比较敏感和尖锐的问题，直击对方痛处，尤其可以抓住对方错误展开提问。《焦点访谈》曾经报道武汉市外滩花园建在长江河道内，对长江行洪造成影响。但是这些一目了然的违法建筑又具备所有合法文件，包括武汉市防汛部门的批文。于是记者采访了湖北省水利厅水政处处长李树东。

记者：(《河道管理实施的办法》) 第15条，城镇建立和发展不得占用河道滩地，小区在河道滩地里面，又属于城镇建设的范畴，它不允许这样建设。

李树东：这个条款从前到后都是贯通的，法规定了对一般性的问题，做原则性的规定。都是通用的。比如你刚才说的，禁止河道内修建建筑物阻水建筑物，但同时对特别的情况又同时有条款做限制规定。比如11条就这规定，修建港口码头或进行其他活动，所谓其他活动，也包括建设项目不得随意扩占岸线。不错，因特殊情况确实需扩占的。报经有审批权的县以上水行政主管部门或河道主管机关批准，也可以。

记者：这个小区有什么特别情况？我想问。

李树东：那就武汉市，从它的整体的经济发展来考虑，我就不知道武汉市意图。

记者：你们作为湖北省水利管理部门，你们认为它有什么特殊意义或者说具有特殊意义的价值，你们才审批的，因为你们最后审批了，你们认为它的特殊意义在什么地方？

在这段访问中，记者就采用了痛处下手的方法，抓住对方显而易见的错误展开提问，通过对方狡辩和后来无言以对的镜头语言告诉电视观众这一行为的违法。

痛处下手在所有访问方法中是最"狠"的一种。它的优点在于一击制敌，通过尖锐和直接的问题直指要害，可以打乱对方心理防线，从而获得成功。其缺点在于这种方法由于大多使用比较尖锐的问题，因此容易破坏访谈氛围，造成访谈难以为继。

四、步步紧逼法

所谓步步紧逼就是新闻记者主要通过追问的方法穷追不舍获取新闻素材来达到了解事实真相的目的。就像美国著名记者约翰·布雷迪所说："新闻采访不要面面俱到，但需要追问挖掘。"

2016年8月，浙江卫视《今日聚焦》栏目记者在采访《温岭：康多利公司严重超标废水排入近海》这一节目的时候就运用了步步紧逼的访问方法。记者事先通过调查采访已经了解当地一家制药企业将废水排入附近海域，严重污染环境。可是当记者问这家企业的负责人"外边的水是从哪里出去的？"这个负责人竟然说："这个水我也不知道从哪里出来。这个水有可能是以前的垃圾场里面的水。"记者当即要求他带着自己去看垃圾场，但是根本没有水溢出，而且旁边还建有池子，里面的水没有任何异味。记者又要求对方带着自己到车间去，发现车间的一个反应釜正在滴水，釜内温度显示为77.5度，而且在车间的工作台账上也有从当天上午到下午的7条生产记录，这说明这个车间一直处于生产状态。在采访企业负责人时，对方说："停了，在检修。"记者紧接着问："为什么停下来？"对方回答："这个已经几个月了。"记者又问："地上还在滴水，怎么会停了几个月？"到这个时候，企业负责人才说："那可能我弄错了。"[1]

从这个例子可以看出，如果记者没有一种打破砂锅问到底的精神，以及一连串追问的话，很有可能了解不到真实情况。步步紧逼的优点就在于此，问题接连抛出而且环环相扣，给对方思考的时间比较短暂，有利于新闻记者获取真实信息。这种访问方法对新闻记者的要求同样很高，不但要求他们善于提问，还要善于倾听和思考，通过倾听和思考发现问题和漏洞再展开追问。

五、设身处地法

设身处地法就是新闻记者给采访对象假设出来一种情形，让对方回答在这种情形中的思想和行为。这类提问往往以"如果""假设""要是"等等词语提问。

例如 2010 年 2 月，春运开始后，有几张火车站工作人员帮助乘客从窗户爬进列车的照片在网上引起热议，中央电视台记者采访了铁道部新闻发言人王勇平：

记者：很大一部分人认为，特殊情况下，这样的所作所为是在帮助乘客，应该得到谅解。

王勇平：有一些问题是不能得到谅解的。在春运期间旅客比较多的情况下，如果我们都采用这种方式，那就是说险象迭生。什么时候都有一种影响旅客人身安全的问题在潜伏着，这是我们领导者必须清醒面对的一个问题。

记者：如果是您的话，您会怎么做？

王勇平：当旅客要上车的时候，要保持良好的秩序，从车门口进。我们应该让车上列车工作人员全力以赴地组织旅客，安全快速地

---

① 汪晓珺：《新形势下调查记者"追问"的价值意义》，[J]，北京：《中国记者》，2017 年 7 月。

上车，尽快畅通列车通道，避免车门堵塞，保持良好秩序。

从这两个问题可以看出，假设访问是将访问对象放置于一个想象的环境之中。这种方法的好处是能够激发对方的交流欲望，促使对方设身处地、换位思考，可以了解到其他访问方法了解不到的内容。但是这种请君入瓮的方法也容易让访问对象有被设计的感觉，因此有经验的采访对象对于这种提问方式往往比较警觉，甚至直接拒绝。2019年3月29日，外交部发言人耿爽主持例行记者会，有日本记者问："如果日方不允许华为和中兴参加日本 5G 网络建设，是否会影响暂定于4月中旬进行的日本部级访华计划？"耿爽回答："你这是一个假设，我不回答假设性提问。我想，中方的态度，日方非常清楚。"这就提醒新闻记者在设计这种提问方法的时候一是不要把对方陷入一种尴尬的境地，引起对方反感；再一个这种假设是可能发生的，如果这种假设只能是一个假设的话，也无法从对方那里获取有效信息。就像法拉奇采访基辛格时，她想了解基辛格对待黎德寿①和阮文绍②的态度，于是她问："基辛格博士，如果我把手枪对准您的太阳穴，命令您在阮文绍和黎德寿之间选择一个人共进晚餐……那您选择谁？"基辛格就回答："我不能回答这个问题。"法拉奇又说："如果我替您回答，我想您会更乐意与黎德寿共进晚餐，是吗？"基辛格再次拒绝："不能，我不能……我不愿意回答这个问题。"尽管法拉奇是一个世界风云记者，她的海盗式访问有很多可圈可点之处，但是具体到这个提问个人认为是不合适的，它假设了一个根本不可能存在的情况，而且过于咄咄逼人的问法肯定令人生厌。正是鉴于她的特殊经历，基辛格只是拒绝了这个问题，要是换了其他人恐怕早被扫地出门了。因此新

---

① 前越共中央委员会顾问、前政治局常委、前中央书记处书记、前中央组织部长、前中央军委副书记。1970 年开始在巴黎与基辛格秘密和谈，后任巴黎和谈越方顾问，1990 年去世。

② 南越前将军和前总统，后流亡台湾地区、英国、美国，2001 年去世。

闻学的学生在学到这些案例的时候应该深入思考，不要人云亦云，不能一白遮千丑，更不能东施效颦，最后以失败告终。

六、明知故问法

明知故问是指新闻记者明明知道答案还要提问。明知故问不是画蛇添足，新闻讲究"用事实说话"，新闻记者自己在新闻中阐述观点和采访对象自己说出来效果是完全不一样的。如果都是新闻记者自说自话，那么新闻作品的公信力肯定会大打折扣，尤其在视频新闻中，采访对象说出问题答案也会更加生动和形象。

2012年，重庆电视台新财经频道、上海电视台第一财经频道联合策划了"寻找城市老品牌"系列节目。记者前去采访留真照相馆。记者事先了解到由于受到港台影楼以及旧城改造等冲击，这家照相馆从上世纪90年代就开始走下坡路，通过企业改制才恢复元气，在采访中，有这样一段交流：

照相馆负责人：照相馆1999年就被拆了，我们当时也很困惑，很多员工也辞职了，那是企业很困难的时候。

记者：那你呢，当初为什么没选择离开？

照相馆负责人：这个地方一待就是几十年，舍不得，不愿意走。而且那个时候我们的退休工人有100多人，在册职工300多，包袱很重……

在这里，记者就使用了明知故问的提问方法，因为他通过前期的采访已经了解了初步情况，知道被访者一直坚持在照相馆工作，也了解部分原因，但是记者仍然提出这个问题，这就成功地引导被访者回忆当时的情景，得到的答案不仅更具体、更有说服力，而且很自然，让采访充满人情味。①

新闻记者在使用这种方法时注意不要给人弄巧成拙、多此一举的感觉。虽然提前了解答案但是提问时候应该不着痕迹，让对方以为你一无所知，这样他才会知无不言、言无不尽，你才会了解更多素材。

七、循循善诱法

循循善诱法就是通过提出启发性问题来引导采访对象的思路，诱发采访对象的感情，说出记者所需要的材料或证实记者对事物的某种判断，这种提问方法称诱问法。② 《第一财经日报》在采访北京大学哲学系教授楼宇烈时就多次采用了这种提问方法，例如：

记者：就是说，您认为要振兴传统文化，首先要抓的还是教育？

楼宇烈：对，确实如此。教育一般是由家庭教育、学校教育、社会教育三个方面组成的。我认为现在几乎没有家庭教育……

记者：这几年各种各样振兴传统文化的声音和动作其实很多。

楼宇烈：尤其2004年这一年，文化界对振兴传统文化的呼吁很多，各方面确实也有很多很大的动作。但是，传统文化究竟怎样来传播、继承、发扬？我觉得在这几个方面都存在一些问题……

记者：就是说，您认为在发扬传统文化的过程中，通过文学艺术来让人们了解传统，比"读经"这类比较硬和死的方法要好。

楼宇烈：是的，通过文学艺术来接触我国的传统文化更好一些……

这几个问题都属于诱问法的范畴，通过记者的提问说出了记者想

---

① 朱洁主编：《采访提问100例》，[M]，成都：四川大学出版社，2013年7月版，第119页。

② 林如鹏：《新闻采访学 第2版》，[M]，广州：暨南大学出版社，2004年12月版，第256页。

要表达或者想要求证的材料。诱问法大量使用在有些采访对象因为情感或者语言组织等方面的原因不能较好表达意思时，这种方法可以协助他们更好地交流。

循循善诱和明知故问这两种访问方法有较大相似性，都是新闻记者对问题答案有所了解，然后引导对方来谈。个人认为二者的区别在于循循善诱法重在方向引导，而且记者对问题答案了解不够，希望采访对象按照记者提供的思路提供更多材料。明知故问重在答案的叙述上，记者已经基本或者完全了解问题答案，就是想通过采访对象的话表达出来。

需要指出，诱问法如果使用不当就和明知故问一样也会起到负作用。诱问法可能会给人造成一种访谈由记者来操纵，访问对象只是记者的傀儡的印象。再一个，如果记者诱导方向出现偏差，也会令访问对象生厌或者让记者了解到虚假信息。因此，笔者认为新闻记者在访问时应该慎用这一提问方法。

八、虚实结合法

虚实结合就是新闻记者在访问时给对方提供的信息或者问题有真有假、虚实结合，其目的在于迷惑对方从而搜集到需要的素材，这种方法主要使用在隐瞒记者身份的访问中。例如中央电视台一名记者曾经到江浙一带了解一些小作坊制售假糖的情况，他回忆：

办公室里，我们和这个公司一位姓王的经理正襟危坐，用冷淡的语气互相套话。

"我们想从您这进点大白兔、喔喔奶糖。"我说。

"你们找错地方了吧？我这没有你们需要的糖。我们是做养殖业的，怎么会有糖呢！"王经理说。

"你们是谁介绍的？"王经理问。

"马俞。"记者回答。（幸好在以往的偷拍中，记者曾听"线人"

提及过一个制糖销售员的名字，才没有露出马脚。）

"你们是湖南的？怎么没有一点南方口音呢？"都是那位男记者出的纰漏，说了一口正宗的普通话。

我赶紧说："我们都是北方人，只不过现在在湖南工作而已。"

"哦，原来这样，去湖南过久了？"

"刚过去，还没有半年呢？"[①]

在这次访问中，记者说的介绍人马俞是真实存在的，但是他们来的目的并不是买糖而是采访，但也正是因为马俞的真实才让他们能够蒙混过关，搜集到确凿证据。正如前面所说，虚实结合法不是一种大众的访问方法，它有特定的应用范围，因为采访并不是欺骗的通行证，只有在为了维护公众利益而其他的访问方法无法有效了解信息时，新闻记者才能够使用这种方法。

第六节　座谈会

前面五节谈的主要是单独访问，即新闻媒体或记者针对单个采访对象展开提问。本节和第七节主要谈群体访问，即新闻媒体或记者针对多个对象开展访问。这一节先来谈谈座谈会。

座谈会又叫讨论会或者调查会，是新闻记者借助开会的形式获取新闻素材。萧伯纳说："如果你有一个苹果，我有一个苹果，我们交换过以后，每个人仍然只有一个苹果；如果你有一种思想，我有一种思想，交换过以后，我们每个人都有了两种思想。"心理学中也有"头脑风暴法"，最早由美国学者 A. F. 奥斯本提出，它是指精神病患

---

① 骆汉城等：《行走在火上——隐性采访的法律思考》，中国经济出版社 2005 年 1 月第 1 版，第 124、125 页。

者头脑中短时间出现的思维紊乱现象，病人会产生大量胡思乱想。奥斯本用它比喻思维高度活跃，可以打破常规产生大量创造性设想。后来这一方法被引入管理学，指群体成员主要以会议的形式进行讨论和座谈，这种方式可以打破常规，促进成员积极思考和畅所欲言。新闻记者的座谈会就类似这种头脑风暴法，它的作用主要在于以下几个方面：

一是可以提高新闻记者的工作效率。座谈会不同于单独采访，它是在同一时间集中多个人集体访问，这样就可以帮助新闻记者在短时间内了解更多信息，就将他们耗费在路上的大量时间节约下来，提高了采访效率。

二是帮助新闻记者了解更加全面和真实的信息。面对同一个新闻事件，不同的人参与的角度和时间是不同的，所以他们了解的情况也不一样，很多人掌握的信息比较零碎，通过座谈会的形式把大家邀请过来，你一言我一语，就可以帮助新闻记者将新闻事件的全貌拼凑出来。再一个，人们都会遗忘记忆中的事物，但是一旦有合适的刺激，被遗忘的事物又会重新浮现在脑海中。在座谈会中，大家的讨论既是补充，同时又是提醒，可以帮助一些人进一步回忆相关事实，使新闻记者获取更多素材。还有，座谈会上大家可以互相更正，这就让新闻记者了解的信息更加真实。

三是让新闻记者了解的信息更加客观公正。人们面对事物时发表的意见和看法总是囿于自己的思想观念、学识视野等等，因此并不一定客观和公正。在座谈会上，大家集思广益、畅所欲言，这种交流、汇合、碰撞就可以帮助新闻记者判断、思考，了解更加客观和公正的信息。

座谈会这种方式也有一些缺点，主要表现在：

首先，在话题比较敏感的时候，可能会出现与会者吞吞吐吐，不愿意发表意见的情况，他们担心自己的发言或者个人信息被泄露，然后招惹麻烦。

其次，座谈会属于群体访问，在单位时间内新闻记者要同时访谈多人，虽然可以多方面搜集素材，但是一般没有时间和精力谈得很深很细。

第三，有可能出现"沉默的螺旋"。这是指如果讨论会的意见不一，在一种主导意见形成以后，持不同意见的人有可能会因为害怕自己被孤立而附和主导意见或者沉默不语，反对意见就像螺旋一样越来越少，最后形成单一意见，这就反而会影响事件的客观和公正性。

第四，会议会牵涉新闻记者的很大一部分精力。在单独的访问中，新闻记者可以把所有精力放在访问上，但是开座谈会则不然。由于参加的人员较多，作为会议的主持人，新闻记者要考虑参加人员的选取、会议的时间地点、如何控制会议进程等等方面，这些都需要耗费精力。

正因为座谈会有这样一些缺点和问题，所以新闻记者在召开座谈会的时候需要注意：

第一，座谈会不是一种常用的采访方法。一般来说，这种方法在这些情况下比较适用。如果新闻记者对一个地方或者单位比较陌生，想通过座谈会的形式了解一些新闻线索；或者面对的新闻事件错综复杂，牵涉多方面的关系和利益；再就是新闻事件中有矛盾冲突和不同意见，而且新闻记者事先了解这种矛盾和冲突不是过于激烈，自己在会议中可以控制等等。

第二，新闻记者自己挑选座谈对象。新闻记者在召开座谈会的时候也要像单独访问那样牢牢把控主动权，其中非常重要的一点就是要自己挑选座谈对象。因为如果把这个权力交给别人，他就会挑选和自己关系密切或者为自己说话的人而排斥其他人，这样新闻记者就达不到"兼听则明"的目的。如果新闻记者对这个单位或者组织不是太熟悉，可以让对方提供名单自己选取。在选取过程中要注意抽取的人应该有代表性，比如采访一个高校，行政部门、党群机构、学院部系以及附属单位都应该有代表参加。再一个，抽取的对象之间最好没有直接的行政隶属关系，因为这种关系会影响参会人发言的独立性。还有不要让矛盾冲突非常激烈的对立双方同时参会，如若不然，座谈会有可能会变成角斗场。

第三，控制会议规模。因为会议规模越大，越会分散会议主持人的注意力，所以用来访问的座谈会的规模不宜过大，一般应该控制在10人以下，3－5人最好。这样新闻记者不仅可以提问和引导，还有精力在现场对与会者察言观色，通过他们的体态语进行分析和判断。

第四，将座谈会和单独访问结合起来。在有些采访中，由于话题敏感、时间有限等等原因，与会人员可能没有畅所欲言，新闻记者可以在会后挑选一些人员再进行单独访问，这样点面结合，就可以了解更加立体的信息，有利于更深刻地理解和把握新闻事实。

第七节　记者招待会

记者招待会是另外一种群体访问方式。它是政府、政党、社会团体、企事业单位、个人通过定期或不定期邀请新闻媒体参加进行新闻发布和回答提问的活动。有学者认为记者招待会又可以被称为新闻发布会，我不太同意这样一种观点。记者招待会和新闻发布会在形式上非常接近，都是一种新闻发布活动，但还是有差别的。记者招待会规模更大，有多人参与新闻发布。新闻发布会规模较小，一般只有一人发布新闻；记者招待会更加正式，与会人员坐在主席台回答问题。新闻发布会相对随意，发言人一般呈站姿；记者招待会一般设有主持人，主持人负责挑选记者，与会嘉宾负责回答问题。新闻发布会不设主持人，由新闻发言人发布完新闻后自己挑选媒体和记者。这两种活动虽然有上述区别，但是其起源、目的、作用、形式非常相似。另外除了新闻发布会，类似的新闻活动还有吹风会、通气会、工作午餐会、约见新闻记者等等，为了论述方便，在这一节中笔者将会以记者招待会统一称呼这些新闻发布形式。

一、记者招待会的由来与演变

记者招待会并不是一个新鲜事物，说起它的起源还要追溯到 19 世纪。在 1826 年的一个秋天，美国时任总统约翰·昆西·亚当斯在白宫外的一条河中游泳，过了一会儿河边来了一个女记者，这个女记者名叫安妮·罗耶尔，她来的目的是想采访亚当斯总统，亚当斯总统当时游兴正浓，就拒绝了对方的请求。可是让他始料未及的是安妮·罗耶尔是一个非常执着的人，不达目的誓不罢休，她干脆就坐在亚当斯总统脱在河岸边的衣服旁边等着他上岸，而且向他发誓今天一定要采访到他。毕竟当时已经是深秋季节，河中的水比较凉，总统实在忍受不了就很不情愿地上了岸并且接受了记者采访。采访结束后，亚当斯总统有些懊恼，一是被别人硬逼着接受采访感觉非常不好，再一个由于没有准备，采访效果也不尽如人意。但是他转念一想，作为总统避免不了和媒体、记者打交道，而且自己还需要他们对外传递自己的政策和主张，与其这样被动，还不如主动邀请他们前来采访呢？于是过了一段，他就将一些媒体记者请到白宫举行了第一次记者招待会，这就是这一采访形式的由来。后来记者招待会成为美国的一个传统，尤其上世纪 30 年代，时任总统罗斯福运用"炉边谈话"的记者招待会形式进行政治性公关活动，取得巨大胜利，至今仍被人们津津乐道。

我国的记者招待会出现较晚。在民国时期已经有了类似的新闻活动。1912 年，中华民国北京临时政府就在国务院中设立了"新闻记者招待所"，成为中国记者招待会的滥觞。[①]

新中国成立以后，记者招待会作为新闻与宣传结合的有机样式，

---

① 靖鸣等：《记者招待会的组织与传播》，[M]，南宁：广西人民出版社，2014 年 10 月版，第 35 页。

仍然受到政府重视。1950 年，政务院《中央人民政府政务院关于新闻秘书工作初步经验的通报》规定："举行记者招待会，或座谈会，是团结记者，提高记者集中使用记者力量之比较好的组织形式。根据内务部经验，其方法系由新闻秘书负责召集由该部负责人主持，每周末举行一次。"①

从上世纪 80 年代，我国开始逐步建立现代记者招待会制度，其中比较有代表性的是外交部记者招待会和全国人大、政协的两会记者招待会。外交部从 1983 年开始每月回答记者提问，到 2011 年增加为每周 5 次。2019 年，外交部一共举办了 164 场例行记者会。

两会的记者招待会开始于 1980 年。那年全国人大常委会副秘书长曾涛举行了一次中外记者招待会。1983 年 6 月 4 日，两会首任发言人，六届全国人大一次会议副秘书长曾涛和全国政协六届一次会议副秘书长孙起孟同时向中外记者发布召开两会的新闻，这标志着两会新闻发布制度正式建立。目前，两会期间的新闻发布形式多种多样，有记者招待会、新闻发布会、部长通道、委员通道、专题采访等等，其中最引人瞩目的是人大会议结束后的国务院总理会见中外记者并回答提问。

二、如何采访好记者招待会

记得有一年中央电视台主持人白岩松问正在参加记者招待会的张泉灵采访有什么秘诀，张泉灵回答说："占座、鲜亮、脸熟。"占座就是参会的时候要找到好座位，一般来说靠前面和中间的位置比较有利；鲜亮就是记者穿的衣服要打眼，要吸引招待会主持人的注意；脸熟的功夫要下在会场外，就是平时要经常到有关部门走一走、聊一聊，熟络以后自然就容易获得采访机会。香港卫视记者秦枫参加

---

① 赵鸿燕：《政府记者招待会历史、功能与问答策略》，[M]，北京：中国传媒大学出版社，2007 年 10 月版，第 26 页。

2015 年全国两会的总理记者招待会，在主持人宣布会议结束时，她站起来大声问总理关于中缅边境的问题，获得总理破例"返场"回答。她认为采好记者招待会首先要把新闻这个职业当成事业来做，第二是记者提出的问题一定要精准，第三就是一定要请最权威的人做最权威的回应。当然，面对如何采好记者招待会这一问题肯定是仁者见仁、智者见智，笔者认为应该从这几个方面着手。

1. 要有竞争意识

新闻记者参加记者招待会一定要有竞争意识，因为记者招待会就是新闻媒体和记者的奥林匹克运动会。在记者招待会上并不是所有人都有机会提问，尤其在大型记者招待会中，能够发问的人寥寥无几，因此记者只有敢于竞争才有可能获得宝贵的提问机会。再一个，记者招待会既是竞技场又是展示场，每个记者都代表了背后的媒体，他的一举一动也会影响公众对其所在媒体的评价，而且是在镁光灯和显示屏放大之后的评价。凤凰卫视记者吴小莉在记者招待会上被朱镕基总理点名提问就给了凤凰电视台很大支持，凤凰卫视总裁刘长乐说："他不仅是对小莉一个人的鼓励，也是对我们凤凰的一个鼓励。凤凰在做资讯节目，特别是新闻类资讯节目在当时是很困难的，压力非常大，不管是财力、精力甚至包括舆论环境等等方面，我们遇到了想象不到的难以承受的各种各样的压力，就在这样一种情况下，朱镕基总理在全世界观众的面前能够亲点小莉，他带给凤凰的鼓舞和鼓励是巨大的。"

2. 做好充分准备

既然记者招待会无论对于记者个人还是其所在媒体都具有如此重大的意义，那么记者在参加会议之前必须做好充分准备。首先应该了解记者招待会的相关安排，譬如开会的时间、地点、背景、参加人，特别是议程和主题。以 2019 年两会记者招待会为例，每场记者招待会主题都不一样，有的着眼打赢防范化解重大风险、精准脱贫、污染防治三大攻坚战，有的立足大力推动经济高质量发展，还有的主讲财税改革和财政工作等等。记者需要提前了解相关信息，然后才能有的放矢地提前组织问题。再一个，记者要提前到场。一是能像张泉灵说的那样找到一个好座位，相对容易获得发言机会；二是有时间调试机器设备，避免会议开始后出现问题影响采访。当然，最重要的准备还是问题准备，记者要根据记者招待会的主题设计多个问题，数量不能太少，因为参加会议的记者数量较多，有可能自己准备的问题被别人提到。在一次十分重要的新闻发布会上，一家媒体的记者准备了一个问题"政协如何进行民主监督"，可是这个问题被其他记者提过了，轮到他提问的时候，由于他只准备了这一个问题，而且又有些紧张，就把别人提过的那个问题又重新问了一遍，让新闻发言人很不满意，当场不客气地说："你提的问题刚才已经有人问过了，请下一位记者提问。"这让这位记者非常尴尬。

3. 提高质量的问题

记者招待会留给新闻记者的提问时间往往很短，这就要求他们高度凝练、认真设计，提出高水平和高质量的问题，具体来说有这样几个方面：

（1）一语破的

新闻记者在记者招待会的提问要直截了当，切中要害，要提出更有价值、更重要的问题，它不像新闻专访可以由浅入深，可以侧面迂回，可以先行试探，它要求新闻记者一击即中、一语破的。

2017 年，十二届全国人大五次会议闭幕以后国务院总理李克强在人民大会堂三楼金色大厅会见中外记者并回答记者提出的问题，《新京报》记者的提问就非常直接：

《新京报》记者：提问一个和雾霾有关的问题。这几年雾霾成了百姓心中的一个痛点，严重地影响了大家的生活，但是每当重大活动来的时候蓝天也就回来了，大家都兴高采烈地拍照、刷朋友圈。请问总理，怎么样才能让这样持续的蓝天不再是奢侈品呢？谢谢。

李克强：雾霾问题的确是百姓的痛点。蓝天和空气一样，对每个人都是平等的，我们在座的各位都希望看到更多的蓝天，但中国在发展过程中确实遇到了环保特别是雾霾问题的挑战。我在政府工作报告当中讲了五条措施，会坚定地向前推进，真正打一场"蓝天保卫战"。但是也坦率地告诉各位，这是需要有一个过程的……

《新京报》记者的这个问题回应了百姓关切，一方面雾霾问题比较严重，和每个人的利益息息相关，同时一到重大活动又会出现"国庆蓝""阅兵蓝""APEC蓝"等等，这种矛盾如何处理，如何能够让蓝天常态化是人民群众非常关注的问题，这个问题既抓住了"痛点"，又抓住了"热点"，而且问题简练、直接。

十一届全国人大五次会议闭幕后的总理记者招待会上路透社记者的问题也是一语破的，抓住了国内国际关注，影响巨大的政治事件。

记者：第二个问题是关于大家很关心的重庆市发生的所谓"王立军事件"。王立军进入美国领事馆以后，中央的有关部门已经进行调查。您本人是怎么看待这个事件的？您觉得这一事件会不会影响中央政府对重庆市政府和市委领导的信任？谢谢。

温家宝：王立军事件发生以后，引起社会的高度关注，国际社会也十分关注。我可以告诉大家，中央高度重视，立即责成有关部门进行专门调查。目前调查已经取得进展，我们将以事实为依据，以法律为准则，严格依法办理。调查和处理的结果一定会给人民以回答，并且经受住法律和历史的检验……

（2）一见倾心

一见倾心指新闻记者的问题要有特色，让提问的对象印象深刻，更加有兴趣作答。要想做到一见倾心，有很多办法，比如记者要为受众提问，提受众最想了解的问题。同样是 2017 年的总理记者招待会，澎湃新闻的记者提了这样一个问题：

记者：今年两会前夕，中国政府网联合 27 家网络媒体共同发起"我向总理说句话"建言征集活动，澎湃新闻和今日头条就其中与民生密切相关问题进行了网上投票。到目前，已经有 2131 万网友投给了"房屋产权 70 年到期后怎么办"。请问总理，国家准备怎么解决这一问题？谢谢。

李克强：我也想问一下，诸多问题当中你讲的这个问题是排在第几位？

记者：第一位。

李克强：中国有句古话，有恒产者有恒心。网民们实际上也是群众，对 70 年住宅土地使用权到期续期问题普遍关心可以理解。国务院已经要求有关部门作了回应，就是可以续期，不需申请，没有前置条件，也不影响交易。当然，也可能有人说，你们只是说，有法律保障吗？我在这里强调，国务院已经责成相关部门就不动产保护相关法律抓紧研究提出议案。谢谢。

大家可以看到，李克强总理对这个问题就非常有兴趣，在记者提问以后，他还进行反问，进一步了解问题的关注度，这充分说明新闻记者抓住了受众和访问对象的关切点。

另外，有些新闻记者的提问包含着一种人文情怀，将人性、人情融入到问题中，这样的问题容易直击人心，让人一吐心扉。在这个方面，香港凤凰卫视记者有优良的传承。看这三个问题：

记者：海外的媒体对您的评价相当高，外界有人说您是"铁面宰相"，或者说"经济沙皇"，想请您谈谈您在进行改革过程当中的心路历程，有没有曾经想过沮丧？想要放弃过？

——九届人大一次会议后对朱镕基总理的提问

记者：熟悉您的人都说您是一个重视事实、也非常注重数据的人。麻烦您告诉我们，在目前中国国情当中，有哪些数据您认为是最为可喜的？有哪些数据是最忧心、牵挂和关注的？

——十届人大一次会议后对温家宝总理的提问

记者：总理您好。刚刚我注意到一个细节，您在回答所有媒体同业问题的时候，您的双手打手势超过了有三十几次。这一幕让我印象深刻，想起了11年前，当时采访时任河南省长的您展现出来的自信和睿智。我想问的是，两年前您到访香港，带去了中央政府的大礼包，未来有哪些新的举措？另外，我要特别说的是，我也是安徽省籍的人，但我是一个出生在台湾、工作在香港、在过去十多年来一直穿梭在两岸三地的华文媒体人。我身旁的人万分渴望对您本人有进一步的了解，能不能借这一个机会，谈谈您从政生涯一路走来从最基层到最高层您个人的情怀。

——十二届人大一次会议后对李克强总理的提问

这三次提问有一个共同特点就是问题中有人，有人性，而不仅是冷冰冰的数字和新闻事件，这样就达到以情动人的效果，让对方产生心理共鸣，从而谈出内心的感受。美中不足的是第三个问题略嫌啰唆，不符合问题应该"一目了然"的要求。

还有的记者会在提问语言上下功夫，比如将流行语应用到自己的提问中，就让人眼前一亮。2012年两会时，中央电视台记者张泉灵提了这样一个问题：

我们知道，其实您常常会上网，在网络上，您可以看到网民对您的工作的肯定与赞扬，但是也会有"拍砖"的，您怎么看待这些批评的声音？

（3）一目了然

子禽问曰："多言有益乎？"墨子曰："虾蟆蛙蝇日夜而鸣，舌干擗，然而不听。今鹤鸡时夜而鸣，天下振动。多言何益？唯其言之时也。"[1] 新闻记者的提问也应该像雄鸡之鸣不在多而在精，特别在记者招待会上，时间有限、机会宝贵，就更加需要新闻记者提出简练、明快、一目了然的问题，让对方更加容易理解然后给记者提供需要的素材。有的记者提问繁杂啰唆，或是在问题中塞入了较多背景，或是多重提问，结果不是让对方抓不住重点就是让对方不知如何谈起。2019 年李克强总理的记者招待会上，彭博新闻社记者的提问就存在这个问题：

过去几个月关于中美关系的报道多数集中在贸易，以及中美两国是否能达成有关协议上，或者是集中在关于技术的问题上。美国告诫其他国家，不要使用中国的电信设备，因为这可能被用来对其进行监视。似乎，中美建交 40 年以来，现在两国关系当中的猜疑和竞争比以往任何时候都严重。总理先生，我想问您的问题是，您如何看待现在的中美关系，您对中美关系未来的走向持何看法？您能否简单谈及目前中美面临的一些具体的冲突点？比如贸易问题，什么样的贸易协议中方可以接受，什么样的不能接受？在技术问题上，中国政府是否会迫使中国的有关企业帮助其监视他国？

记者提出这个问题最重要的是想了解中美关于电信方面的竞争和冲突问题，但是由于他夹杂了太多背景和六重提问，让李克强总理听

---

[1] 毕沅校注：《墨子》，[M]，上海：上海古籍出版社，2014 年 6 月版，第 334 页。

了以后直接评价说"你对背景的描述和提出的问题都比较多",后面就开始针对中美关系进行阐述,并没有涉及电信方面的内容,记者也就没有了解到想要的内容。

再一个就是问题不可空洞无物或者大而不当,让对方不知如何谈起。这一点在访问技巧中已经谈过,这里就不再赘述。

(4) 一针见血

新闻记者在记者招待会上也可以提出比较尖锐的问题,这样的问题既单刀直入,充满力度,同时直面新闻事件本质,让对方无法回避。在有些针对特殊事件举行的记者招待会中,这样的提问效果很好。2011 年甬温线发生特别重大交通事故,温家宝总理在事故现场会见了中外记者,香港商业电台记者就提了一个非常尖锐的问题:

香港商业电台记者:请问总理,您觉得这次事故是天灾还是人祸呢?

温家宝:我方才已经讲了,我们正在进行严肃认真的调查,调查的结果将会回答你的问题。但是我想强调一点,我们的调查处理一定要对人民负责,无论是机械设备问题,还是管理问题,以及生产厂家制造问题,我们都要一追到底。如果在查案过程中,背后隐藏着腐败问题,我们也将依法处理,毫不手软。只有这样,才能对得起长眠在地下的死者。

这起交通事故发生以后,关于事故原因的谣言满天飞,天气原因、交通调度、动车故障等等不一而足,社会舆论非常关注,而这个问题简短、直接、尖锐,回应社会关注,是一个高质量的问题。反观当天另外一名记者提出的问题:

记者:您曾经在多个场合赞扬过温州人的创业精神,在这次救援行动中,温州人展示了创业之外的另一面,温州各级党委、政府和人民以很强的大局观念和大爱精神投入救援。我们看到，事故发生的当晚，附近很多村民连夜自发抢险，还有很多普通市民彻夜排队献血，您对温州人在这次救援中的表现如何评价？

笔者认为这个问题提得不合适。首先，一些媒体在灾难事故的报道中喜欢将坏事当成好事报，不去关注事故原因而仅仅关注救援和善后，热衷挖掘其中的典型事例，这样媒体就失去了应有的舆论监督职能，可能导致事故责任人蒙混过关，也可能导致事故原因被人为掩盖，那类似的事故就会再次发生；其次，在这种场合提出这样的问题有邀功之嫌，不合时宜。

4. 善于追问

新闻记者在参加记者招待会时还应该善用追问，比如发言人语焉不详的时候，回答内容和记者本人掌握情况不一致的时候，回答内容不够全面，有待进一步挖掘的时候等等，都可以运用这一提问方法。

2019 年 11 月 27 日，外交部举行新闻发布会，有记者提问发言人耿爽。

问：据报道，今年 7 月有一名日本人在长沙被中国国家安全部门逮捕。你能否证实？

答：你提到这起案件的具体情况，目前我不了解。如果你感兴趣的话，可以直接向主管部门询问。这里我可以告诉你的是，中方一向依法对涉嫌违反中国法律的外国公民进行处置，并会根据《中日领事协定》相关规定，为日方履行领事职务提供必要协助。同时，我们也希望日方能够提醒本国公民尊重中国的法律法规，不得在华从事违法犯罪活动。

追问：请问主管部门是哪个部门？

答：主管部门就是主管国家安全的部门。你刚才说了他被国家安全部门逮捕，你自己应该知道。

在记者会上，记者不但可以顺着自己提出的问题追问，也可以追问其他记者提出的问题。例如九届人大三次会议上朱镕基总理参加记者招待会，由于当时台湾正在进行地区性选举，"台独"势力声势看涨，因此所谓的台湾问题成为了热点，记者招待会上，在香港凤凰卫视记者和新加坡《联合早报》记者提出相关问题后，美国有线新闻网记者和台湾《联合报》记者、法新社记者、亚洲 CNBN 记者都围绕这一问题展开追问，想从朱镕基总理口中得到更加详细的信息。

5. 既要灵活又要执着

新闻记者参加记者招待会既要灵活应对又要锲而不舍。首先，记者招待会可能发生记者预想不到的情况，面对这样的情况，记者要想方设法获得采访机会。1993 年，江泽民主席到美国西雅图参加亚太经济合作组织领导人会议，中央电视台也派出记者随同采访。记者在采访中美领导人会晤的时候突然了解到会晤后两位国家元首要会见记者，但是要参加这次活动必须有特定的记者证。记者了解到这个情况后立刻向美方提出申请，最后拿到了采访记者证，顺利采访和报道了这次记者见面会。另外，如果其他媒体提问了自己已经准备好的问题，新闻记者要重新快速设计问题，不能出现争取到了宝贵的提问机会却无话可问的局面。

除了灵活，新闻记者参加记者招待会的时候还要执着。因为记者招待会有很多媒体和记者参加，并不是每一个人都可以快速获得提问机会。如果记者的提问示意一直没有回应，记者不要放弃，应该坚持不懈。2006 年的人大会议闭幕后温家宝总理会见中外记者，在临近中午主持人宣布记者招待会结束时，温家宝总理说"大家见我一面也很不容易，如果大家不饿的话，我就再增加两个问题。一个给外国记者，一个给中国记者"，而且他直接把给外国记者的问题给了印度报业托拉斯的记者，因为他看到这个记者在整场招待会都非常执着，每次都积极举手但是一直没有得到提问机会，这种精神打动了温家宝总理。从这个例子可以看出，新闻记者在记者招待会上要有一种黄沙百战穿金甲，不破楼兰终不还的态度，这样才可以最大程度地争取到访问机会。

第八章　新闻观察篇

　　南宋时期著名诗人杨万里特别善于描写自然景物，他书写初夏的池塘"小荷才露尖尖角，早有蜻蜓立上头"，他描摹六月的西湖"接天莲叶无穷碧，映日荷花别样红"，他刻画春日的柳树"柳条百尺拂银塘，且莫深青只浅黄"。杨万里之所以能够将诗歌写得如此贴切和自然源于他高超的观察力，他可以通过观察了解事物并且抓住其特点，再通过浅近、明白的文字表达出来就成就了一首脍炙人口的好诗。新闻记者应该拥有比诗人更加高超的观察能力，因为他们需要对新闻事件和人物进行叙述和描写，还不可以像诗人一样夸张和想象，这就要求他们能够拥有像摄像机一样的眼睛，将事物的细微纤毫都查看和采集，这样写出的新闻作品才能够准确、生动、形象。也正因为如此，观察就成为了和访问一样重要的一种采访方法，需要新闻记者娴熟掌握。

第一节　观察的定义和作用

　　新闻学意义的观察是新闻记者的一种基本采访方法，指通过对新闻人物或者事物的仔细察看来感知和获得新闻素材。观察的最主要途径是眼睛，因此又被称为目击采访或者用眼睛采访。

　　需要说明的是，观察和简单的看并不是一码事。闻名遐迩的大侦探福尔摩斯想和自己的搭档华生比一比眼力。华生想平时探案福尔摩斯想得都比自己快，自己的脑力肯定不如他，但是眼力可不一定比他差，于是就答应和福尔摩斯较量一番。福尔摩斯就问华生，我们房间的前厅有一段台阶，咱们天天从那里经过，你知道它有多少级吗？这一问把华生问懵了，他天天走过那段台阶，但是还真是不知道具体有多少级。福尔摩斯就告诉他说一共有 17 级台阶。为什么福尔摩斯知道有多少级台阶，而华生天天从那里经过却不了解呢？这是因为福尔摩斯是观察，而华生只是简单地看。

观察和看是有区别的。首先，观察是一种多感官的综合活动，眼睛看、耳朵听、鼻子闻、嘴巴尝、用手摸都属于观察的范畴，当然眼睛看是最主要的手段，据统计有 90％的外界信息通过眼睛获得，但是，看只是一种单感官的独立活动，是人单纯使用眼睛获得信息。其次，观察是一种建立在看的基础上的调查研究活动，观察者不仅要看还要检索、分析、判断、思考，它融合了大量智力活动，是知其然还要知其所以然，而看是一种大致的看，粗略的看，很少有脑力活动参与进去，是知其然不知其所以然。通过分析我们可以发现，观察和看都属于主要以眼睛获取信息的活动，这是二者的相似点，但是观察属于高等级的看，是一种多感官配合大脑的调查研究活动。

观察是新闻记者的一种基本采访方法，它在新闻活动中有非常重要的地位和作用。

一、发现新闻线索

新闻记者获得新闻线索的渠道有很多，通过眼睛观察是其中重要的一种，而且这样的线索不是道听途说或者以讹传讹，是自己亲眼所见，因此线索的真实性比较强；再一个，通过眼睛观察获得的新闻线索经常是独家新闻，其新闻价值含量相对较高。

看下面这则新闻：

夏收何必搞仪式 小麦未熟遭剃头

新华社西安 1997 年 5 月 30 日电（记者张伯达 韩晓晖）

几十亩尚未成熟的小麦，昨日在陕西省农机局主办的一个"小麦机械化'东进西征'收获活动开机仪式"上被数台联合收割机"收获"。当地一些干部群众对这种形式主义造成的损失惋惜不已。

在关中东部大荔县朝邑农场一片上万亩的麦田里，12 台大型联合收割机参加了这一颇具规模的仪式。上午 10 时 40 分，仪式开始，应邀而来的各级领导讲话、剪彩后，一台台收割机驶入麦田开始收割。

30 分钟后，参加仪式的人们陆续离开。这时，记者意外地看到 3 台尚未进地的收割机掉头离去，4 台在麦田中间的收割机向回转向，5 台收割了有 400 米左右的收割机也边收边返。

在"龙口夺粮"的"三夏"，为何不一鼓作气持续收割？农场一位负责人告诉我们："这儿的小麦还要三四天才能完全成熟，现在收割有点可惜。省农机局 5 月 26 号就派人来打前站，为了应付这个会，我们场 140 多名干部职工整整准备了 3 天，兄弟农场支援了 5 台收割机，向外单位借了 6 位礼仪小姐。从早晨 7 点，我们等了 3 个多小时。"旁边一位戴着眼镜的干部也插话说："今天割的五六十亩麦，因未成熟和湿度太大导致脱粒不净，要影响产量。"据了解，朝邑农场今年庄稼长势喜人，亩产可比去年增产 30 多公斤，但这样一折腾，增产就要受到影响。

隆隆的机声中，一台台返回的收割机向 3 台卡车"吐"出"一口口"泛青的麦粒。一台收割机因麦粒太湿发黏而发生"肠梗阻"，3 个工人顶着烈日，为此忙乎了半天。一位在农场干了 30 多年的老师傅指着快装满的卡车对记者说："唉！麦子熟了才能割嘛，何必为了搞个'仪式'。这样的麦子不光减产，还要费更大的功夫去晒晾。"

11 时 40 分左右，最后一台收割机也轰响着离开了这块未到收获期的麦田。①

在这篇新闻中，记者就是依靠敏锐的观察力获得了新闻线索。他们发现"三夏"时节本应该虎口夺粮，但是这个农场里的收割机却慢慢吞吞、极不情愿，一打听才知道农场是为了应付这个"仪式"才被迫收割还没有完全成熟的小麦，于是两名记者经过深入挖掘了解清楚了全部事实。大家设想一下如果这两名记者没有孩子般的好奇心和敏锐的洞察力，可能就会按照原来的思路采访一篇普通的会议新闻了事，哪里会有这样一篇新闻佳作？

二、增强切身感受

先来讲两个小故事。宋代著名文学家苏东坡有一次登门拜访王安石，门房告诉他主人出去了，一会儿才能回来，由于二人比较熟稔，门房就把他让到了家里稍等。苏东坡看到桌子上有一首王安石题写的《咏菊》，但是只有两句："西风昨夜过园林，吹落黄花满地金。"苏东坡心里暗暗嘲笑王安石缺乏基本常识，西风特指秋风，而黄花就是菊花，秋季正是菊花盛开的季节，哪里会吹落满地呢？于是他诗兴大发，就在后面补了两句："秋花不比春花落，说与诗人仔细吟。"然后等不及王安石就回去了。王安石回来以后看到了苏东坡补的两句诗心里也是暗自发笑，认为他自以为是。乌台诗案以后，苏东坡被贬谪到了黄州（今湖北黄冈）任团练副使，一天正逢九九重阳，他邀请好友到花园赏菊，可是来到花园一看前几天的大风将菊花花瓣纷纷吹落，正是一幅"吹落黄花满地金"的景象，苏东坡才明白自己错了。

不光是苏东坡会犯自以为是的错误，王安石也有过类似的一次。王安石有天看到一个秀才写了一首诗："彩蝶双起舞，蝉虫树上鸣。

---

① 南振中主编：《新华社70年新闻作品选集（1931-2001）》，[M]，北京：新华出版社，2001年11月版，第622页。

明月当空叫，黄犬卧花心。"看了后面两句，王安石不禁摇头，月亮怎么能叫呢？狗儿再小也卧不到花心里啊！于是就把后两句改成了"明月当空照，黄犬卧花荫"。在变法失败辞去宰相职务以后，王安石云游天下，一天，他来到潮州。晚上，明月当空，花香扑鼻，王安石便到寓所的花园赏月。不多久，来了一位花匠，说自己是来捉黄犬虫的。这种虫一到晚上，就在花心里睡觉，糟蹋花朵。说着，花匠捉来一条交给王安石看，这是一条黄色的小毛虫。正当王安石借着月光，看那条黄犬虫时，忽然听到空中一阵鸟鸣，极其宛转悦耳。他感到奇怪，因为鸟在晚上是不叫啊！老花匠说："这是本地一种稀罕的鸟儿，常在晚上鸣叫，明月当空，叫得更欢，所以当地人叫它明月鸟。"看到了明月鸟和黄犬虫，王安石觉得非常惭愧，本是自己无知反而当初错怪了那位秀才。

从这两个故事可以看出苏东坡和王安石犯想当然错误的原因就是他们缺乏细致和有针对性的观察，只是凭着传统观念或者大致印象就自以为是，而当他们真正认真观察以后就会有切身感受，就会发现自己的错误。苏东坡和王安石虽然身处古代，但都是见识广博、学富五车之人，他们还会犯这样想当然的错误，何况普通人呢？对于新闻记者来说也是一样，只有勤于观察、善于观察，他才能够更好地感受和把握事物。

《永州日报》记者蒋剑翔在湖南南岭化工厂爆炸后到现场采访，采访后他写下了这样的文字：

南岭大爆炸的第二天上午，我去了爆炸的现场。那是怎样的场景啊，简直惨不忍睹：远远的路旁，零零散散抛弃一些残肢断掌，有的盖上了一些物件；山谷里，两个巨大的深坑，黄土全部翻了出来，非常刺眼；周围的空气里，弥漫着一股浓重的血腥味和火药味，令人窒息……要不是采访，这地方我怎么的也不会去。

我见不得血腥场面。

站在那巨大的深坑里，我想到了生命的珍贵。

人生最宝贵的是生命，生命属于人只有一次。鱼生于水，死于水；草木生于土，死于土；人生于道，死于道。生命是一条艰险的狭谷，只有勇敢的人才能通过。我们既到世上走了一遭，就得珍惜生命的价值。在某种意义上说，生要比死更难。死，只需要一时的勇气；生，却需要一世的胆识。

我们应谴责一切非法剥落他人生命的行为，包括事故，包括报复，包括暴力，包括战争。生命是至高无上的，活着是每一个人的正当权利。

愿南岭大爆炸那股血腥味，永远散去，永远散去。

珍惜生命，敬畏生命，人类和社会才能更美好！

记者就应用笔下的叙写，让人们永远离去血腥，永远珍惜生命，永远迈向美好！[①]

这段文字是十分沉重的，记者能够有如此沉重的笔触其原因就在于他看到了现场的残酷和血腥，这样才有了直接感受，很难想象一个只生活在平静和祥和环境中的人会有如此深刻的体会。

三、获得一手材料

新闻的生命在于真实，而要保证新闻的真实首先要保证记者采集的新闻素材是真实的。在记者搜集素材的方法中，通过观察获得的是第一手材料，其真实性较强，因为搜集资料有可能找到的是错误材料，而访问又可能以讹传讹，正所谓眼见为实、耳听为虚，像电话采访、网络采访等等非介入性采访的可靠性则会更弱。

当然，正如孔子所言："所信者目也，而目犹不可信；所恃者心也，而心犹不足恃。"有时记者看到的也不一定是真实的，比如 2018

---

① 蒋剑翔：《采访手记 10 则》，[J]，西安：《西部学刊》，2016 年 2 月。

年 10 月 28 日，重庆青年报微博发布视频消息：今（28）日上午，重庆市万州区长江二桥发生重大交通事故，一辆大巴车被撞后冲破护栏坠入长江，疑有重大伤亡。目前，事故伤亡情况不详，政府正在组织救援。据传，事故系一女司机驾驶的红色私家车桥上逆行所致。新京报网也发布报道《重庆万州大巴坠江前曾与逆行轿车相撞》，称新京报记者从万州区应急办获悉，大巴车坠江前曾与一小轿车发生相撞，系一小轿车女车主驾车逆行导致。[①] 虽然记者看到了相关视频和图片，但是公交车上到底发生了什么记者并不清楚，这时候他们就直接定性交通事故是私家车车主造成的，使对方成为千夫所指，给女车主和家人带来了极大困扰。后来车内视频恢复后真相才浮出水面，这起交通事故是公交车上一名女乘客因为错过站和驾驶员争执、互殴导致公交车越过实线和对向正常行驶的私家车相撞后坠入江中，这名女车主也是一名受害者。这说明记者采访时观察一定要全面，不能盲人摸象，只看到一部分新闻事实就匆忙下结论。这一点在下文中还会详细论述。

观察不仅能够获取素材，还可以核实和表现其他素材。假如新闻记者正在做一个专访，他一方面可以通过语言和采访对象进行交流，另外还可以察言观色，或者审视周围的环境以及相关资料，对对方提供的材料进行核实和查验。对于电视记者来说还可以通过镜头语言，用观察的直接材料表现记者提供的间接材料。例如，2005 年，凶猛的泥石流山洪袭击了黑龙江省宁安市沙兰镇，冲入沙兰中心小学酿成惨祸。《焦点访谈》记者连夜派记者赶到当地采访。在采访小学老师沙宪晶时，记者一方面记录对方的谈话："站在窗台上面的同学，他们都没有地方把，都要往下滑，小孩就喊老师怎么办。这时候他就踩着这个椅子和这个桌子就往这个窗台上冲，冲到上面之后，然后他就

---

① 年度虚假新闻研究课题组：《2018 年虚假新闻研究报告》，[J]，上海：《新闻记者》，2019 年 1 月刊。

告诉学生，快点把上面的玻璃敲碎，并用胳膊撞击上梁子。而没有抓住窗框的孩子只能抓住桌子。"另一方面，记者用摄像机拍摄了这名老师裹满绷带的胳膊，这个画面起到了双重作用：一是印证受访人的叙述，二是把教师叙述的间接材料和拍摄的直接材料很好地结合起来，这样更加有利于节目表达。

四、获得现场细节

在前面的叙述中，笔者已经多次强调细节在新闻作品中具有不可替代的意义和作用。它可以更好地刻画新闻人物，可以增强新闻的现场感，还可以表现新闻主题等等。观察是获取细节的最主要途径，新闻记者在新闻现场可以洞察新闻人物的动作、表情、姿态、衣饰、容貌等等，可以察看新闻事件的环境、人物、事物以及它的发展进程等等，通过这些采访行为记者就可以获取大量的细节从而起到特定的表达作用。

2018年，澎湃新闻制作发布了融合新闻《三江源国家公园全媒体报道专题"海拔四千米之上"》，在介绍澜沧江源头时，记者拍摄了大量动物：嬉戏的旱獭、翱翔的雄鹰、觅食的雪豹、在山间跳跃的白唇鹿等等。新闻还包含360全景视频体验和小环境展示视频，展示有大江奔腾、雪豹护食、村民救助雪豹等等情景和细节，这些制作精美的画面有极强的现场感，仿佛把观众带到了美丽的三江源头，让人们身临其境地感受这里的每一个细节、每一处角落。

二维码8.1 《三江源国家公园全媒体报道专题"海拔四千米之上"》

　　新闻记者要想把新闻人物写活最常用的办法就是观察和抓取人物肖像细节和语言、动作细节。2019年11月,《新京报》刊登的人物通讯《杜富国:经历生死雷场,新路山高水长》开头是这样写的:

　　这是一个伤痕累累的身体。肉眼可见的是从脖子到肩膀、到腹部、再到大腿,凌乱分布的几十条伤疤,粉红色的凸起与褶皱,像蚯蚓一样,爬满了躯干。他的眼睛完全失明,眼球被摘除后戴上义眼片,长时间隐藏在墨镜之下。两只手已经截肢,小臂仅剩二分之一,甩动空空的袖管成了惯常动作。身体属于杜富国,他是一名扫雷战士。2018年10月11日,27岁的杜富国在执行扫雷任务时,一枚加重手榴弹突然爆炸,他浑身是血,被抬下雷场。

图8.1　排雷英雄杜富国

　　在文中,还有这样的描写:

……早上六点半，附近军校起床号准时响起，杜富国从黑暗中醒来，然后在黑暗中摸索。

衣服在睡前就摆放在固定位置，他挪到 T 恤的位置，先用鼻子蹭衣服，分辨正反面，有的衣服靠商标或者裤带分辨，碰到前后一样的，战友就在正面别上个浅蓝色的小熊挂件，方便杜富国分辨。

分清正反后，杜富国用牙齿咬起衣服一端，伸胳膊，头钻进去，左右摇晃两下就穿好了上衣……

……天完全亮透了，重庆满城雾气蒙蒙，打湿一地桂花，淡淡香气从窗户飘进来。护士量完血压，杜富国笑呵呵打招呼："你今天来的早呀。"护士问："擦眼睛了吗？"他在床边坐得端端正正："就等你了，你给我擦吧。"两只衣袖被他左右甩来甩去，像个撒娇的小朋友……

……打针继续，痛到极点，他嘴巴张到最大，眼睛紧闭，脸憋得发红，忍着不让自己喊出来，半截小臂忍不住翘起，肚子因剧痛吸气而狠狠瘪下去，露出根根分明的肋骨。四根针管，整整 60 针，刚一打完，他紧张的表情一下不见了，笑了出来，露出洁白的牙齿……①

记者就是通过细致入微的观察捕捉到了杜富国生活以及疗伤的点滴细节，再通过笔墨把它展现出来，这样一个排雷英雄的形象就活灵活现地矗立在我们面前。

五、最佳采访方法

观察既是一种基本的采访方法，同时在一些特殊采访中又会成为最佳的或者是唯一的采访方法。有些新闻事件需要记者悄悄介入，不能够暴露记者身份，在这类采访中记者就不能随便提问。有一年，河

---

① 韩茹雪采写，李凯祥摄影：《杜富国：经历生死雷场，新路山高水长》，[N]，北京：《新京报》，2019 年 11 月 6 日，第 12 版。

北电视台《新闻广角》栏目记者调查采访邯郸市的地下赌场，因为提问问题出现了下面令人紧张的一幕：

> 一小时前，这三个多嘴多舌、左问右看的不太本分的"消费者"引起了酒店保安和服务小姐的注意。"你们是干什么的？"一个小头目模样的人走上前来厉声训问，周围的几个工作人员也立即投来警觉又冷酷的目光，一下子完全没了刚进来时的那股热情劲儿。
> "玩的。"
> "玩就到自己机器上玩，老是打听别人干什么？"①

还有些场合要求记者不能提问，有时记者就找不到可以提问的对象，在这样的情况下观察就会成为最主要或者是唯一的采访手段。

第二节　记者观察的内容

在上一节大家了解了观察在新闻采访活动中具有重要的意义和作用，这一节我们来谈谈记者在新闻现场应该观察哪些内容。

一、观察新闻人物

在新闻事件中，新闻人物是新闻活动的主体，也是新闻活动最活跃的因素，所以新闻人物是新闻记者在现场采访时观察的重点。记者观察人物首先要观察人物的整体外观，比如相貌、衣着、服饰等等，从这些地方记者可以了解对方的职业经历、教育背景、家庭情况、性格特征等等。这一点著名电影《巴顿将军》开头的镜头运用很能够说

---

① 田榕林主编：《新闻广角》，[M]，北京：北京广播学院出版社，2001年9月第一版，第2页。

明问题，虽然它不是新闻作品，但是非常典型。

《巴顿将军》开头第一个镜头是一面很大的美国国旗的大远景，说明事件发生的环境和地点；第二个镜头也是一个大远景，巴顿在美国国旗背景下走上舞台；第三个镜头是巴顿从头到脚的全景，让观众看到了一个穿着一身戎装、英姿飒爽的将军；第四个镜头是特写，巴顿敬礼的手和右脸，右手上带了两个戒指，说明他家境优渥，巴顿出身豪门，在西点军校读书时就是最有钱的学生；第五个镜头也是特写——巴顿的右手，带着两个戒指，其中一个是天主教赐的戒指，手里还攥着一根马鞭，这一方面继续叙述他的家境，还点明了他的信仰，特别是巴顿在钢铁巨炮主导的现代战争中还手执马鞭，一方面说明他性格桀骜不驯、狂放不羁，另外一方面说明他特立独行，因为巴顿一直幻想自己是古代武士的转世；第六个镜头还是特写——巴顿左肩密密麻麻的勋章，这说明他在第二次世界大战中立下了卓越功勋；第七个镜头仍旧是特写，巴顿将军右前胸美国装甲第三军的军徽，这说明了巴顿的战争经历；第八个镜头是近景，巴顿将军在敬礼；第九个镜头又是特写，巴顿将军左前腹的蓝色绶带和军徽，显示的是他的职业特征和经历；第十个镜头是右前腰的特写，巴顿将军喜爱的象牙把手枪佩戴在哪里，这个镜头说明了他的军人身份；第十一个镜头是巴顿头部特写，他带着一个钢盔，钢盔上镶嵌着 4 颗星星，这说明了他的军阶是四星上将。这一段经典的镜头运用就像是一部文学作品中对人物的叙述，有家庭、教育背景、职业、经历、身份、功勋等等，只是换成了镜头语言。新闻记者观察人物也应该学习这部电影的镜头，有远有近，有轮廓有局部，尤其是能够抓住体现人物特点和个性的细节部分仔细观察。

新华社 2005 年 6 月播发的人物通讯《索玛花儿为什么这样红——记优秀共产党员、木里县马班邮路乡邮员王顺友》曾经被评选为"中国新闻奖"一等奖，在这篇通讯开头就是记者对王顺友形象的观察：

眼前这位苗族汉子矮小、苍老，40 岁的人看过去有 50 开外，与人说话时，憨厚的眼神会变得游离而紧张，一副无助的样子，只是当他与那匹驮着邮包的枣红马交流时，才透出一种会心的安宁。

除了观察人物的外貌特征，新闻记者还要观察人物的动作和语言，因为运用这些素材可以使作品具有强烈的现场感，比较生动、形象，经常是作品的生花妙笔之所在。

还看上面这篇通讯，记者接下来写道：

整整一天，我们一直跟着他在大山中被骡马踩出的一趟脚窝窝里艰难地走着，险峻处，错过一个马蹄之外，便是万丈悬崖。

傍晚，就地宿营，在原始森林的一面山坡上，大家燃起篝火，扯成圈儿跳起了舞。他有些羞涩地被拉进了跳舞的人群，一曲未了，竟如醉如痴。"我太高兴了！我太高兴了！"他嘴里不停地说着。"今晚真像做梦，20 年里，我在这条路上从没有见过这么多的人！如果天天有这么多人，我愿走到老死，我愿……"忽然，他用手捂住脸，哭了，泪水从黝黑的手指间淌落下来……

由于王顺友所在的木里藏族自治县地广人稀，每平方公里只有 9.5 个人，而且邮路绝大部分都在 4000 米以上高山，所以王顺友的投递工作既艰辛又孤独，有时候几天都看不到人。这一段描写抓取了王顺友看到人多时候的那种兴奋和快乐，写得生动感人，让人印象深刻。如果没有前期细致到位的观察，记者很难写出这样真实动人的场景。

二维码 8.2　《索玛花儿为什么这样红——
记优秀共产党员、木里县马班邮路乡邮员王顺友》

二、观察新闻环境

虽然新闻人物是新闻事件的主体和活跃因素，但是任何一个人物都是身处于一定的环境之中。环境是新闻背景最重要的组成部分，它可以衬托人物特征，可以表现新闻主题，可以展开故事进程等等，所以新闻记者在新闻现场还要学会对环境展开观察。2005 年，国民党主席连战访问大陆，中央电视台进行了现场直播，直播时主持人白岩松和前方出镜记者张泉灵有这样一段对话：

白岩松：泉灵，你好！

张泉灵：岩松，你好！

白岩松：赶快告诉一下我们位置和你了解到的情况。

张泉灵：我现在的位置是在人民大会堂的北大门外，顺着我们的镜头可以看一下，北大门比邻着长安街，从我这个位置可以清楚地看到天安门城楼，其实顺着这个城楼再往东大概一公里多的样子，就是连战一行下榻的北京饭店了。所以他们到大会堂是非常方便，不过这一次的安排在北大厅会见，由北大门进入可不仅仅是考虑方便的缘故。因为我们知道所有会见都有一定的规格和礼遇，在北大厅会见是接待最高贵宾的一种礼遇。此外我们也可以从一些细节上来关注到这样的礼遇规格之高，比如说，在北大厅的门外，已经铺上了红地毯，不仅仅是门外，在大厅里所有的通道上都有一层厚厚的红地毯，这也说明礼遇之高。另外在他们将要会见的东大厅里面已经摆满了牡丹花，一般来说，在这个会见厅里摆放牡丹花是非常少见的事情，那我们猜想为什么摆放牡丹花呢？其实就是中国人自己坐下来谈中国人的未来，谈两岸的发展，所以摆上象征中国人的花那就是牡丹花。

在这一段采访中，记者张泉灵介绍的都是自己在现场观察到的环境情况，有会见的地点、厚厚的红地毯，尤其她不仅观察到了大厅里的牡丹花，还诠释了摆放牡丹花的深层含义，起到了画龙点睛的作用。

三、观察新闻情节

新闻记者在新闻现场要特别注意抓取典型的情节和细节，这首先是构成新闻报道的重要组成部分，其次它在表现人物、凸显主题、渲染气氛等等方面都具有不可替代的作用，很多新闻作品都离不开记者敏锐的观察。

2013 年 9 月，《四川日报》记者收到种粮大户卢建文的求助电话，反映稻谷丰收后卖不出去非常着急，记者根据这一线索追踪 18 天，采写了系列报道《丰收稻谷堆成山 卖与不卖好着急》，其中有一篇《本报记者目击粮库收粮——"每吨多卖了 300 元"》就有这样一段情节：

在储备库的大院里，记者遇到了前来售粮的资阳市雁江区回龙乡三合村十组的唐建财。

此时，工作人员正在采集稻谷样品，准备对稻谷检验分级，确定价格。"主要检验稻谷的杂质、含水率和出糙率。中籼稻按照国家的标准分为五个等级，每个等级相差两分钱一斤。"工作人员介绍。在我省中籼稻最低收购价托市收购点卖粮食，一般要经过抽样、质检、检斤（称重）、结算和入库 5 个环节，整个过程需要一个小时左右。

在检验样品期间，唐建财坐在储备库专门为售粮农民准备的休息室里喝茶，和其他售粮农户摆起了"龙门阵"。20 分钟后，检验结果出来了：唐建财的稻谷水分偏高，整体属于国标三等中籼稻，价格为 2.7 元/公斤。"卖！"唐建财发动汽车，将粮食过秤。不多不少，正好是 9273 公斤，跟自己在家里称的一样。

卸完粮食的唐建财拿到了售粮款 25037.1 元。"刨除运费和储存费，每吨比市场上多卖了 300 元，今天卖了 9 吨多。"唐建财说。得知储备库安排了工作人员国庆值班后，唐建财说："再把剩下的 20 多吨卖了，一共能多卖 9000 多元哩！"

二维码 8.3　　《本报记者目击粮库收粮——"每吨多卖了 300 元"》

这段情节记者观察得十分仔细。包括唐建财来到粮库，到休息室喝茶摆龙门阵，将粮食过秤，以及下一步的决定等等，既起到以小见大，通过唐建财反映出当地农民卖粮的过程，又展示了当地政府及时调整收储政策，提高服务质量的工作改进，还生动形象，让读者有强烈的现场感。

第三节　记者观察的种类

根据不同维度，观察可以分为不同种类。根据观察对象不同可以分为人物观察、环境观察、事件观察；根据观察程序与规则不同可以分为结构化观察和非结构化观察。结构化观察类似于结构化访谈，是根据已经设计好的内容和计划进行观察，而且要严格按照设计程序和要求进行。非结构观察则对观察内容没有严格计划和规定，观察者可以根据实际情况随意观察。根据观察主体的参与方式又可以分为参与式观察、旁观式观察和隐藏式观察。这里我们主要从第三种维度介绍。

一、参与式观察

参与式观察是新闻记者参与到观察的新闻事件中去，并且成为事件中的一员，在新闻事件的发生发展过程中对新闻人物或者事物进行观察。这种观察更加容易带领受众进入到新闻事件中去，使受众产生亲历感，感觉比较亲切和投入。

看下面这一篇报道：

体验地点：湖州安吉

体验职业：动物标本制作师

啸动山林的下山虎，风中奔跑的麋鹿，树上攀援的猕猴……当你走进浙江自然博物馆，你会看到来自七大洲的近 15 万件珍贵动物标本，它们活灵活现，述说着地球上多彩的生命历程。

这些逼真的动物标本是怎么来的？近日，记者来到安吉浙博动物标本制作有限公司，跟随标本制作师张健氢体验一天他的工作。

剥制，小心保存一根睫毛

在安吉中南百草原景区旁边有一条街，街道两旁是各种制作公司。其中有一个不大的厂区里"挤"着两三家公司，顺着水泥路往里走，最里面有个其貌不扬的小房子，张健氢的工作室就在那里。

一推开门，记者简直惊呆了：跳跃的袋鼠、开屏的孔雀、四处张望的白狐、畅游的鲸鱼……桌子上、墙上、屋顶堆满了珍贵动物标本，有的已完成，有的还是半成品，十分逼真灵动，仿佛下一秒就会来到你身边和你打招呼。

在一张破旧桌子后头，记者发现了张健氢，正在专心致志地用手术刀解剖一只绿头鹦鹉。他身材高大，带着厚厚的玻璃眼镜，一副学者风范。据他介绍，制作室共上下三层，保存着两百多个种类的动物标本，包括哺乳类、爬行类、海洋鱼类、鸟类等，应有尽有。目前公司里共有四位标本制作师，订单主要来自博物馆等地。

标本制作包括剥制、皮张处理、制作胎体、覆皮、整形等五六道工序，取皮是第一步。张健氢手里的这只绿头鹦鹉是一个多月前从动物园运来的，由于生病死掉了，出于科普需要，要把它制作成标本展示。

只见他拿着一根绣花针大小的解剖刀，先小心翼翼地拨开鹦鹉胸前羽毛，然而顺着胸骨生长方向，一点点分离皮肉。看着似乎很简单，记者也要求上手。然而刚一凑近，一股尸体散发出的腐臭气就直冲鼻孔，熏得人直犯恶心。带着厚厚的塑胶手套，手术刀似乎也不听使唤，一刀深一刀浅，差点把皮划破几个口子。

张健氢告诉记者，取皮是做标本制作师的基本功，也最考验人。需要下巧劲儿，像庖丁解牛一样，顺着动物的皮肤肌理下刀，同时也要肯下"绣花功夫"，没有耐心的人一定是做不好。他接过手术刀，浑然不觉扑面而来的尸臭味，一刀一刀小心剥制，自得其乐。大约一小时后，他取下来的鹦鹉皮毛甚至还保留完整的眼皮。在他的工作室里记者还看到，剥离下来的猕猴皮张上还能看到一根根晶莹的睫毛……①

在这则报道中，记者采用的就是参与式观察，记者不仅进入主人

---

① 王丽玮：《本网记者体验360行之230——给动物"第二次生命"》，人民网浙江频道，2017年6月27日，http://zj.people.com.cn/n2/2017/0627/c228592-30384003.html。

公的工作室，还现场观察和体验对方工作，现场感受其酸甜苦辣。

二、旁观式观察

所谓旁观式观察即记者以旁观者身份出现，秉持冷静和超然的姿态观察新闻人物和事件，不参与和介入新闻事件。就像著名纪录片大师梅索斯兄弟①比喻的那样做一只墙上的苍蝇，默默观察眼前的事物而不去打扰对方，让对方展示一种原始状态。由于新闻真实、客观的要求，新闻记者使用旁观式观察较多。

新华网：刘翔夺金　创造世界高栏史传奇

新华网大阪 8 月 31 日电（记者杨明、肖春飞）起跑，刘翔落后！50 米，刘翔落后！80 米，刘翔依然落后！

大屏幕中的刘翔咬紧牙关、双眼爆出血丝，拼命地追赶着领先的美国名将特拉梅尔。

距离在一厘米一厘米地缩短，终点在一米一米地接近。还剩最后一个栏了，刘翔还在苦苦地追赶，他和特拉梅尔相差半个身子。

只有奇迹，似乎才能挽回刘翔当晚在世界田径锦标赛男子 110 米栏决赛中的"颓势"，而奇迹居然就在这瞬间出现！

最后 10 米，刘翔宛如霹雳雷神，以惊人的速度冲刺。撞线时，人们惊呆了，就在这短短的 10 米内，刘翔居然明显地超越了特拉梅尔，冠军最终属于刘翔！成绩是 12 秒 95！刘翔欣喜若狂！

这个胜利使刘翔成为世界高栏历史上，唯一将世界纪录、奥运冠军和世界冠军称号集一身的传奇明星，其"大满贯"成就超过了英国的杰克逊、美国的阿伦·约翰逊等巨星。这个胜利也结束了中国田径八年在世界锦标赛上"零金牌"的尴尬。12 秒 95 是今年世界第二好成绩，也是刘翔第五次跑进 13 秒大关。

---

① 美国直接电影学派代表人物，兄：艾尔伯特·梅索斯；弟：大卫·梅索斯。

在这场竞争空前激烈的比赛中，特拉梅尔以 12 秒 99 的成绩赢得银牌，他的同胞帕内以 13 秒 02 的成绩获得铜牌。赛前对刘翔威胁最大的古巴新锐罗伯斯仅获第四名，成绩为 13 秒 15。中国另一名选手史冬鹏跑出个人最好成绩，以 13 秒 19 列第五名。

这场大战前充满变数。刘翔被分在最靠边的第九道，这是一条几乎从没产生过世界冠军的跑道。刘翔的对手极其凶悍，两届奥运会亚军特拉梅尔今年曾跑出过 12 秒 95；罗伯斯则在今年赛事中战胜过刘翔，决赛前竞技状态奇佳。

刘翔当日提前两小时就开始热身，国内预测他夺金牌的呼声给了他空前的压力。"我非常紧张，以前比赛中从没这样紧张过，"刘翔赛后透露。他甚至赛前哭了起来，他解释说是过于激动，"我对自己说一定要跑出来，我必须要夺冠军"。

刘翔起跑没有优势，前三栏起码有三名对手在他前面，最后一栏前依然没有优势。"幸亏我最后冲刺不错，最后一栏下来，我知道领先了一点点。要不是太紧张，今天应该能跑到 12 秒 90 左右，"刘翔赛后说。

孙海平教练赛后动情地说："这是我带刘翔这么多年最不容易的一场胜利。这次大赛刘翔的压力很大，我也是第一次看到他这么激动，刘翔太不容易了。"

刘翔承认，这是他拼得最狠、最残酷的一次比赛。"非常不容易，太棒了！太棒了！太棒了！"[①]

这篇报道记者运用的就是旁观式观察，记者虽然身处现场，但是没有介入新闻事件的进程，只是作为一个旁观者去察看和记录，最后报道出来。在新闻观察中，旁观式观察是运用比较多的一种观察方法。

---

① 杨明、肖春飞：《刘翔夺金 创造世界高栏史传奇》，［N］，北京：新华网：http：//www. xinhuanet. com/newmedia/xhs80/jpjz. htm。

三、隐藏式观察

隐藏式观察是新闻记者掩盖自己的真实身份或者意图之后对新闻人物或者新闻事件的观察，这种观察经常在隐性采访中使用。新闻记者在使用隐藏式观察时既可以冷眼旁观又可以参与其中，需要注意，记者隐藏身份参与和体验新闻事件不容易干扰事件进程，能够让读者产生一种既客观又投入的感受，这就融合了参与式观察和旁观式观察各自的优点。当然，在看到隐藏式观察相较于上述两种观察具有优势的同时也必须看到隐藏式观察和隐性采访一样游走于合法与非法的灰色地带，只有在特殊的情况下才能够使用。

2014 年上海广播电视台《1/7》栏目播出的报道《食品工厂的"黑洞"》，记者就大量使用了隐藏式观察：

欢迎关注《1/7》，有时候我们会选择吃洋快餐，因为它快捷、方便，更因为它的提供者是一些大的企业，大家就会认为它是高标准。我们很少关心，或者也无从知道一个汉堡、一个鸡块，它的原料是什么，它是如何生产出来的。我们不知道并不代表我们不想知道。我们深度调查组的记者就化身成流水线上的一名普通工人深入到快餐企业工作了 3 个月，发现的事实和真相可谓触目惊心，请看报道：

散落一地的麦乐鸡、调味牛肉排，工人们正在把地上的牛肉饼、鸡腿一一捡拾起来。这组镜头并非来自小型作坊，而是美国欧喜集团在上海的分公司——上海福喜食品有限公司。欧喜集团成立于 1909 年，在全球有五十多家食品工厂，是麦当劳、肯德基、必胜客、全家超市等连锁品牌的全球指定供应商。

GMP 认证，中文名为良好操作规范，在福喜公司的 GMP 培训中，明确指出"掉落地上的产品不可投入食盒"。上海福喜食品公司培训师告诉记者，GMP 具有强制性，如果没有做好的话，最终会影响产品质量、安全、卫生。

然而在生产线上，记者看到，工人从地面捡拾落地肉后，并不擦拭和清洗，而是熟练地把肉直接扔回生产线上。流水线上的班长也一边手握对讲机，另一只手不戴手套，直接挑拣流水线上的食品……

在这篇报道中，记者伪装成一名普通工人进入车间展开观察，搜集到真实、原始的一手资料，这些是其他观察方法很难获得的。就像这篇报道一样，隐藏式观察一般是在公众利益受到侵害，而采取其他观察方法不能够获得资料的情况下才能够使用，是一种"不得已而为之"。

第四节　新闻观察的技巧

一、选好观察方位

新闻记者进行观察的时候需要考虑位置因素，因为位置不同，观察到的内容也不同。记者首先要把握的原则是就一般新闻事件而言，距离新闻现场越近则观察效果越好。因为越接近现场，记者观察到的内容越多，越能够详细地察看，有些信息在远离新闻现场的地方是无法了解到的。此外，新闻记者在新闻现场观察到的是"场信息"，记者可以动用视觉、听觉、触觉甚至味觉多种感官进行观察，这时得到的信息会更加立体和全面。比如一个化工厂发生爆炸，如果记者来到现场就可以看到冲天的火光，听到连续的爆炸声，闻到刺鼻的味道，感受到扑面而来的热浪，当记者把这些信息通过组合形式报道出来，就会让受众感觉更加真实和全面。其次，如果记者观察方位选择正确，能够让新闻作品更加符合人们的认识规律。有一年，上海淮海路发生脚手架坍塌事故，数名民工被压在下面，电视台记者采访的时候先来到事故临近的一座楼上俯瞰整个事故现场，在这里看到坍塌的整体情况，人员救援的情况以及正呼啸而来的救护车，记者又立刻从楼上下来赶到重点区域，拍下了救援人员救援，伤者被救出送上救护车等等画面。记者的新闻观察就采用了点面结合，既有整体轮廓又有重点画面的方法，更加合乎人们的认知习惯。

二、把握观察角度

新闻记者除了要选好观察方位还得把握好观察的视角，因为同样一个事物从不同的角度看会呈现出不同的样态，正所谓"横看成岭侧成峰，远近高低各不同"。在新闻写作中，角度占有非常重要的地位，记者角度把握好了就可以化腐朽为神奇，让一个一般的新闻题材变成获奖作品；反之则会变珍宝为敝屣，白白浪费一则好材料。新闻作品要想有好角度，在观察采访时就要学会寻找观察视角。看下面这则新闻：

廉价蒲草"编"出亿元淘宝村

导语：我省的博兴县湾头村生产一种很有地方特色的产品，在淘宝网上一年的销售额超过1个亿。这个偏僻的乡村是怎样搭上了网络经济的快车？到底又是什么东西这么抢手呢？双十一这一天，记者来到了湾头村，感受庄户人的网络狂欢。

同期：（工作场景）

画外：时针刚刚滑过零点，博兴县湾头村的村民安宝康就开始了一夜的忙碌。

同期：（博兴县湾头村村民　安宝康）现在又一笔，六笔。

画外：安宝康是这家"华康工艺"网店的老板，为了双十一，他包邮、让利，拿出了最大的优惠。

同期：（安宝康的妻子）一边干着活，一边看着网店。嗯。要不打不完了，打包。

画外：湾头村紧邻博兴麻大湖，盛产芦苇和蒲草，村民就地取材，手工编织成实用的器具。这种流传600年的手艺，让一个"80

后"看到了商机。四年前，安宝康从湖北工业大学毕业后，一门心思开起了网店。

同期：（安宝康的母亲）气得我不给他做饭。在家卖吧。你卖一天也卖不上件，吃啥？喝啥？

同期：（安宝康的父亲）上学为了啥来？不就是为了有出息？来家有啥出息。

画外：父母觉得这是不务正业，坚决反对这看不见摸不着的生意。安宝康就偷偷地干，最初网店信誉低，一连十几天都不开张。

同期：（博兴县湾头村村民 安宝康）刚开始这些货，都攒下很多，卖不出去。

画外：好不容易熬来了一单生意，但新的问题又来了，物流跟不上，只能到博兴县城发货。

同期：（博兴县湾头村村民 周曙光）你走不出货去，发货很是问题，很头疼。

画外：看到安宝康和村里其他淘宝店主都遭遇了物流瓶颈，湾头村村委决定吸引物流公司入驻，谁来村里就免除一年水电费，免费提供一间库房。

同期：（博兴县湾头村村委书记 安江民）他们看到我们这个态度，很多快递被吸引过来了。

画外：现在，湾头村已经有20多家物流公司入驻。安宝康双十一这天卖出了2万多的货物，比平时增长了三倍。今年销售突破200万已不成问题。

同期：（安宝康的家人）今天打不起来，光打好的单子50多张。光发货就发三天。

画外：像安宝康一样，越来越多的年轻人，回到了老家做起了网店。

同期：（博兴县湾头村村民 杨小珊）但凡能识字的，家里有电脑的，基本都开着淘宝店。

同期：（博兴县湾头村村民 贾培晓）它是改变了一批年轻人的生活轨迹。老人眼里的这些坏孩子，现在也变成了一些好青年。

画外：在年轻人的带动下，年近60的张洪文也琢磨着开个淘宝店。

画外：从这张1块钱买来的《幼儿汉语拼音字母表》开始，张洪文用了两个月的时间学会了打字。

同期：（博兴县湾头村村民 张洪文）一开始感到有点别扭。亲，亲是啥意思。

画外：现在，张洪文成了村里年龄最大的淘宝店老板，卖出的货物遍及全国。

同期：（博兴县湾头村村民 张洪文）西藏、新疆还都有，内蒙、甘肃、香港，香港我卖了好几次了。

同期：（张洪文的妻子）能干的就多干点，干不多的就少干点，也耽误不了接孩子，也耽误不了生火做饭。

画外：目前，在湾头这个不大的村子里淘宝店已经有了500多家。由此也带动了产品设计、草柳编加工、五金件销售等周边产业的发展。

同期：（博兴县湾头村村委书记 安江民）年轻人是搞工艺品创作和电子商务这一块，中年人搞工艺品加工，老年人搞编制这一块。这样一来，我们村形成了工艺品加工的一条线。

画外：8月12号，阿里巴巴研究中心专门在湾头村发布调查报告。数据显示，湾头村草柳编产品一年销售额超过1亿元，成为全国最大的草柳编产品专业淘宝村。

同期：（阿里巴巴集团阿里研究中心研究员 陈亮）它以传统手工业，为它的主打产品，这个在全国淘宝村里面，是独一无二的。①

---

① 牟宗平、李伟：《廉价蒲草"编"出亿元淘宝村》，［N］，山东广播电视台生活频道《生活帮》栏目 2013 年 11 月 12 日 18 时播出。

这篇新闻选择的观察角度就非常独特，它选取了年轻大学生回到家乡创办网店以及网店给当地人的观念带来冲击为观察目标，从而展现互联网＋经济给我国农村和农民带来的新变化，是一则以小见大的精品。

三、找准观察时机

记得有一年夏季我到新疆旅游，一天下午我来到位于吐鲁番市的交河故城，它是世界上最大最古老也是保存最完好的生土建筑城市，看完以后除了了解一些历史知识和建筑知识以外，其他也没有十分深刻的感觉，但是走出大门看到当地导游拍摄的照片我感到非常震撼。夕阳下的交河故城泛着金光，更有一种"白日登山望烽火，黄昏饮马傍交河。行人刁斗风沙暗，公主琵琶幽怨多"的悲剧美感。当时我就反思为什么自己实地去看这座古城反而没有体会到这种大漠苍凉的美感，我认为主要原因是自己选择的观察时机不对，我是下午5点左右到的交河故城，盛夏的北京这个时候也是艳阳高照，更不要说存在理论时差2小时的吐鲁番了。但是后来我在离开吐鲁番经过火焰山的时候遇到了一个非常好的观察时机，当时正值中午时分，灼日当头，红色的砂岩在阳光照射下显得烈焰腾腾、雾气缭绕、熠熠放光，看着真像着了火一样，分外壮观。

新闻记者的观察和普通人的观察一样都需要寻找良好的观察时机，一般来说最能够体现新闻人物或者事物特点和本质的时间就是最好的观察时机，错过了这个时间点，一则新闻可能就无法完成。中央电视台记者《新闻30分》有一次采访南京冠生园公司用旧馅翻炒制成月饼重新销售给消费者选取了两个重要的观察时机：第一个是冠生园公司将月饼回收，分离旧馅然后放入冷冻车间；第二个是工作人员将旧馅料拉出车间翻炒并制作成新月饼。记者使用长焦镜头将这两个环节都原原本本地拍摄下来才制作成观众后来看到的电视节目，整个节目的拍摄采访历时将近一年，因为这两个关键环节记者都要观察到，缺一不可，而这两个环节之间就间隔将近一年。这个节目影响巨大，南京冠生园这家百年老店最后不得不申请破产。

四、择取观察重点

新闻记者在新闻现场不可能事无巨细地都去详细观察，应该有所取舍，寻找最重要的环节重点查看，而对其他内容大略观看即可。记者观察的重点有主要人物、核心信息、新闻事件发展的关键环节，能够体现新闻主题的情节等等。2018 年，山东大众日报社派出 17 路记者对 17 个城市的政务中心进行暗访，写出了系列报道《大众调查·聚焦难点痛点赌点 17 路记者暗访 17 市政务中心》，下面是其中的一篇。

政务大厅也有"号霸""号贩子"
——谁给了"黑中介"扰乱秩序的特权

中介机构在提供专业技术服务等方面发挥了作用，但为了招揽业务，获取高额报酬，部分中介人员采取一人抽多号、非法代办等行为违规占取叫号资源。这些"黑中介"的行为严重扰乱了政务大厅正常的办事秩序。

7 月 25 日 8：55，记者走进滨州市滨城区政务服务中心大厅，厅内已有十几人正在取号机前排队。这个政务大厅为综合性服务中心，工商、税务、质监、卫生、烟草等十几家单位的服务窗口都已开放，其中工商局业务量最大，最为繁忙，问题也最为突出。

7—16 号窗口都属工商局。9：00 之后，来大厅办理业务的人员剧增，其间，9：17 左右，一名戴眼镜的男性径直走向 16 号窗口，与工作人员寒暄几句后，没有取号，而是直接拿出资料办理业务，像是早已轻车熟路。记者发现，在他办理业务的半小时内，他身后站了三四位群众，手拿材料焦急地等待着。经了解，此男子为中介人员。

一名市民，直到 11 点还未办理业务，只能无奈地走开。记者上前询问，这位市民称：今天上午估计够呛，办不了啦。他边走边对记者小声嘟囔，"中介关系户不排队取号，打乱办事秩序。"

办理同样一件事，只要找中介办，就能有"特殊通道"，办得更快，仅仅是因为中介熟悉流程吗？背后原因不免蹊跷。

7月25日上午，记者来到日照市东港区行政服务大厅。记者注意到，税务服务大厅十余个业务窗口的柜台上，都有一张红色小卡片，上面写着免费注册公司、报税年检、环保危化品办理等字样。

在一楼东港区工商局服务大厅，记者见到了四五名手腕上搭着布袋的人，不时将手中的卡片递给来往市民。"来注册公司吗？可以交给我们代办，刻章、拿证都快。"一名女子在递给记者一张卡片后说道。

记者随即拨通了卡片上的电话，一名郑姓男子告诉记者，代理注册公司费用是五百元，两三天就可以拿到工商执照。此外，该男子还表示可以提供代理记账报税等服务，按业务量或代理时间收费。

在这篇报道中记者暗访了滨州和日照政务服务中心，报道这里的号贩子扰乱办事秩序。在新闻作品中，记者观察的重点是这些号贩子的所作所为，比如和工作人员非常熟络，不用排号直接办理业务，政务中心柜台上的小卡片以及号贩子向市民兜售的过程等等，通过对这些行为的观察就表现了号贩子是如何干扰政务大厅正常的办事程序的，起到了一种表达新闻主题的效果。

五、结合其他方法

经常出去旅游的人都会有体会，如果在旅游景点没有导游讲解很多人都会走马观花，随便看看，但是如果边看边听讲解，那不仅看得更加仔细，还能够看到很多原来看不到或者不会看的东西。这种规律对于新闻观察也是适用的，在采访中，搜集资料和访问就类似于游玩时候的导游讲解，它能够给新闻记者提供很多背景资料，记者在观察的时候如果能够结合这些资料就可以观察得更加仔细和深入，也会更加敏锐。所以新闻记者应该将观察和搜集资料、访问等等采访方法结合起来一起使用，这样可以更好发挥观察的作用。

六、善于比较观察

德国哲学家莱布尼茨说："世界上没有完全相同的两片叶子，也没有完全相异的两片叶子。"黑格尔也认为："假如一个人能看出当前即显而易见的差别，譬如，能区别一支笔和一头骆驼，我们不会说这人有了不起的聪明。同样，另一方面，一个人能比较两个近似的东西，如橡树与槐树，或寺院与教堂，而知其相似，我们也不能说他有很高的比较能力。我们所要求的，是要能看出异中之同和同中之异。"① 两位哲人都要求人们学会比较，通过比较掌握事物的相似点、差异点。在新闻观察中，新闻记者也应该有一双善于比较的眼睛，通过对比发现事物的特点，通过比较凸显事物的价值。看下面这则新闻的开头：

南浦南原两村党支部作用不同效果不同

（分镜头表）（解说词）

南浦碳黑厂竣工典礼现场（背景声）灵石县南浦云青化工炭黑厂竣工典礼现在开始；第一项，鸣炮奏乐！

（划转）南原村拍卖支部窑洞现场（划转）

（记者现场报道）观众朋友，这里是灵石县静升镇，今天上午，这个镇一条山沟两个相邻的山村同时发生了两个事件：一个是晋中首富南浦村投资 800 万元的碳黑生产线投产了，一个是穷得叮当响的南原村变卖集体的最后一点家当——村党支部的办公窑洞。

---

① （德）黑格尔著，贺麟译：《小逻辑》，[M]，北京：商务印书馆，1980 年版，第 253 页。

（慢转换）这两件事联系在一起，记者在他们背后发现了这样一个事实，南浦村几十年始终不渝地坚持党的领导，村民的日子日益红火；而南原村放弃党的领导，村庄日趋衰败。

（记者进入南原村老百姓的院子）（记者在南原村采访）

南浦南原相距不到一公里，解放初期本为同一村庄，两村天时地利基本相同。如今，南原村依然是一派凄凉景象。

记者：南原村多少年没有发展党员了？南原村党老支书：23年了。

（南原村党支部烂窑洞、露天的大窟窿、烂桌凳、残破的合作社牌子）村民向记者反映情况……

记者在这里运用就是比较观察，两个村子有相同的自然条件，而且相隔不远，但是一个红红火火，另一个破落不堪，其原因就是南浦村坚持党的领导，而南原村放弃了党的领导，通过比较观察再得出上述结论就使得作品更加有说服力。

七、融思考于观察

丹麦有一个物理学家名叫雅各布·博尔，有一次他在自家打碎了一只花瓶。这只贵重的花瓶落地后立即变成一摊碎片。为此心疼不已的家人发现出去倾倒碎片的雅各布不知去向了。几番周折，他们在实验室里找到了他。只见雅各布面带微笑地将碎片一块一块夹到秤上，然后仔细地记录着每一块的重量。他发现重量在0.1～1克之间的碎片最多；1～10克之间的居次；而10～100克之间的碎片最少。他还发现，面积不同的碎片之间，重量比始终徘徊在16：1左右。这一发现，令雅各布兴奋不已，他又接连摔碎了家里的其他几个花瓶，结果发觉了同样的规律。这个规律就是碎花瓶定律，在文物恢复、推测陨石等工作中大有用处。这个例子就提醒新闻记者在观察的时候需要和思考结合起来，去伪存真、去粗取精，这样才能提高新闻记者的洞察力、发现力、判断力,从而更容易发现新闻线索,更容易找到事物规律。2017 年,黑龙江广播电视台的记者发现一个奇怪现象,当年黑龙江粮食生产结束了连续 13 年增产的纪录,减产近 4.5 亿公斤,但是农民人均可支配收入却有望突破 8%,是近三年来增速最快的一年,这一增一减的原因是什么?它又说明了什么问题呢?这个反常的现象引发了记者的兴趣与思考。带着这个问题,记者进行了深入采访,发现导致这一现象出现的原因是黑龙江省通过农业的供给侧结构改革降低了产量,提高了质量,一增一减的原因就在于这一低一高,它说明农业生产不能只看重产量而更应该看重质量和效益,这才能够让农民的钱袋子真正鼓起来。据此,记者采制电视新闻评论《减产为何却增收?》,很好地回答了这一问题。

二维码 8.4　《减产为何却增收?》

第五节　学会培养观察能力

观察能力是人与生俱来的一种基本能力,可是由于每个人家庭、学识、阅历等等的差异,后天显示出来的观察能力大相径庭。例如有的人描写月亮总是一个词"一轮明月",但是如果观察能力比较强,那你就可以看出月亮在不同地点和不同时间会幻化出不同姿态。海上的月亮是"海上生明月,天涯共此时",大漠的月亮是"大漠沙如雪,燕山月似钩",而山上的月亮则是"明月出天山,苍茫云海间"。初一前后的月亮是"月黑雁飞高，单于夜遁逃"，上半月的月亮是"可怜九月初三夜，露似珍珠月似弓"，月中的月亮是"暮云收尽溢清寒，银汉无声转玉盘"，下半月的月亮则是"无言独上西楼，月如钩"，每时每地的月亮都有各自的特点和形状，是不一样的。观察能力除了和天赋、家庭、学识、阅历等因素有关系以外，还有就是需要有针对性的训练和培养。

一、培养观察的兴趣

新闻记者既是新闻的记录者也是历史的记录者，无论新闻还是历史都要求客观、真实、准确，而要达到这样的要求就需要新闻记者能够尊重真实、描摹真实，这就离不开高超的观察能力。可以说，没有高超的观察能力就不能成为一名合格的新闻记者。而要培养观察能力需要对观察有兴趣，正像人们常说的那句话，兴趣是最好的老师。梁启超也认为观察的条件，头一桩，是要对于所观察的对象有十二分兴味，用全副精神注在上头。只有对观察有兴趣，新闻记者才愿意将更多的时间和精力放在它上面。再一个，培养兴趣也是形成行为良性循环的有利条件。兴趣可以促使记者全神贯注地去观察，高效的观察又容易诞生高质量的新闻作品，高质量的新闻作品又成为一种反馈和激励帮助记者进一步提高观察兴趣。这样一个良性循环就此形成，然后周而复始、循环往复，新闻记者就会对观察越来越感兴趣，同时也会写出更多更好的新闻作品。

培养观察的兴趣要让新闻记者意识到它的重要性，意识到它是新闻记者最基本的能力之一，这样才能够具有从事观察的内在驱动力。培养观察的兴趣重在坚持，有些人对某种事物没有兴趣是因为不了解它，如果这些人敢于尝试并且能够坚持下去，就会慢慢发现这种事物的妙处并且逐渐培养起兴趣。著名记者穆青刚刚从事新闻工作的时候对新闻采访没有兴趣，想去当一名作家。当时鲁艺的副院长周扬专门找他谈话，告诉他文学和新闻是相通的，很多作家都是从记者成长起

来，通过新闻采访可以体验生活，接触各式各样的人，也是一种锻炼
和积累。穆青就尝试着从事新闻采写，在他发表了《赵占魁同志》这
篇人物通讯后，他发现新闻工作具有巨大的力量，是其他工作不能够
相媲美的，于是他就安心进入了新闻业的大门，从此以后和新闻事业
相恋一生直至去世。对于新闻观察来说也是一样，大千世界中有各行
各业的人，千姿百态的物还有无奇不有的事，这些都可以成为新闻记
者观察的对象，只要深入其中慢慢地绝大多数记者都会对观察产生浓
厚的兴趣。

二、观察要抓住特点

新闻记者在观察时要学会抓住人物或者事物的特点，这样写出的
作品才能够惟妙惟肖、生动形象。著名新闻记者范长江就特别善于抓
住人物特点进行观察。1936 年西安事变爆发后，他在西安采访结束
以后又来到延安，见到了毛泽东、刘伯承等人，都是寥寥数笔就把一
个人写得栩栩如生。比如他写毛泽东："书生一表，儒雅温和，走路
像诸葛亮'山人派头'，而谈吐之持重与音调，又类村中学究，面目
上没有特别'毛'的地方，只是头发稍微长一点。"他写刘伯承："身
体看来很瘦，血色也不好，四川人有这样高的个子，要算'高'等人
物。他之有名，不在到红军之后，西南一带，对'刘瞎子'的威风，
很少不知道的。他作战打坏了一只眼，身上受过九次枪伤，流血过
多，所以看来外表不很健康，然而他的精神很好，大渡河也是他打先
锋。行军时，飞机炸弹还光顾了他一次，幸而不厉害。他在莫斯科曾
经令伏罗西罗夫敬佩过的。'红军总参谋长'是每个红色战斗员都知
道厉害的。"[①] 范长江之所以能够写得精彩源于他看得仔细和专业，
抓住了每一个人的特征。

新闻记者要想观察时快速而准确地发现人物和事物的特征需要注

---

① 范长江：《塞上行》，[M]，银川：宁夏人民出版社，2000 年 8 月版，第 184、185 页。

意这样几个方面：一是观察的时候保持专注和认真的态度。凡事都怕认真二字，认真、专注可以让大脑处于一种高速运转并且心无旁骛的状态，人的识别、判断、推理能力也会随之快速提高，这样就会大大提高人的学习和工作效率；二是要学会比较。所谓特点就是一种人物或者事物与众不同的地方，通过比较就可以找到这种不同之处。松树在什么地方都可以见到，但是黄山上的松树却长得与众不同，有一首诗《黄山贴壁松》是这样写的："试胆崖边壁与松，相拥而立弟和兄。同生共死情难悔，齐度春秋又夏冬。"这首诗说明了黄山松的一个特点，由于黄山松大多生长在悬崖绝壁之上，因此呈现出一面生长的姿态，这和其他地方的松树有很大区别。因此黄山松也被人们赋予了坚忍不拔、傲视而立的文化意境。三是重复多次地进行观察。有很多事物单独进行一两次观察很难发现它的特点，就像本节开头提到的月亮变化就需要通过多地、多时段观察才能够准确把握。新闻记者的观察也是如此，比如一项政策推广以后，很可能在某地短时期内见不到多大效果，随着日积月累其效果才能够逐渐显现。如果记者蜻蜓点水地在这个地方随便看看，可能就会没有什么收获，但是如果他能够持之以恒地关注这个地方就会发现新的变化和气象来。

三、培养自觉的观察意识

所谓自觉的观察意识就是新闻记者对外界事物始终保持一种好奇心，习惯性地观察新鲜和反常的事物。如果新闻记者具备了这种自觉意识，就可以快速提高自己的新闻发现力，让自己的新闻嗅觉更加灵敏。新闻记者培养观察的自觉意识首先要经常让自己处于工作状态之中，无论工作时间还是休息时间都记得自己的记者角色，这样记者的眼睛就不会偷懒或者放松警惕，也就更容易发现新闻。记者在做这方面训练的时候会发现，这也是一个由难到易，由不自觉到自觉的过程，刚开始记者需要经常提醒自己提高观察的注意力，但是时间一长，它就会变成一种习惯和自觉融入到记者的深层意识，当新闻来了自然地就展开新闻观察。其次是做好观察笔记,特别是对于刚刚参加新闻工作的记者或者新闻学的在校学生而言,可以通过类似日记的形式进行强化训练,每天针对人物或者事物进行观察,然后把自己观察到的内容以及在观察时想到的内容记录下来,整理成笔记的形式,这样坚持不懈也有助于培养观察的自觉意识。下面是人民日报记者采写的观察笔记。

悲伤"绿海滩"(2016 年 5 月 24 日)

23 日上午,我正在电脑上浏览新闻,突然屏幕上弹出了一则快讯:西北沿海的塔尔图斯市和杰卜莱市发生多起自杀性爆炸袭击,已造成至少 65 人死亡。极端组织"伊斯兰国"宣布制造了这一系列事件。

两座城市所在的塔尔图斯省和拉塔基亚省素有"绿海滩"的别称。得益于温润的地中海气候,这里常年郁郁葱葱,是叙利亚果蔬的主要产区,也是该国最负盛名的避暑胜地。由于该地区是叙总统巴沙尔所属的阿拉维派的聚居区,加上俄罗斯驻叙军港和空军基地均位于此,自危机以来,这里一直是政府军的核心防区,安全局势相对稳定。

"绿海滩"发生如此罕见的伤亡,出人意料,更令人痛心……

……尽管早有心理准备,但现场的惨状仍令我震惊。车站,爆炸遗留的弹坑足有一米宽、半米深,方圆 30 米内的汽车几乎都成了一堆黑乎乎的废铁。军警在清理现场,民众们则守在安全线后观望。

一个怀抱孩子的中年男子激动地对我说:"这是不折不扣的犯罪!袭击平民的都是懦夫!我希望让孩子记住,我们都是恐怖主义的受害者!"旁边的人应声附和。他怀中的孩子始终看着废墟,眼里满是惊恐。

医院,空气里弥漫着血腥味和消毒水的混合味道。发生爆炸的急诊部在一楼,里面一片狼藉,熏黑的墙壁上血迹斑斑,瓦砾中都是严重变形的轮椅、担架、玩具……

　　回到大马士革，处理完工作已是次日凌晨。新的一天已经来临，但昨日的阴霾并未散去。同行的新华社记者小杨在朋友圈发了一组爆炸现场的图片，并写道："本来想趁着春天去塔尔图斯看海，然而……"

　　总之，观察能力是新闻记者最基本的能力之一。新闻记者可以从培养兴趣着手，重在提高观察技巧，最后形成观察的自觉意识，这样就可以比较快速地培养和提高自己的观察能力。

第九章　隐性采访篇

隐性采访和访问、观察等等方法不同。它不是一种单独的采访方法，而是融合了其他所有方法，只是在身份和意图的公开程度上有区别的一种采访方法。

第一节　隐性采访的概念和溯源

一、隐性采访的概念和特征

隐性采访是一种特殊的采访方法，是新闻记者隐藏自己的真实身份或者真实采访意图的采访。和一般采访相比，它有如下一些特点：

一是隐蔽性。在隐性采访中，新闻记者的身份是被隐藏的，他可以装扮成其他角色进行新闻活动，而采访对象不了解记者的真实身份和意图，在很多此类采访中，采访对象不知不觉进入新闻中。

二是综合性。一般的新闻采访方法都是单一功能，主要依托人们的一种感官，但是隐性采访中却可以综合多种采访方法一起使用。记者在采访前通过搜集资料做好采访前的准备，在采访中既可以访问，也可以观察和搜集资料，另外还可以通过立体的体验感受，更加深入地搜集所需素材。

三是艰危性。和其他采访方法相比，隐性采访更加艰难和危险。艰难主要体现在由于记者在进行隐性采访时脱离了原来身份，要学习和装扮另外一种身份，这就在新闻采访之外又增加了一种新任务。在采访中由于没有了记者身份就很难得到职业群体和所属单位的支持和帮助，无形中增加了采访难度。隐性采访也比较危险，因为此类采访是在普通采访方法无法使用时才会使用的一种方法，因此采访环境一般比较恶劣和危险，尤其新闻记者的身份一旦被对方识破，则人身风险和法律风险将会更大。

四是边缘性。隐性采访不是一种主流的采访方法，在一些国家或者职业共同体中这种方法经常被人诟病。在中国，它也处于不提倡、不禁止、不保护的灰色地带，在合法和非法的边缘游走，稍有不慎就会惹上新闻官司，因此隐性采访的这个特性也提醒新闻记者在使用这种方法的时候要慎之又慎。

二、隐性采访溯源

隐性采访在欧美国家出现较早，比较有代表性的是英国《派尔麦尔公报》在 1883 年至 1885 年威廉姆·托马斯·斯蒂德主编期间对儿童卖淫案进行的报道和美国记者伊丽莎白·科克伦为纽约《世界报》采写的关于精神病院医护人员虐待患者的报道。

1885 年，《派尔麦尔公报》主编斯蒂德发现伦敦一些商人贩卖幼女到布鲁摩尔的红灯区供富人消遣，于是他通过暗访了解到真实内幕，在《派尔麦尔公报》上从 1885 年 7 月 4 日到 7 月 13 日发表了由 12 篇文章构成的系列长篇调查性报道《现代巴比伦的处女贡品》。在系列文章中，伦敦幻变成古希腊神话中的米诺斯迷宫，被贩卖的幼女就像是雅典敬献给怪物米诺陶洛斯的祭品要去满足富人们的兽欲。为了更详细地了解贩卖的真实流程，斯蒂德甚至自己从一名从事烟囱清扫工作的母亲那里"购买"了她的女儿伊利莎·阿姆斯特朗，当然这也给斯蒂德后来入狱埋下了伏笔。斯蒂德的报道获得了巨大成功，《派尔麦尔公报》一时间洛阳纸贵，报纸刚上市就被一抢而空，报社甚至需要从其他报社购买新闻纸来加印，作家萧伯纳也是在读了这篇报道后灵感激发，创作了著名戏剧《卖花女》。英国政府则在舆论重压之下通过了《1885 年刑法修正案》，将性行为年龄从 13 岁调整到 16 岁。最后，斯蒂德因为在采访中非法诱拐幼童被判入狱三个月，但是他坚信新闻业有能力改变社会，正如斯蒂德在 1886 年发表的《政府与新闻业》（Government and Journalism）中讲到的："新闻从业人员是受教育的民主的无冕之王，出版是民主的声音，社会改革的发动机，博爱的使者。"①

再一个是美国著名记者伊丽莎白·科克伦的报道。1897 年，纽约《世界报》的老板普利策聘请《匹兹堡快讯报》的记者伊丽莎白·科克伦卧底布莱克威尔斯岛疯人院调查虐待女病人的事实。一天早上，一夜未眠并在镜子面前练习了一晚上的科克伦见人就说别人疯了，后来她自己被送进精神病院"体验生活"，她在这里看到病人吃着腐烂的牛肉，喝着肮脏的水，病人坐在冰冷的板凳上靠体温抵御寒冷，病情严重的还被绳索锁在一起，老鼠在医院爬来爬去，护士对病人非打即骂，她还发现有些病人情况并不严重，甚至有的病人理智是健全的。10 天后，科克伦离开了疯人院，她以《疯人院十天》为题报道了这次难忘的经历，报道引起地方政府重视，政府增加了 85 万美元的预算，并且保证只有严重到一定程度的病人才能够被送到疯人院。

中国虽然新闻事业出现最早，但是在长达一千多年的古代新闻事业阶段没有近现代意义的新闻记者和新闻文体，所以新闻采访也处于比较原始的状态，更不要提隐性采访了。中国出现隐性采访应该在 20 世纪以后了。上世纪 20 年代，法国因为物价上涨，法郎贬值，提出让晚清政府用金佛朗偿还未付的庚子赔款，如果提议通过，中国将会多支出一大笔钱。1922 年，北洋内阁对"金佛朗案"闭门磋商，

---

① Brendon，Piers The Life and Times of the Press Barons，［M］，London，Secker and Warburg，1982，P 78、79。

邵飘萍了解这一线索后前去采访，但是在门口吃了闭门羹，门卫以会议不接受采访为由不允许他入内。邵飘萍并没有善罢甘休，他在门外徘徊良久，看到法国公使匆匆赶往会场，于是灵机一动紧紧跟在公使身后，头压得很低。门卫以为法国公使带了一名随从就没有阻拦邵飘萍，他顺利进入会场后找到一个最偏僻的角落旁听了全部会议议程，在会议结束后他将相关内容披露于报纸，读者看了都感佩邵飘萍的采访手段鬼神莫测。

　　邵飘萍不但是中国隐性采访最早的实践者，还在理论层面对其进行了论述。他曾经著述过中国近代最早的应用新闻学著作《实际应用新闻学》，这本书曾说："又外交记者显示其资格与否，当视情形不同而临机决定。有若干人不喜彼所言者披露于报纸，亦有若干人惟恐报纸不采其所言，苟误用则两失矣。故探索新闻，问及附近之知其事者，有时直告以我乃某社社员，有时又只能作为私人询问，而勿令知我为新闻记者。"① 又说："最有关系之秘密消息，每闲谈中无心出之，在谈者或未因新闻记者在前而特加戒备也。故优良之外交记者，听到重要处，心中十分注意，而外形毫不惊诧，惟泰然首肯，使人敢于尽量发表，及至握手道别。"② 为了达到目的，邵飘萍还鼓励新闻记者学会"化装术"，他说："外交记者之职务，虽与业侦探者目的不同，且不以发个人隐私，攻个人私德为事，然有时深入虎穴，或与政界恶党宣战，必难免经多次危险，又如充作仆役，执务于政治外交秘密会议，皆所恒有之例，因而主张正义身触文网，不得不易容以避恶魔之耳目。"③

　　除了邵飘萍以外，《新闻报》记者顾执中在1931年九一八事变发

　　① 邵飘萍：《实际应用新闻学》，见肖东发、郑绍根编：《邵飘萍新闻学论集》，[M]，北京：北京大学出版社，2008年12月版，第51页。

　　② 邵飘萍：《实际应用新闻学》，见肖东发、郑绍根编：《邵飘萍新闻学论集》，[M]，北京：北京大学出版社，2008年12月版，第33、34页。

　　③ 邵飘萍：《实际应用新闻学》，见肖东发、郑绍根编：《邵飘萍新闻学论集》，[M]，北京：北京大学出版社，2008年12月版，第51页。

生后随国联李顿调查团到东北调查访问，尽管日本特务严密监视，顾执中还是通过明察暗访了解到日军侵略行径，写成长篇通讯《东北呼天录》，在《新闻报》《申报》《京报》《益世报》等报刊发表，影响巨大。《大公报》记者范长江在1936年化装成一名小商人深入到额济纳旗打探日军侵略我国西蒙地区的情况，据此他写成了《忆西蒙》，发表在《国闻周报》。这些都是中国记者早期应用隐性采访的案例。

目前，无论中外，隐性采访都得到了比较广泛的应用。

第二节　隐性采访的功用

作为一种特殊的采访方法，隐性采访也有和一般采访不一样的功用，具体来说有四个方面。

一、原生态调查

在隐性采访中，由于记者隐藏了采访意图和真实身份，所以能在采访对象毫无知觉的情况下介入现场，这就可以最大限度保护新闻现场的原始样态，实现原生态调查。如果不采用隐性采访，有些事件可能会因为记者的进入发生改变。例如有时候记者采访的是负面新闻，新闻当事人侵害了公众权益，他们不愿意自己的所作所为曝光，所以会千方百计地掩盖和隐藏自己的行为，这时候记者如果用正常采访手段就不容易搜集到真实素材。2017年，上海广播电视台记者使用隐性采访的方式调查上海网红店假排队现象，在节目里，记者拍到了粽子店外四十多位中老年人冒充排队领取粽子，领完后归还粽子店再重新排队，有的人一天排了十多轮。某售楼处为了烘托气氛花钱雇托参加选房，让这些托假装选完房子以后还拿到礼品，但是在表演一番后还要将礼品重新送回售楼处，楼盘负责人还对记者低声耳语："我并不希望第一天就卖掉太多，这会引发过多的关注。"记者还在某品牌鞋店受雇于黄牛当了一回充场人员，在 6 个小时里和其他充场人员一起换鞋、试鞋、买鞋。经过 3 个多月调查，记者发现了很多类似的情况。[①]

二维码 9.1　《网红店假排队调查》

在这次采访中，记者就采用了隐性采访的方法，拍摄到了真实和原生态的画面。试想如果记者暴露自己的职业身份，恐怕这些假顾客就会作鸟兽散了，那也就拍不到这些原始的画面了。

二、使报道生动形象

隐性采访还可以使新闻报道更加生动形象。首先，很多使用隐性采访的报道都带有揭秘性质，公众对于被掩盖的秘密总是怀有强烈的好奇心。这一点也可以从叙事主题的角度来分析，新闻报道中含有的心理替代因素愈强烈则新闻价值含量愈大，而心理替代性较强的有英雄主题、寻宝主题、揭秘主题等等，隐性采访在这些主题中都可以使用，可以让受众在接受过程中产生强烈的心理替代性，因此这类采访也能够更加吸引他们的关注。

其次，隐性采访大多是独家新闻。在新闻价值要素中新鲜也是很重要的一方面。新鲜就是新闻事件和新闻受众大脑中原有的相关经验

---

① 《网红店假排队调查》，[N]，上海：上海广播电视台 http：//www. kankanews. com/a/2017－06－06/0038019082. shtml。

的重合程度，重合程度越小则越新鲜，对于新闻受众的吸引程度也越高。隐性采访需要隐藏记者的身份和行踪，如果暴露就会给他们带来危险和麻烦，因此记者往往独立采访，新闻素材也具有排他性，例如新快报对广州酒楼存在无良现象的曝光，为了保证新闻的轰动效应以及记者安全，新快报独家全程保密采访，甚至连本报社的律师也是在报道即将刊印前才见到稿件，最后报道极具轰动效果，让新快报一鸣惊人。

还有，记者在隐性采访中可以看到或者拍摄到原生态画面，而这些是最生动形象的。大千世界、芸芸众生本身就是一台最好的戏剧，如果人为地加以改变，反而让人觉得虚假和拙劣。新闻采访也是这样，有人见到记者故意夸张地表演，有人见到记者极力掩盖自己的罪恶，有人见到记者不由地战战兢兢，这些都会破坏新闻事件的原始美，但是如果记者采用了隐性采访的手段就可以记录和体会新闻事件的原始魅力。

《焦点访谈》栏目曾经播出过一期节目《罚要依法》，后来获得中国广播电视新闻奖评论类一等奖。节目反映山西某些路段交警乱罚款，看下面这一段采访：

11 月 15 号，记者搭乘一辆运煤的空车，在 309 国道河北省涉县到山西长治市 230 公里的路段进行了采访。正常行驶中的车辆，在山西省黎城县遇到了这样的一件事。（交警要对运煤的空车罚款）

记者：多少？

刘带江（山西省黎城县交警）：二十。

记者：给十块算了。什么钱这是？这是什么钱？

刘带江：来来来，下来我告诉你。下来我告诉你。

记者：啊？

刘带江：下来我告诉你。

记者：你给我写上吧。

　　刘带江：再来二十。

　　记者：谢谢，谢谢。

　　刘带江：拿来！

　　记者：你照顾一下算了。

　　刘带江：快点！

　　记者：谢谢。

　　刘带江：四十！

　　记者：多少？

　　刘带江：往前走一下好不好？往前走一下，不要你钱了，往前走，往前走，往前走一下好不好？

　　汽车司机：算了，再说就揍你了。给他四十算了，你不要再掏钱了，给他四十算了。

　　这一段采访十分生动形象，记者强作笑脸、欲擒故纵；交警蛮横粗暴、巧取豪夺，使违法警察的"原生态"暴露无遗。节目播出后，时任国务院总理朱镕基在看了节目后既生气又高兴，生气的是个别交警无法无天，高兴的是记者将他的丑恶嘴脸曝了光。他在视察中央电视台并和《焦点访谈》记者座谈时还津津有味地回忆起这期节目："二十，不行，四十，太形象了，太形象了。"

三、方便获取证据

　　在新闻报道尤其是负面新闻报道中，证据是最关键因素。因为绝大多数负面新闻报道的目的是通过新闻采访发现新闻事件或者新闻人物的非法和不道德，而要说明这种非法和不道德，证据起着决定作用，因此新闻记者必须找到相关的证据。获取证据也是保护新闻记者的重要手段。在新闻采访中，记者不仅面临人身风险还有法律风险，因为新闻报道最后被推上被告席的新闻记者屡见不鲜，而一旦出现新闻官司，能够让新闻记者全身而退的最重要办法就是提供强有力证据，一旦记者掌握了确凿证据，就像披上一件防护衣，任何人不能奈何他们。

2014 年，有内部人士向中央电视台"3·15"晚会举报杭州广琪贸易公司销售过期进口食品原料，大批问题原料即将进入市场。为了一探究竟，记者应聘进入该公司成为了一名仓库管理员，在这家公司，记者发现大量过期食品原料，有的黄油在 2009 年生产，保质期 2 年，在记者看到这批黄油时已经过期 2 年多，另外还有果胶、酥皮油也过期 2 年多。为了掌握证据，记者想观察和记录这些食品原料被工人篡改生产日期的过程，但是由于记者刚刚应聘，所以对方对记者比较警惕，这些关键环节不让他参与。在工作一段时间和对方熟络以后，记者偷拍到了关键证据，一批烘焙王精制低筋小麦粉，生产日期为 2013 年 1 月 19 日，保质期 8 个月，早已过期。面粉的包装袋上已经长出了霉斑，有的上面甚至还爬着一些虫子。剪开面粉包装袋后，面粉已经结块。广琪公司的工人用手将结块的面粉捏碎后，直接过筛。不一会儿，筛子上就留下了许多白色的虫子。筛过的面粉被工人装到了新的包装袋里。生产日期由原来的 2013 年 1 月 19 日，神奇地变成了 2013 年 11 月 21 日。工人说，这处理过的面粉，多的时候一天能卖出上百包。记者发现，这里的工人对于印着生产日期的标签不是直接撕掉就是用胶带沾掉，再将印有新日期的标签贴上。由于货物量巨大，这家公司还在其他地方使用着同样伎俩。记者在一批已经过期即将被拉走的淡奶油上做了记号，这批奶油被运到郊区的一间民房，两天以后，这批印有记号的奶油被重新拉了回来，神奇的是原来应该在 2013 年 11 月 17 日过期的奶油变成了 2014 年 4 月 11 日过期。记者还拍摄到这些被修改过的过期原料被送进杭州街头很多烘焙店和面包房的画面。这些证据在节目中发挥了"用事实说话"的作用，让对方无法狡辩和抵赖。节目播出后，涉事公司被吊销执照，相关责任人获刑，有涉案嫌疑的面包、糕点被召回。

二维码 9.2　《面包新语等烘焙企业被曝用过期食品原料》

四、保护记者安全

在一些特殊采访中，暴露记者身份有可能给他们带来巨大风险。例如记者进行调查性报道，由于调查性报道主要针对被掩盖的侵犯公众利益的行为展开，所以风险大，困难多，特别是被调查对象会千方百计掩盖自己的犯罪或者不义行为，因此如果对方了解了记者的真实身份，不但会故意给记者采访制造困难，甚至会让记者生命安全受到威胁。《南方周末》记者石野有一次在广州圣王堂地区调查采访黑恶团伙时被对方搜出了记者证，看到证件后，黑恶分子害怕自己的罪行被曝光就想杀害记者，记者灵机一动说自己是骗子，为了诈骗方便就假扮记者，在办假证的地方印制了假记者证，后来苦苦哀求才最终逃出虎穴。

正是因为类似调查性报道的特殊采访容易给记者带来人身和法律方面的风险，所以记者在这些采访中往往隐藏真实身份，神不知鬼不觉地进入现场，再凭借虚假身份全身而退。

五、有利于报道刊播

隐性采访绝大多数应用于舆论监督的报道，而这些报道肯定会触及一些人的利益，甚至会让有些人锒铛入狱。所以面对这些报道对方会不惜一切代价阻止和扼杀，有些是在采访环节给记者设置重重障碍，有的则是给记者刊播报道增加阻力，比如通过种种社会关系给新闻媒体或者记者进行所谓的"公关"，有一些报道就是在这样的"公关"下流产了。如果记者使用隐性采访的方式，那么对方根本不知道记者的身份和任务，更不知道对方报道的内容，因此报道刊播就会减少很多阻碍和麻烦。中央电视台《焦点访谈》栏目组的记者法展对此深有体会："有关保定一农村孩子们全体铅中毒的报道顺顺利利地播出了，一个说情人也没来。为什么呢？是因为本人在做这期节目时，改变了以往明刀明枪的作风，悄悄地进村，悄悄地出村，硬是把偷拍贯穿到了这个片子采访过程中的每一个环节，终于换来片子来之不易的顺利播出。"①

第三节　隐性采访容易引发的问题

前文我们已经讲过，隐性采访目前在我国处于不提倡、不保护、不禁止的边缘地带，为什么会出现这样一种情况？其本质原因在于隐性采访具有与生俱来的问题和劣势。

一、容易引发法律问题

目前，我国关于新闻方面的法律还不健全，针对隐性采访有更多的空白地带，诸如隐性采访是否是合法行为？隐性采访在哪些新闻报道中可以使用？在进行隐性采访时记者的权力和责任有哪些？哪些新闻报道严禁采用这种报道方式等等都缺少明确的规定和诠释。正因为如此，隐性采访带来的法律问题屡见不鲜。

总体来说，隐性采访容易引发的法律案件主要集中于5个领域：

一是容易涉及公民隐私权。隐私权是公民享有的个人信息不被非

---

① 梁建增、关海鹰主编，孙金岭副主编：《见证〈焦点访谈〉》，[M]，北京：文津出版社，2004年5月第一版，第71—73页。

法获悉或者公开，私人生活不被非法侵扰，个人私事不被非法干涉的人格权。隐性采访由于自身特有的揭秘性所以容易侵害到公民的隐私。2012 年 12 月，英国凯特王妃因为怀孕到爱德华七世医院就医。医院的一名护士有一天接到一个电话，声称自己是英国女王伊丽莎白，电话旁边的"查尔斯王储"不时接话，护士信以为真就将王妃的情况一五一十地告诉了对方。很快凯特王妃就医的情况就被电台公布，经过院方调查，打来电话的根本不是什么女王，而是澳大利亚 2DAY 电台的两名主持人。这个事件使爱德华七世医院蒙羞，接电话的那个护士在自己住所内自杀身亡。这个事件就是主持人因为自己的不当采访侵犯了凯特王妃的隐私权。后来该电台受到舆论谴责，两名涉事的主持人被电台开除。类似这样的事件在英国并非个例，最著名的就是 2011 年《新闻报》的关张。《新闻报》是新闻大亨默多克掌控的新闻集团旗下的一张小报，虽是小报，但是小报不小，办报历史长达 168 年，销量最高达到 850 万份。《新闻报》醉心于黄色新闻，大量采用隐性采访揭露秘闻。2001 年，报社派记者乔装成阿联酋一名酋长助理，接近并且采访爱德华王子的王妃索菲，将索菲对英国首相布莱尔和财政大臣布朗等人的抨击以及一些王室秘密公之于众。为了采集到更具爆炸性的新闻，《新闻报》从 2002 年开始窃听公众电话，甚至王室成员，像查尔斯王储、卡米拉王妃、威廉王子和哈里王子的通话都被记者偷听偷录。这些行为无疑都涉嫌侵犯公民隐私，后来"窃听丑闻"被曝光并且不断发酵，导致这一拥有 168 年历史的英国老牌小报停刊。

二是隐性采访容易涉及国家秘密和商业秘密。国家秘密是关系国家的安全和利益，依照法定程序确定，在一定时间内只限一定范围的人员知悉的事项。具体包括国家事务的重大决策中的秘密事项；国防建设和武装力量活动中的秘密事项；外交和外事活动中的秘密事项以及对外承担保密义务的事项；国民经济和社会发展中的秘密事项；科学技术中的秘密事项；维护国家安全活动和追查刑事犯罪中的秘密事项和其他经国家保密工作部门确定应当保守的国家秘密事项。^① 商业秘密是指不为公众所知悉、能为权利人带来经济利益、具有实用性并经权利人采取保密措施的技术信息和经营信息。^② 由于隐性采访隐匿了新闻记者的真实身份和意图，就有可能会导致相关秘密的责任单位放松警惕，如果记者再缺乏这方面的法律意识就会导致相关秘密的泄露。

三是容易涉及公民和法人的名誉权。名誉俗称名声，它是社会对某公民的品德、才干、思想作风等诸方面的综合评价，是公民人格权的重要内容。而对于法人来说，它是社会对法人信用、服务、态度、工作状况、对社会贡献等的综合评价。^③ 在隐性采访中，如果记者采访不当也会触及这方面的权利。《海峡都市报》曾经报道记者在暗访泉州湖美大酒店时接到应召小姐打来电话称可以上门提供服务，记者表示对安全方面有顾虑，该小姐声称这个酒店是最安全的，如果有紧急情况酒店会提前通知。报道刊登以后，湖美大酒店认为《海峡都市报》的暗访严重侵犯自己的名誉权，并且向当地法院提起诉讼。后经过法院审理，认为报道中所谓的"应召小姐"身份不明，而且信息没有经过进一步核实。法院最后判定报社和记者对该酒店的名誉权造成侵犯，判令被告赔偿酒店一万元并且赔礼道歉。

四是容易涉及公民肖像权。肖像，是指通过造型艺术对公民形象的再现。肖像可以是一般的照片、画像，也可以是摄影、绘画、雕像、录像等其他艺术形式的再现，它反映肖像者的真实形象和特征，与人的人格不可分离，为该公民所专有，是自然人所独享的民事权利。^④ 在隐性采访中，因为侵犯肖像权导致记者被诉的案例也屡见不鲜。

湖北省十堰市竹山县电视台的《新闻透视》栏目在 1998 年连续

---

① 《中华人民共和国保守国家秘密法》，[Z]，2010 年 10 月 1 日执行。
② 《中华人民共和国反不正当竞争法》，[Z]，2019 年 4 月 23 日执行。
③ 张庆祥主编：《民法》，[M]，北京：中国法制出版社，1996 年 12 月，第 294 页。
④ 张庆祥主编：《民法》，[M]，北京：中国法制出版社，1996 年 12 月，第 294 页。

三个晚上（每晚两次）播出了以《暗访街头算命摊》为题的电视节目，通过记者隐藏在皮包内的摄像机对竹山县的算命摊进行曝光。其中有记者对算命先生程道平的偷拍镜头。

节目播出后不久，程道平以侵犯名誉权和肖像权为由向竹山县人民法院提交民事诉状，将竹山县电视台和记者方应成告上法庭。程道平在诉状中称：原告无意中的形象，被别有用心地拍照，并烘托印证其"骗取钱财"之说，给人以无可否认的印象。这种丑化，细致到了把原告裤头上的拉链头都反映得清清楚楚，并由下向上，停留在脸和破帽上，可见侮辱的程度如何。[①] 虽然在这起新闻官司中，电视台和记者赢得了诉讼，但是节目确实有侵犯肖像权的嫌疑，只不过记者的采访和拍摄是针对侵犯公众利益的行为，所以法庭考虑这方面因素以后就没有认定。

五是以非法身份采访。由于新闻记者在隐性采访时要放弃自己的记者身份而装扮成另外一种身份，这就带来了一个身份选择的问题。因为有些身份记者是不能装扮的，有些身份装扮起来难度比较大，这两点后面会有叙述。再一个就是记者不能够以非法身份进行采访活动。新闻记者是国家或者社会中的一个群体，他们的言行也要受到所在国法律的约束，不能因为自己从事的是新闻采访活动就可以凌驾于法律之上，不能因为目的高尚就采用违法手段，而这一点又往往是一些媒体和记者忽视的。新闻记者采用非法身份进行隐性采访的例子比比皆是。2005 年，南京某报记者钟某经别人介绍潜入到南京的一个偷盗自行车团伙中进行隐性采访，根据采访内容写了一篇题为《四天三夜 女记者贼窝上演无间道》的报道。这篇报道引发较大争议，争议焦点在于这名记者的采访是否合法。因为这名记者不但潜入该组织还在偷盗团伙偷窃自行车的时候为他们望风，据办案的检察官介绍，

[①] 刘海涛、郑金雄、沈荣：《中国新闻官司二十年》，[M]，北京：中国广播电视出版社，2007 年 10 月第一版，第 457 页。

依照犯罪嫌疑人的互相印证，这名记者与他人共同参与偷盗自行车15辆，行为已经触犯刑法。鉴于该名记者违法行为较轻，又向公安机关报案，南京玄武区检察院向记者所在报社发出《检察建议》：对记者钟某进行严肃批评、教育，并给予一定行政处理；报社领导要自觉增强法律意识，提高分析和辨别是非的能力，引导记者正确履行工作职责；加强对全体记者的法制和职业道德教育，增强社会责任感，不要将采访证作为违法的特权证，并对采访中记者应如何遵纪守法提出了具体建议。报社根据这一建议制定下发了《关于隐性采访实行申报许可制度的通知》，规定"凡重大题材或可能产生重大风险的隐性采访活动，必须在司法机关或报社相关部门的监督指导下进行，行动时必须采取双人相互掩护、监督的措施"。[①] 虽然报社针对这件事情有了回应，制定了相关制度，但是从制度内容可以看出报社的回复没有找到问题根源，出现这一问题的最主要原因是新闻记者法律意识淡漠，不知道在隐性采访中哪些角色可以扮演，哪些不能，不知道行为的法律界限在哪里。因此报社应该加强对新闻记者的法制教育，要求新闻记者不得使用违法身份进行采访。这个例子也提醒新闻工作者要知法懂法，清楚非法和合法的边界。记得中央电视台《焦点访谈》曾经对某城市不法分子兜售假发票行为进行暗访，记者假扮成想要购买发票的行人向这些不法商贩了解情况，尽管记者也和他们讨价还价，但是始终没有购买，我认为这个记者的行为界限就把握得非常精准，如果记者购买，采访行为就会发生质的变化，变成一种违法行为。

二、容易引发道德问题

没有规矩，不成方圆。新闻记者的新闻采访行为除了受到法律法规的约束，还受到新闻职业道德规范的限制。尽管各个国家由于国情

---

① 崔洁等：《〈卧底女记者偷车不犯罪吗〉有反响 报社开始规范记者"暗访"行为》，[N]，北京：《中国监察报》，2005 年 5 月 11 日。

和历史传统不同，导致关于新闻传播活动的道德约束也会有所差异，但是像真实、客观、公正这些基本的道德追求是几乎所有国家新闻职业道德准则的应有之义。如果我们以这些基本道德约束来衡量隐性采访，就会发现它还是有令人诟病的地方。

真实性是新闻的生命，它也是新闻职业道德规范的重要内容。虽然新闻的真实性主要指构成新闻的基本要素以及新闻中引用的各种材料以及对新闻事实的解释与概括要真实或者符合客观事实的自身逻辑。但是，它也隐含了新闻工作者要通过正当、真实的身份去获取新闻素材。从某种程度讲，新闻记者冒充某种身份获得的新闻事实是不真实的，其做法和职业道德相悖。

上世纪 70 年代，《芝加哥太阳报》记者了解到新闻线索，主管商业场所安全的一些官员有贪污行径，为了了解清楚新闻事实，记者假扮商人在相关地区开办了一间酒吧。在营业期间，记者搜集到大量官员受贿和非法交易的证据，并且用摄影机和录音机录制下来。采访结束后，记者在报纸刊登了相关的调查性报道，引起很大轰动。但是在入围普利策新闻奖后，评审委员《华盛顿邮报》的编辑布莱德里的话却很有代表性："报纸本身获取新闻时不诚实，又怎能为诚实和尊严而奋斗?"[①]

正是由于这些原因，一些组织的道德规范对隐性采访作了直接或者间接的规定。《中国新闻工作者职业道德准则》规定："维护宪法规定的公民权利，不揭人隐私，不诽谤他人，要通过合法和正当的手段获取新闻，尊重被采访者的声明和正当要求。"1954 年，国际记者联合会通过的《记者行为原则宣言》第四条规定："只用公平的方法获得新闻、照片和资料。"[②] 1963 年，英国新闻记者学会制定的《英国报人道德准则》中明确指出："用欺诈、威胁、侵犯隐私等不正当的

---

① 张西明：《隐性采访中的道德与法律问题——从美国新闻界的一些做法和规定谈起》，[J]，《中国记者》，1997 年第 7 期。

② 甘惜分主编：《新闻学大词典》，河南人民出版社 1993 年版，第 939 页。

手段获取新闻或者照片不符合职业道德规范，应该受到谴责。"① 在德意志新闻出版委员会 1973 年制定的《新闻界规范．新闻界应当怎样工作》中也规定："在采集消息、信息资料和图片时不允许使用不正当的手段。"②

从这些组织的相关规定可以看出，新闻记者的职业行为是有严格限制的，特别是对新闻获取手段有明确要求。隐性采访中对采访身份和意图的掩盖实际也是一种欺骗行为，当面对侵犯公众利益的新闻事件时我们兴许还可以用"两害相权取其轻"或者"目的高尚，手段卑下"等等借口来搪塞和解释，但是在普通采访中如果使用这种方法，那就真是一种不道德的行为了！

三、容易引发记者惰性

在前面的论述中我们讲到，隐性采访具有艰危性，这是因为隐性采访面对的题材普遍比较危险，采访起来也比较困难，但是如果面对同样的题材，使用普通的采访方法可能难度会更大一些。假如记者采访的是某公司生产假冒伪劣商品，如果使用隐性采访，那么媒体可以派记者应聘到这一家公司成为员工，记者就可以在工作期间进行素材采集，能够神不知鬼不觉地完成采访任务。但是如果运用普通的采访方法，困难就会大很多，对方看到记者来采访避之唯恐不及，怎么会主动回答你的问题或者让你近距离观察呢？因此从这个角度讲，隐性采访难度较之普通采访还会小一些。

基于此原因，有些记者就将隐性采访作为一条"捷径"，动不动就隐形一番，殊不知时间长了就会养成一种采访惰性，碰到一点困难就开始隐性采访，长此以往，新闻记者的采访能力就会退化，也会消

---

① 蓝鸿文主编、郑保卫副主编：《新闻伦理学简明教程》，中国人民大学出版社，2001 年 11 月第一版，第 257、258 页。

② 蓝鸿文主编、郑保卫副主编：《新闻伦理学简明教程》，中国人民大学出版社，2001 年 11 月第一版，第 259 页。

减自身的竞争和挑战意识。对于新闻记者来说，访问和观察是最重要的基本功，也是最重要的采访方法，新闻记者获取素材应该主要依靠这两种方法。隐性采访容易引发法律问题，而且在职业道德方面有与生俱来的缺陷，因此不能作为一种普遍选项来使用，只是在特殊情况下通过其他正常采访方法不可能获取新闻素材的情况下才可以使用。新闻记者不能舍本逐末，因为投机取巧丢掉了自己的看家本领。

第四节　如何做好隐性采访

在前两节，我们已经了解了隐性采访的优势和存在问题，可以看出这种采访方法不是一种普遍适用的方法，它有自己的擅长与局限，只有在采访中扬长避短才能够更好地发挥这种采访方法的作用，或者避免引发一些麻烦和问题。

一、树立不得以而为之的理念

记者使用隐性采访首先要树立不得已而为之的理念，即在其他采访方法无法达到采访目的，而且又是特殊的采访对象时才可以使用它。如果使用其他方法可以搜集到需要的素材，记者就不能采用这种方法。不得已而为之既是一种操作理念，同时更是操作原则和前提条件，新闻记者在实际采访时不得违反。很多媒体已经将这一原则变成了实际操作规定。

南方日报报业集团曾出台《预防新闻侵权的若干规定》，其中第八条第八款规定："特殊情况下，为了党和国家利益、人民和社会公共利益才允许采用偷拍偷录的方式进行采访。采用偷拍偷录的方式进行采访，事前应向部门领导汇报；来不及汇报的，采访完毕后立即报告。"①

《新闻调查》栏目对记者的隐性采访规定得比较详细，尤其对实施隐性采访的要件做出了明确规定：

对"偷拍"我们慎之又慎，除非调查危害公共利益的重大隐情而又别无他法，且经制片人同意，否则我们决不采取任何涉嫌欺骗、侵权的拍摄方式。

如何处理有可能引起争议的信息——对一些涉及政治、军事、外交、宗教、民族的敏感话题，能否关注，先请示制片人。

我们还要在公开调查和秘密调查这两种方式中进行选择。秘密调查，就是所谓的"暗访""偷拍"。无论如何，秘密调查都是一种欺骗，新闻不是欺骗的通行证，我们不能以目的正当为由而不择手段。秘密调查不能用作一种常规的方法，也不能仅仅是为了增添报道的戏剧性而使用。只有同时符合下述四条原则，才能够使用秘密调查：

有明显的证据表明，我们正在调查的是严重侵犯公众利益的行为；

没有其他正常途径收集材料；

暴露我们的身份就难以了解到真实状况；

经制片人同意。

另外，使用长镜头往往会使被拍摄者在不知不觉中被拍摄；还有，利用其他单位和个人提供的偷拍资料也涉及秘密调查问题，我们同样要求符合上述四条原则。

我们将采访意图明确相告，尽量征得对方同意，对不具备完全行为能力的残障人士或未成年人应征得监护人同意，如有必要，请对方

---

① 骆汉城等：《行走在火上——隐性采访的法律思考》，中国经济出版社 2005 年 1 月第 1 版，111 页。

签署书面同意意见，我们也可以为对方出具对画面、声音进行处理以对其实施保护的书面承诺；对有特殊规定的被访者（如政府高级官员、服刑人员），按照规定请示有关部门。①

记者为什么在隐性采访时要不得已而为之？这是因为隐性采访存在先天劣势，它容易引发法律和道德问题，会让记者产生惰性。因此记者在隐性采访时需要尽可能避免相关问题。例如，隐性采访容易引发一些法律纠纷，新闻记者就要在法律框架内实施采访活动，避免出现隐私权、名誉权、肖像权等等官司，廓清普通信息与国家和商业机密的界限，不采访和披露国家机密和商业秘密。要注意扮演身份的合法性，不以违法身份进行采访。

针对隐性采访处于职业道德的灰色地带以及可能导致记者产生采访惰性的问题，媒体和记者应该严格限制隐性采访的使用范围，不能不分场合、不分对象地滥用。

二、做好采前准备

所有采访都需要做好准备工作，隐性采访对采访准备的要求更高，其原因有三：一是采访对象特殊。记者隐性采访针对的多是侵害公众权益的行为，面对的采访对象有无良商贩、江湖骗子、贪官污吏，甚至江洋大盗，和这些人打交道可以说危机四伏，稍有不慎就会让记者陷于危局，乃至招来杀身之祸，所以记者采访前做的准备工作越充分采访中的危险就会越小；二是非本色出演。记者在隐性采访时需要扮演另外一个我，这就会大大增加采访难度。记者在现场不是本色出演，他要考虑自己扮演的角色会怎样说话和行动，再将自己原来的言谈举止隐藏，这就导致在现场记者不能仅仅沉浸在采访者的角色

---

①　骆汉城等：《行走在火上——隐性采访的法律思考》，中国经济出版社 2005 年 1 月第 1 版，112、113 页。

还要做好一名演员，这就使他们面对的情况更加复杂，如果准备不充分，这场戏很难表演得精彩；三是采访环境陌生。一般来说，隐性采访中记者面对的环境是全新的，他们不可能随随便便就能进入，如果能够那样普通采访方法就可以达到目的了。环境陌生会给采访带来困难，记者不知道在这个全新环境中会发生什么，会遇到什么人，记者不容易娴熟地处理突发情况。正是由于这三方面原因，记者在实施隐性采访时更需要做好准备工作。

记者隐性采访前需要做好三方面的准备工作。一是熟悉情况；二是密切配合；三是准备设备。

俗话说："知己知彼，百战不殆。"记者的采访也是一场较量，如果记者熟悉"敌情"，就可以心中有数、运筹帷幄，从而在隐性采访时从容应对。

记者在隐性采访前要充分了解采访地点的自然环境，尤其要设计好采访路线，寻找紧急避险的出口。他们还要尽量熟悉调查对象，掌握和调查对象一切相关的资料和信息。记者石野在对广州王圣堂附近的黑恶团伙深入调查前首先通过明察暗访对事发地进行了初步了解，基本掌握了活跃在那里的色情抢劫团伙的作案规律和活动情况，为下一步深入采访打下了坚实基础。

《新闻调查》栏目组无论在隐性采访还是在公开采访以前都有一个特殊的阶段——前期调查。前期主要由编导＋策划或编导＋记者或编导＋摄像等方式完成，其主要目的是弄清事情的来龙去脉，确定哪些人可以在镜头前接受采访，选好调查方式和路径等。前期的主要功能是：第一，确定事实是否准确，是否与大家接到的信息一致，或者和大家分析的情况是否一样，有没有错误，甚至有没有可能是完全颠倒的；第二，找到可以充分支撑选题的事实证据；第三，确定影像、取景等拍摄细节；第四，节省费用。除了偶尔的暗访外，前期调查一般都不带机器，这样可以避免不必要的开销。[①]

隐性采访不同于一般的公开采访，它面对的素材采访难度大、危险系数高，因此隐性采访时需要新闻单位精心筹划，派出精干力量，有时候需要里应外合才能够保证采访顺利。

《现代快报》的《关于隐性采访实行申报许可制度的通知》规定"凡重大题材或可能产生重大风险的隐性采访活动，必须在司法机关或报社相关部门的监督指导下进行，行动时必须采取双人相互掩护、监督的措施"。

《新快报》对"全国成人高考跨省舞弊案"进行调查时可谓阵容豪华。当成人高考时间确定后，报社成立了前线报道小组，报社主管采访的副总编带队，还有采访部副主任温建敏、骨干记者林波、余亚莲和摄影记者王小明、郑启文，冲在最前面的是卧底记者于任飞和两名实习生。在调查过程中，人员一直分为明暗两条线，于任飞和两名实习生是明线，和其他替考者以及"猎头"直接接触，而另外的记者是暗线，他们负责配合和保护处在明处的三位记者。比如在卧底记者和"猎头"接触时，附近都有报社的摄影记者，他们一面拍摄证据，一面暗中保护记者的安全。在记者坐火车到武汉参加替考时，报社也派出了另两路队伍，一路和卧底记者一起坐火车前往武汉，在路上策应配合；另一路直飞武汉，同当地公安机关接头，并且到考场了解情况，熟悉地形。

另外，记者在隐性采访前还要准备好需要的暗访设备，包括照相机、录音机（笔）、摄像机等等。目前的隐性采访设备种类很多，仅以"密拍机"为例，就有背包式、钢笔式、眼镜式、纽扣式、手机式等等，记者可以根据采访的素材和对象灵活选取。

---

① 余仁山：《解密〈新闻调查〉——电视调查性报道的策划与运作》，福建人民出版社 2008 年 5 月第一版，第 86、87 页。

三、选好装扮身份

选好装扮身份是记者从事隐性采访的核心环节，如果这个环节的工作没有做好，隐性采访很难顺利进行。总体来说，记者装扮的角色应该做到"三要两不要"，即记者要和装扮角色年龄接近，要相对熟悉装扮的角色，要学会伪装，不要装扮法律不允许的角色，不要装扮专业性过强的角色。

先来说说年龄问题。记者隐性采访时容易功亏一篑的一个重要原因是身份暴露。记者要想不被人识破首先和装扮的角色不能够有太大年龄差异。很多社会角色的年龄阶段是固定的，如果让一个超出特定年龄段的人担纲这个角色就会引起别人注意，容易被人识破，因此有经验的媒体在这方面做得就比较娴熟。《新快报》在对广州酒楼无良现象调查时需要派遣记者应聘到这些商家，它挑选的全是年轻记者或者实习生，因为这些酒楼招聘的招待、洗碗工绝大多数都是这个年龄阶段的年轻人。

除了年龄相仿，记者还要对装扮的角色相对熟悉，包括该角色的行为特点、工作内容、兴趣爱好、所处环境等等。因为在面对采访对象时，记者要和对方沟通交流，要接受对方的观察审视，如果记者对扮演的角色一无所知、十分陌生，就容易让对方识破，相反，就可以打消对方疑虑，顺利完成采访任务。中央电视台记者有一次采访一起假冒伪劣药品案，记者装扮一位来自自己家乡的药品经销商，当对方对记者身份怀疑时，他就用家乡话和对方交谈，这才打消了对方疑虑。

记者在进行隐性采访时还要学会伪装，这样才能达到迷惑对方的目的。记者的伪装一方面是外表伪装，记者需要从服装、语言、动作、道具等等方面装扮成另外一种样子。2011 年，河南电视台记者崔松旺卧底黑砖窑，成功解救了 30 名残障劳工。为了进入黑砖窑，崔松旺采用隐性采访的方法，他两周没有换衣服和洗澡，连续四天在火车站假扮智障，为了不让人识别，他一直在垃圾堆边徘徊，不时地捡起地上的烟头来抽，还抢夺地摊上别人吃剩的凉皮，狼吞虎咽地吃下去，就这样他成功进入了黑砖窑。另一方面是心理伪装，光有外表伪装还不行，记者在隐性采访时从心理上也要进入装扮的角色，用他的思维思考，用他的语言讲话，这样才能够更加入道，这样才能伪装得更加逼真。

除了这三要，记者在装扮角色时要做到两不要。一个是不要装扮法律不允许的角色，像军人、警察、政府官员、人大代表等等，例如我国的《警察法》就明文规定：人民警察的警用标志、制式服装、警械、证件为人民警察专用，其他个人和组织不得持有和使用。违反规定的，除没收持有、使用的人民警察警用标志、制式服装、警械、证件外，由公安机关处十五日以下拘留或者警告，可以并处违法所得五倍以下的罚款；构成犯罪的，依法追究刑事责任。另一个是不要装扮专业性过强的角色，类似医生、护士、律师等等，这些角色都要经过常年系统培训才能胜任，如果记者没有相应的基础很难在较短时间内了解和掌握这些职业的基本技能，这也就容易让记者在采访现场露馅，使采访任务失败。

四、用好新闻线人

线人原本是指那些为警察、侦探充当暗探，提供侦查对象和活动情报的人。新闻线人是指那些为新闻传媒提供新闻线索和帮助的人。在进行隐性采访时，记者尤其要用好新闻线人。隐性采访时，调查记者所处的环境是陌生的，面对的人是陌生的，甚至连自己的身份都是陌生的，这时候新闻线人可以给记者提供许多帮助。在采访前，他们可以为记者提供相关信息，使记者得到新闻线索，并且对要调查的对象和环境有初步了解，从而制定正确周密的采访策划方案。在采访时，线人可以带领调查记者深入到新闻现场，配合他们的调查工作，在记者遇到危险时，由于线人对环境比较熟悉，他们还可以带领调查记者安全转移。难怪一些有经验的调查记者认为:"只要找到了忠实铁杆的'线人',节目就成功了一半。"

《焦点访谈》曾经播出过一期节目《里应外合闹考场》,对江西南昌执业药师资格考试出现的严重舞弊行为曝光。在电视节目中,观众可以看到手机、寻呼机等严格禁止进入考场的与考试无关的物品被公然带进了考场,早退、向考场内公开传送考试标准答案者更是比比皆是;监考老师对如此严重的舞弊行为不闻不问、熟视无睹。调查记者能够揭露这一事件,并且拍摄下生动形象的镜头离不开新闻线人的帮助。向记者提供帮助的线人是江西某医科大学一名有正义感的研究生。在记者采访前,有人请这名研究生替考,但是他不愿意助纣为虐,考虑再三后向《焦点访谈》提供了新闻线索。在记者确定选题后,为了彻底戳穿这场考试背后的黑幕,他又主动和替考者联系,让隐藏在背后的《焦点访谈》记者拍摄下了整个过程。

隐性采访时记者用好新闻线人需要注意以下几点:

一是接到新闻线人提供新闻线索的电话和邮件后迅速判断其新闻价值,如果具备新闻价值尽量留下对方的真实姓名、单位、住址以及联系电话,如果是举报电话,必须承诺为其保密。

二是对新闻线索进行进一步分析,研究新闻线索的可行性和新闻价值含量,并且和新闻线人保持联系,了解最新情况。考虑新闻线人提供线索中的感情因素和个人因素,但是并不因为线索含有这些因素就摒弃不用,因为这可能会淹没一条好的新闻报道。

《焦点访谈》播出的经典节目《粮食满仓的真相》的新闻线索就来自新闻线人的举报,这名线人不但向记者讲述了鹅岭镇粮站蒙骗国家总理的过程,还谈到她几年前竞聘上了鹅岭镇的科技副镇长,后来由于别人暗算在换届中落选了,目前的这届班子也存在很多问题,而且她多次和记者谈到这些带有个人因素的情况。但是记者并没有苛求线人的举报动机,而是针对她反映的情况展开深入调查,最后终于揭穿了这个弥天大谎,这期节目也获得了当年中国新闻奖的评论二等奖

（一等奖空缺）。

三是在实地采访时争取得到新闻线人更多帮助。一般来说，新闻线人土生土长，地熟人熟，有了他们的帮助可以给记者减少很多麻烦，尤其是有些新闻线人可以带领记者深入事件的核心区域，这是最关键的。

《焦点访谈》播出的《"水"牛的奥秘》曝光山东曹县部分养牛户和屠宰厂给牛注水的新闻事实。这期节目就是记者在新闻线人的帮助下通过隐性采访完成的。为了在采访中不被识破，记者们几天不刮胡子，把自己打扮得邋邋遢遢，但是曹县的方言却不是几天内可以学会的，于是记者只好求助于新闻线人（新闻线人过去也从事牛肉贩卖，刚开始不敢带记者进入现场）。最后在新闻线人的帮助下，记者们拍摄到了牛贩子向牛身上注水的全过程，尤其是把那些肮脏的血水、污水一起灌入牛体内的镜头，了解到屠宰场的规定，每头牛每出一百斤肉要灌 40 斤水。以体重 1000 斤的牛为例，它一般出 400 斤肉，那么这头牛就得灌 160 斤水。这些画面和素材都成为节目有力的证据和形象的画面。

四是记者对新闻线人要有"保护"意识。新闻线人是记者成功报道的一个条件，在报道的采写、编辑、制作、播出的各个环节都要对他们进行保护。尽量不要向外界透漏和新闻线人有关的信息，包括姓名、住址、联系方式、职业、单位等等，如果需要新闻线人出镜，要征求其意见，必要时采取打马赛克、模糊声音等保护手段。如果新闻线人的身份暴露并且被个人或者组织打击报复，新闻媒体要使用合法手段给与帮助。新闻媒体与新闻线人关系密切，新闻媒体只有切实保护新闻线人，才能够有不竭的新闻之源。

五、注意保护记者安全

记者隐性采访时面对的环境是危险和陌生的，有的似虎穴，有的像狼窟，记者稍不留神就会遇到危险，有的甚至会给自己招来杀身之祸。2018 年 10 月，保加利亚鲁塞电视台记者马里诺娃在一个公园被杀害，被害时她正在调查一起涉嫌欧盟资金的腐败案件，尽管当地警方说没有证据显示马里诺娃的遇害和她从事的工作有关，但是也有知情人说："马里诺娃是以行刑式的手段被杀害的，其警告的意味非常浓厚。"据"记者无国界"组织负责人介绍："从 2008 年到 2018 年的 10 年间，大约有 800 名记者遇害。仅去年（2018）一年就有 65 起针对全世界记者工作的谋杀案。其中一个惊人的数字是，去年遇害的记者中有 60% 是被故意针对的；另外 40% 在工作过程中遇害。其中很多人是调查性新闻的记者，他们致力于揭露腐败、侵犯人权和其他高风险事件有关的问题。"

培养自我保护意识对记者十分重要。采访前，记者要对隐性采访的环境和对象有大体了解，对危险程度有所预测，针对预测的情况进行准备。比如有的记者在进入现场前会告诉同来的司机，如果自己进去一定时间后还没有出来就立刻报警。有的记者在采访时会把自己的电话拨到 110，如果出现不测就立刻报警，为营救自己赢得时间。

注意保密也是保证记者在隐性采访时相对安全的一个必要条件。《新快报》在报道《无良酒楼黑幕大起底》以前，对相关酒楼进行了为期数月的调查，这期间除了直接参与调查的记者编辑以外，很少有人了解内情，报社的法律顾问也是在报道将要刊出前几个小时因为要确定报道是否会触及法律禁区才被报社领导请去看到相关报道的。

记者的保密活动可以分为两种：一种是阶段保密，主要针对某次隐性采访，保密的重点是采访活动保密，不要让无关的人了解到隐性采访的内情，以免消息泄漏给记者带来麻烦和危险；另一种是长期保密，主要是身份保密，对那些经常从事隐性采访的记者的各种信息都要保密，包括他们的照片、视频、住址、单位、姓名等等，避免他们在采访时被人认出造成采访不顺利。

记者在隐性采访时不能一味单打独斗，应该获得别人的支持与配合。如果有配合默契的搭档，记者的隐性采访就可以更加顺利和安全。《焦点访谈》记者吕少波和搭档有次到深圳采访一家违规经营的公司，为拍到第一手证据，他们来到这家公司暗访。当拍完时，他们突然被一群保安围住检查，在吕少波包里有暗访设备和刚刚拍到的珍贵镜头。当时，吕少波紧紧抱住包，另一只手用力推开保安，并且大声吼道："这包里是几万元现金，怎么？你们要在光天化日下抢劫吗，再抢我要报警了！"听他一吼，保安心虚了，吕少波和搭档立刻挤进电梯，为防止再次被搜查，他们在电梯里将手包进行了调换。果然，在一楼又有保安围住记者要强行检查，吕少波机智地和保安大吵起来，他的搭档趁乱溜出了大门，他们成功地躲过了一劫。①

如果记者的采访对象和有关部门没有直接利益联系，记者还要努力争取相关部门尤其是公安部门的配合，这也是保证调查记者安全的一个重要手段。《新快报》记者在调查"全国成人高考跨省舞弊案"的时候一方面派记者卧底考场，另一方面和当地的教育主管和公安部门取得联系，双管齐下，不但摸清了替考案的全部内幕，还使记者毫发无损地完成了全部采访任务。

---

① 参考梁建增、关海鹰主编，孙金岭副主编：《见证〈焦点访谈〉》，文津出版社2004年5月第一版，第61、62页。

第十章　体验采访篇

第一节　什么是体验式采访

宋代诗人陆游说："纸上得来终觉浅，绝知此事要躬行。"意思是说书本上学到的知识终究比较肤浅，要想深入了解还需要亲自实践。基于这样一种理念，新闻采访中有了一种特殊的采访方法——体验式采访。体验式采访又被称为体验感受，指新闻记者深入要采访的事物中，亲自参与和采访对象类似的实践活动，在实践活动中逐步完成采访任务。

总体来看，体验式采访和搜集资料、访问、观察这些常用的采访不同，它是一种更加深入、更加综合的采访方法。有些学者认为体验式采访和上一章讲述的隐性采访一样，我认为这是不正确的，体验式采访和隐性采访确实有交叉部分，但是二者不是同一事物，如果用图10.1的图形表示会更加清楚。

从图中可以看出，体验式采访和隐性采访并不是一种采访方法，但是二者之间有重合部分。记者使用体验式采访既可以公开自己身份也可以隐藏自己的身份和意图。使用公开身份是普通的体验式采访，另外一种是隐性体验式采访，即图示中两个圆重叠的部分。而隐性采访既可以使用其他采访方法，也可以使用体验式采访方法。除了内容重叠，这两种采访方法也有相同的特点，它们都不是独立的采访方法，而是在使用过程中综合了多种其他方法。

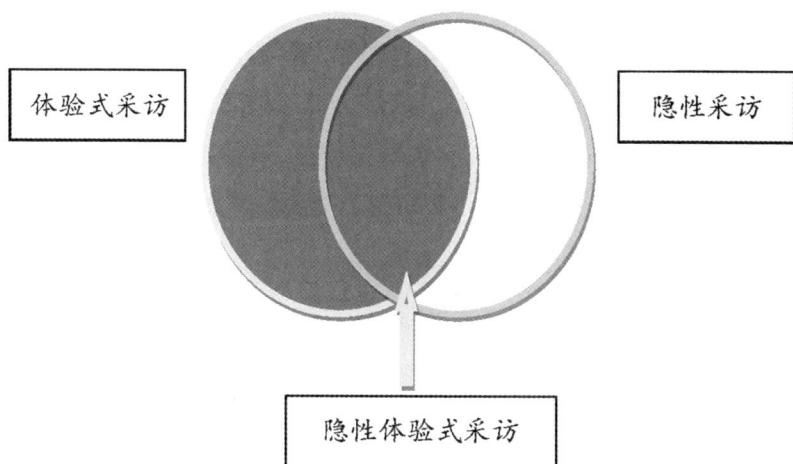

图 10.1　体验式采访和隐性采访关系图

　　体验式采访并不是什么新鲜事物，上世纪 30 年代，美国记者埃德加·斯诺在西北革命根据地实地采访时就运用过这种方法。在陕甘宁边区，他一方面采访这里的将士，一方面和他们同吃同住同劳动，体验他们的工作和生活："从我个人来说，吃这种伙食反而长胖了，增加了体重。我每天看到千篇一律的伙食就生厌，但这并不妨碍我狼吞虎咽，食量之大使我有点不好意思。他们对我作了让步，用保麸面粉做馒头给我吃，这种馒头烤着吃还不错，有时我也吃到猪肉和烤羊肉串。"① 体验式采访使斯诺有了和一般采访不一样的感受，例如：中华全国苏维埃第一次代表大会通过的宪法宣布无产阶级专政的国家苏联是它的忠实盟友，但是革命根据地与世隔绝，这句话在现实中有多大意义呢？斯诺通过体验式采访就发现："可是我却是耳闻目睹，而且深有体会，这个背后有这样一个强大盟友的思想对中共士气具有头等重要意义，使他们的斗争有了一种宗教事业的普天同归的性质，

---

　　① 　埃德加·斯诺著，董乐山译：《斯诺文集 第 2 卷 红星照耀中国》，[M]，北京：新华出版社，1984 年版，第 346 页。

使他们对此深为珍视。"[①]

1960年，新华社记者郭超人冒着生命危险，和中国登山队队员从北坡攀登珠穆朗玛峰，他一直和队员攀登到了6600多米，凭借着这次体验式采访，他写下了著名的《红旗插上珠穆朗玛峰》。

新华社老社长穆青也十分青睐体验式采访，上世纪70年代，穆青带着记者来到河南省辉县，站在辉县人民在乱石滩上造出的万亩良田，他对同来的记者说："你们就在这儿住下，一个月、两个月、三个月，甚至更长，与这里的干部群众同吃同劳动，深入采访，深入挖掘，一定要把辉县人民改天换地的英雄气概写出来！"

上世纪90年代，一些媒体开始在一些专栏中集中使用这种采访报道方法，像《新民晚报》的《体验式采访札记》、《扬子晚报》的《与你同行》等栏目都派出记者深入到各行各业，和环卫工人、市场商贩、消防队员、的士司机、卖瓜农民等等同吃同住同劳动，感受他们生活的喜怒哀乐和工作的酸甜苦辣。

2011年，全国新闻战线"走基层、转作风、改文风"活动开始后，又有一大批新闻记者深入基层和群众，使体验式采访得到了更加广泛的运用，也出现了一批通过体验式采访采写的新闻精品。

第二节　体验式采访的优点

体验式采访作为一种特殊的采访方法，和其他采访方法相比，有鲜明的个性和特点，其优点主要表现在3个方面。

一、获得深层信息

著名记者范敬宜曾经写过一首诗，对作风浮漂的记者提出善意批

[①]　埃德加·斯诺著，董乐山译：《斯诺文集 第2卷 红星照耀中国》，[M]，北京：新华出版社，1984年版，第349、350页。

评："朝辞宾馆彩云间，百里万里一日还。群众声音听不到，小车已过万重山。"范敬宜这首诗生动描绘了相当一部分新闻记者的日常工作像，他们天天泡会议、听讲话、抄讲稿，不深入基层，不贴近群众，不了解生活，访问蜻蜓点水，观察浮光掠影，搜集资料敷衍了事，而最后的写作只能轻描淡写、应付凑合。我在做新闻工作的时候曾经见过一个电视台的记者一天跑了 5 个会，而且都要在当天发新闻。这个记者光是路上都要花费大量时间，哪里还有时间去深入采访，基本上是到了一个会场向主办方要来讲话稿再拍上几个镜头立刻就要赶到另一个会场去，写出来的稿子除了人名和会议内容换一换，风格、结构、语言等等千篇一律。网络和手机媒体兴起后加快了信息传播速度，也让新闻记者获取信息的渠道和数量大增，这就无形之中更加挤压了他们的采访时间，为了抢速度，有些记者花费在采访的时间更少，甚至根本不采访、不核实，道听途说、以讹传讹，这造成假新闻满天飞，新闻反转屡见不鲜。

在体验式采访中，新闻记者可以深入采访新闻事件，有更充裕的时间观察新闻事物。可以见到更多采访对象，通过他们多侧面、多角度提供的新闻素材来进行分析、判断、比较，最后对新闻事件得到更加准确、全面、深入的认知，这样不但可以解决新闻采访简单肤浅、流于形式的问题，还可以避免假新闻的出现。在讲述寻找新闻线索的渠道时，笔者曾经讲到采访基地，一些经验丰富的记者就是在采访基地实施体验式采访，通过长时间观察和体验某项措施或者政策的落实，从而发现一些深层次的问题，这不是记者短暂采访就可以发现的。

二、得到真情实感

假如让一个记者针对"苹果"展开采访，他可以搜集资料，在百度或者《大百科全书》中查一查就可以得到这样的结果：苹果属蔷薇科植物，性味：甘、酸、平。无毒。为营养丰富的果类食物。药用可以调理肠胃，止泻、通便。并可用于治疗高血压。他也可以通过观察的方法展开采访：那个苹果又红又圆，某某咬了一口，嘴里发出咔嚓、咔嚓的声音，吃得津津有味。他还可以运用访问的方法：据某某讲，苹果非常好吃，又脆又甜，还有很多水。但是这些方法得到的感受都是"隔着纱窗看晓雾"，没有亲口尝一尝来得直接和真切，只有尝过了再去给别人讲才能够讲得全面、生动、让人信服。从这个例子可以看出，体验感受能够让新闻记者对要采访的事物有真情实感，而不是隔靴搔痒、轻描淡写。新华社记者郭超人在写《红旗插上珠穆朗玛峰》时和登山队员一直攀登到海拔 6000 米以上，这段经历给他很深刻的感受，他曾经说："事实证明，这两次高山行军是有收获的。我们爬过岩坡，翻过雪地，亲眼看到珠穆朗玛峰山中神秘而壮丽的自然景色，深刻体验到了登山队员的生活，获得了许多仅仅依靠访问无法获得的素材。更重要的是进一步了解了登山队员的思想感情和精神面貌，与他们打成一片，为以后的报道创造了很好条件。以后的两次行军我都没有参加，登山队员们在 7000 米以上的情况，我都没有亲身体验到。但是，经过访问，我能比较准确地理解和想象得出他们的一切，能够比较真实比较生动地把这一切反映出来。这不能不归功于两次行军的经验给我的帮助。"

三、产生认识飞跃

在前面我们已经讲过，大部分新闻都是有主题的。主题是新闻要表达的核心思想和观点，是一篇新闻的灵魂和中心，决定着新闻的材料选择、谋篇布局等等。主题选择是新闻记者主观与客观相结合的能动过程。首先，新闻的主题具有客观性，它必须是新闻事实本身蕴含的，新闻记者不能无中生有、生搬硬套；其次，新闻主题的择取又是主观的，需要新闻记者根据自己的主观意识在客观事实中提炼新闻主题，在提炼时，新闻记者的价值观念、逻辑判断、学识素养等等都会发挥作用。面对同样一个事实，不同的新闻记者可能提炼的新闻主题会大相径庭。

体验式采访可以有效帮助新闻记者提炼更加鲜明、深刻、客观、准确的新闻主题。因为在体验式采访中，新闻记者深度参与到要报道的新闻事实中间，他不但可以用眼睛观察、用耳朵倾听、用口舌询问，最重要的是可以用心灵去感受。在新闻现场，当多种信息刺激新闻记者时，他就容易出现认识上的飞跃，有时候是茅塞顿开，让记者有恍然大悟的感觉；有时候则是灵光一现，让记者一下有了灵感。这种顿悟和灵感往往就是诞生新闻主题的地方。

2017 年七一前夕，湖南广播电视台新闻中心《湖南新闻联播》栏目派出近 30 名记者到湖南扶贫攻坚的主战场武陵山和罗霄山片区，和这里的乡亲和扶贫队员同吃同住同劳动，体验和感受扶贫队员的工作和生活，他们选取了 8 个典型人物进行采访，真实记录他们扎根农村帮助乡亲们脱贫致富的故事，在报道中有很多新闻主题就是记者通过深入体验才认知和把握的。

二维码 10.1 《为了人民》

第三节 体验式采访的劣势

在前文已经讲过，体验式采访是一种特殊采访手段，它不可能像访问、观察等等成为一种普遍而常用的采访方法，为什么？因为体验式采访有一些劣势桎梏了它的应用范围。

一、时效性差

体验式采访需要新闻记者深入新闻现场，他们不但要在这里观察和访问新闻当事人，还要和他们一起生活和工作，深度感受他们的生活和工作环境，这是短时间无法完成的。众所周知，新闻最重要的新闻价值就是时效性，要在第一时间将新闻信息报道出去，而要达到这样的目的就必须缩短新闻发生和新闻报道之间的时间差。在这段时间差里，最主要的就是新闻记者的采访时间，如果新闻记者能够缩短采访时间，则新闻的时效性就会更快，反之就可能成为明日黄花。因此，体验式采访和新闻时效性是互相抵触的，如果应用这种采访方法，肯定会在时效性方面逊人一筹。

二、受限制多

除了时效性差，体验式采访并不能在所有的题材中使用，因为这种方法会受到一些条件限制。例如新闻记者的能力是有限的，他不能事事都去体验感受。如果记者没有驾驶证，他就不能够去体验司机的生活。如果记者身体素质不好，他就没有办法像郭超人一样感受登山队员的艰辛与快乐。再比如因为法律和道德原因，新闻记者也不能去体验感受一些事物。曾经出现过新闻记者为了采访自己扮作嫖客、小偷、毒贩等等，后来被公众批评，同时被相关部门处理的案例。

2000 年 9 月，南方某报一个颇有名气的记者向公安机关举报自己的妻子是黑社会毒枭，公安机关后来的调查发现这名记者举报属实，同时还发现他也参与了贩卖和窝藏毒品。原来，记者新婚不久发现妻子竟然是毒贩，妻子苦苦哀求，再加上记者想通过体验贩毒写出一批有深度和有力度的纪实报道，就没有及时举报。在向报社领导汇报了"深入虎穴"探访毒巢的构想并且得到同意后，这名记者开始体验贩毒，他分别到昆明和中缅边境贩运两次毒品，本来想把毒品交给公安机关，可是毒品早已经被别人提走了货，就这样，这名记者被拉下了水，又接连为妻子做了几单"生意"，在经过痛哭的挣扎后，他终于决定举报自己的妻子，最后他也进了看守所。

在这个案例中，新闻记者就是在体验式采访中越过了法律界限。虽然动机很好，但是事实上违反了法律。它提醒新闻记者在实施体验式采访时不能因为自己的记者身份或者良好初衷就去违反法律，要按照《中国新闻工作者职业道德准则》要求的那样，自觉遵守国家法律法规，恪守新闻职业道德，自觉承担社会责任，做政治坚定、引领时代、业务精湛、作风优良、党和人民信赖的新闻工作者。

三、主观性强

体验式采访和普通采访最大的区别在于普通采访中新闻记者只访不做，即只进行新闻采访而不从事或者很少从事到采访对象的具体实践之中。体验式采访是既访又做、在访中做、在做中访，新闻记者将新闻采访和具体的实践结合在一起，通过实践进行采访。这种方式可以让记者体验得更加深刻，但同时也会无形之中增加记者的主观性。首先，记者在这种采访中既是采访者，又是实践者，这种身份杂糅容易造成记者身份错位或者身份倒置，让记者忽略了客观认知而只注重主观感受，或者用主观感受代替客观认知，而这种主观感受又和记者本人的认知水平、学识修养、个性特征、人格品性等等有千丝万缕的联系，有时候不排除出现错误的感受，影响了新闻的真实性。其次，记者亲自参加一种实践活动，不由自主地会对周围环境、人物以及从事的活动产生亲近感或者认同感。心理学家曾经做过实验，先后出示一些人的照片给实验对象看，有的出示了20多次，有的10多次，有的只有一两次。结果表明，实验对象普遍对看过多次比较熟悉的照片更加喜欢，这就是心理学上著名的"多看效应"。试想多看几眼就会对人们的认知起到作用，更何况身体力行地深入其中去实际操作了。

针对体验式采访主观性强的问题，笔者认为应该有一种客观态度。既不能视而不见，否认体验式采访主观性强的问题，同时更不能因噎废食，完全摒弃这种采访方法。在新闻报道中，绝对和完全客观的报道是不存在的，新闻报道是新闻记者采制的，是客观事物经过新闻记者脑力劳动后的主观映现，新闻记者要选择、采访、写作等等，中间任何一个环节都含有主观活动，没有主观参与就不会有新闻报道，因此在新闻报道中只是主观性多或者少的问题，不是有或者无的问题。基于此，如果新闻记者在体验式采访中能够运用得当，就不会犯主观性错误，因此这种方法是可行的。我想这是我们对体验式采访应该有的一种基本态度。

第四节　如何运用体验式采访

体验式采访的优势是普通采访不具备的，但是它也有与生俱来的缺点，这就需要新闻记者在使用这一方法时扬长避短、合理使用。

一、选择适当题材

体验式采访需要记者深入到实践活动之中，花费的时间和精力都较普通采访多，因此对时效性要求比较高以及新闻事实比较清楚的题材就不适合这类采访。体验式采访往往用于新闻事件比较复杂，涉及人物关系错综复杂，事件过程相对较长而且对新闻报道的时效性要求不太严格的题材。这类题材的核心事实不是一目了然，有的还和表面事实存在巨大差异，这时候就需要新闻记者高度介入也就是通过参与实践的方式进行调查研究，发现事物真正面目。再者，体验式采访针对的往往是新闻价值含量较大的题材，尤其对于党报党刊来说，应该有较高的宣传价值。因为这种采访需要媒体和记者投入大量时间和精力，如果太多新闻采用这种方式，新闻媒体根本无力应对，因此只能好钢用在刀刃上，在一些具有较大新闻和宣传价值的题材中使用。例如在典型报道中，这种采访方法就比较适合，新闻记者可以和典型人物共同生活、共同工作，通过长时间的接触和调查发现典型人物身上的闪光点以及他内在的典型品质，而且通过这种深入其中的共振，更加容易让新闻记者获得新闻主题。

二、多种感官参与

体验式采访不同于普通的访问和观察，它是一种深度介入的采访方法，需要新闻记者调动身体各种感官深度参与。比如某媒体记者采访大山深处的电力架线工，记者用眼睛观察电力工人艰辛危险的工作和风餐露宿的生活，通过访问探寻他们的内心声音，他的皮肤感受着大山深处凛冽的寒风或者灼人的高强度紫外线，他还尝试着像架线工一样攀爬高耸入云的线塔，虽然只爬了一小半，但是已经感受到那种步步惊心的感觉。在体验式采访中，记者通过调动多种感官参与采访就可以得到更加立体和全面的"场"信息，"场"信息会让新闻作品和人物更加饱满、生动。新闻受众在接受这样的信息以后也会有更好的体验，有时候会感觉身临其境，仿佛看到新闻人物的行为举止；有时候会和新闻人物产生心灵碰撞，更好地了解其所思所想；还有的时候能让受众心有所悟，更好地理解和把握新闻主题。

三、进得去出得来

体验式采访有个缺点是主观性较强，这一点在前面的内容中已经有了详细论述。面对这一缺点，新闻记者在体验式采访时需要对主观感受合理控制，做到进得去出得来。所谓进得去就是记者采访时要运用自己的主观感知，用心去感受人物的悲欢离合、喜怒哀乐，用心去体会事物的日新月异、变幻莫测，这样他才可以获得真情实感，发现深层信息。但是记者仅仅做到进得去还不行，他还要出得来。所谓出得来，就是记者在应用体验式采访时不能够忘记自己的记者身份，虽然记者参与新闻人物的实践活动，但是他实践活动的最终目的是获得更加真实和完整的信息，在实践过程中不能让主观感受完全代替或者主导客观认知，要用一种客观的态度对待主观，以主观来实现客观，以客观来反映主观，这样才不会犯主观性的错误，实现主观与客观的更好结合。

综上所述，体验式采访不同于一般采访，它是针对特殊题材采用的特殊采访方法，新闻记者要把握这一采访方法的特点，扬长避短、灵活运用。

第十一章　新媒体采访篇

　　新闻记者的采访作为一种社会实践活动必然受到政治、经济、社会、科技发展的影响和制约，近 30 年来对新闻采访活动影响最大的就是传播科技前所未有的迅猛发展。从上世纪 90 年代开始，人类的媒介形态发生了革命性巨变，随着互联网的建立和普及，网络媒介异军突起，成为推动媒介变革和发展的最大力量。正是由于网络媒介的出现，使报刊、广播、电视沦为古老的传统媒介，正面临前所未有的挑战。也正是由于网络媒介的出现，使所有媒介的融合互通成为可能，媒介之间的界限不再泾渭分明，网络作为一种播放平台可以承载语言、文字、音频、视频等等各种信息符号。进入 21 世纪，手机不再仅仅作为有线电话的改进版而存在，而是作为网络媒介的延伸成为目前人类使用最广泛、最便利、最频繁的一种媒介，这进一步推动和加速了媒介变革进程。除此之外，大数据、云计算、人工智能等等这些从网络衍生出的让人们眼花缭乱的技术又在助推和深化网络等媒介的发展。

　　新闻记者的采访是一种信息采集活动，虽然这种行为位于信息生产流程的前端，但是后端传播平台的革新肯定会映射在前端的信息生产。就像厨师在烹制菜肴时首先要考虑食客的口味一样，食客变了，菜肴也要发生变化。那么，传播科技发展和新媒体出现给新闻采访活动带来了哪些改变呢？

第一节　新闻采访活动的变化

一、新闻采访主体发生变化

新媒体出现首先带来的是新闻采访主体的变化。过去新闻采访主要是专业新闻工作者和通讯员实施的一种新闻采集活动。随着新媒体的普及，专业新闻工作者和业余新闻工作者之间的界限已经变得非常模糊，新闻采访变成一种所有人都可以实施的行为。这也就有了所谓的"公民记者"。公民记者又叫平民记者，指普通民众可以通过新闻媒体主要是新媒体采集和传播新闻信息，由过去的新闻信息消费者过渡到现在的新闻信息的生产者。公民记者与网络媒体相伴而生，上世纪 90 年代，还是美国哥伦比亚广播公司旗下礼品店一个普通销售员的马特·德拉吉就开始用电脑采制"德拉吉报道"，但是销量一直不令人满意。1997 年，大约有 8.5 万人订阅他的报道。转折点出现在1998 年，他在这年率先报道美国总统克林顿和白宫实习生莱温斯基有染的新闻，这让他的"德拉吉报道"一炮走红。目前，全世界每个月有 6 亿以上的人在看他的报道。中国的公民记者出现稍晚，2007年一个名叫周曙光的网民报道了重庆杨家坪拆迁事件，并且采访了被称为"最牛钉子户"的杨武、吴萍夫妇，周曙光也因为这则采访被人称为中国公民记者第一人。现在能够给公众提供这种信息传播服务的平台有很多，国内像微博、微信公众号、今日头条、知乎、抖音、百家号等等，国外则有 YouTube、Twitter、Facebook、Instagram 等等，这些平台给公众提供了极为便利的服务，他们可以随时借助这些平台将自己搜集到的新闻资讯发布出去。从某种意义上说，现在世界上的每一个网民都成为了新闻记者，可以将自己采访到的信息传播出去。

必须指出的是，尽管专业新闻记者和公民记者或者自媒体记者之间的界限已经变得十分模糊，但是并不是说专业新闻记者可以被取代，这由以下几点决定：首先，专业新闻记者经过了长时间系统培养。目前新闻媒体的从业人员很多是新闻传播相关专业毕业，他们最少经过了 4 年以上的专业训练，他们的信息采集和传播能力是缺少系统专业能力培养的人不可比拟的；其次，专业新闻工作者建立了一套完整的职业伦理价值观，他们的职业行为是在这一套伦理价值观指导下进行的，而这是自媒体记者最欠缺的，这也是为什么公众感觉专业新闻媒体更加权威和可信的重要原因；第三，专业新闻媒体有长期的经验积累、全方位的支持协同以及更加高端的采访设备，而自媒体很多是散兵游勇式的新闻采集，他们缺少专业的协同配合，有时还缺少深入挖掘的意识和能力。这就会造成这样一种局面，自媒体记者由于人数众多，所以经常能够第一时间发现新闻线索，但是后期新闻真相的发掘和全面信息的提供主要依靠专业新闻媒体。第四，一些政策方面的约束也限制了自媒体记者的新闻活动。例如我国对在互联网络上关于政治、经济、军事、外交等社会公共事务的报道、评论，以及有关社会突发事件的报道和评论有严格的限制，并不是任何人和网站都可以报道的。从事这类新闻的报道要具备一些条件：1. 在中华人民共和国境内依法设立的法人；2. 主要负责人、总编辑是中国公民；3. 有与服务相适应的专职新闻编辑人员、内容审核人员和技术保障人员；4. 有健全的互联网新闻信息服务管理制度；5. 有健全的信息安全管理制度和安全可控的技术保障措施；6. 有与服务相适应的场所、设施和资金。另外，申请互联网新闻信息采编发布服务许可的，应当是新闻单位（含其控股的单位）或新闻宣传部门主管的单位。[①]在《互联网新闻信息服务管理规定》的附则中专门提到，本规定所称的新闻单位是指依法设立的报刊社、广播电台、电视台、通讯社和新闻电影制片厂。从以上条文可以看出，普通人或者网站是不能从事政

---

① 《互联网新闻信息服务管理规定》，[Z]，2017 年 6 月 1 日起执行。

治、经济、军事、外交等社会公共事务以及突发事件的报道和评论的，只有专业新闻媒体的衍生网站、公众号等等才能有这样的资格，这也是专业媒体无法被代替的一个关键因素。

二、新闻采访来源发生变化

对于新闻采访来说，首先要有相关线索才能开展下一步的采访工作。在传统媒体一统天下的时候，记者主要通过日常生活、各种会议、相关部门、采访基地、受众来电、来信以及采访基地等等途径获得。而在当今社会，除了这些渠道以外，记者主要在网络中获取新闻线索。

首先，党委、政府机构以及企事业单位很多都有相关网站、微信公众号和官方微博，在它们中间就有可能找到有用的消息来源。新闻记者可以经常浏览这些机构的网络平台，一方面了解有关政策，学习专门知识，更重要的是发现新闻线索。2018年11月，《新京报》记者马骏等人在山西省忻州市政府网站发现了一条新闻线索，在网站提供的中央生态环境保护督察组"回头看"文件中显示，山西忻州一矿业公司违规倾倒煤矸石导致6名村民身亡，同时当地平田造地的项目也没有经过环评审批，有关责任人被处理。马骏认为这是一条很好的新闻线索，于是来到当地采访，采访报道了《煤企倾倒煤矸石6村民中毒身亡》《山西煤矿违规倾倒煤矸石致6村民一氧化碳中毒身亡》等等新闻。

再例如2020年5月8日，湖北省人民政府新闻办公室的官方微博"湖北发布"发布湖北省长王晓东主持长江防总2020年指挥长视频会议的消息，在这则消息中如果新闻记者留意就可以发现一条具有新闻价值的线索：在这次会议中，气象专家预测，由于今年气象水文年景偏差，长江中下游降雨较常年同期偏多，所以汛期发生区域性大洪水的可能性较大。记者可以根据这一线索进行更加深入的采访，比如了解相关部门的应对情况，长江流域的抗洪能力，如何既做好防洪工作又做好新冠肺炎的防疫工作等等。

其次，新闻媒体或者记者可以通过邮箱、微博、微信公众号、微信、QQ等向公众搜集新闻线索。2020年新冠疫情暴发以后，《新民周刊》的微信公众号就主动向全国征集抗击新冠肺炎的新闻线索。7名记者、编辑每天添加微信好友，有时候甚至一天添加上百人，一天要处理超过一万条的信息。尤其推出的采访口述实录感动了无数粉丝，新民周刊微信公众号也因此收获了10万＋、100万＋的阅读量，其中一篇关于金银潭定点医院的报道仅仅在新民周刊的公众号3天就有320万的阅读量，在新民晚报的微信公众号上阅读量也超过了250万。

另外，像BBS论坛、贴吧、公告栏、聊天室等等网络社区当中也可以发现消息来源。这些网络社区汇聚了各个方面的信息活跃者，网民在这里可以传播、讨论、辩论、批评、求助、交流，无形之中就将这些网络社区变成了一个巨大的信息场。新闻记者能够在这里发现各行各业、各式各样的信息，如果细心甄别就有可能发现好的线索。需要注意的是，由于网络社区是一个虚拟空间，人们不可能面对面地交流，因此提供的信息真假参半、良莠不齐，很多信息还掺杂有大量个人感情因素，所以新闻记者在这里发掘线索需要慎之又慎，在找到线索后注意信息核实，如果不明就里就去盲目采访，就可能不仅没有采到新闻反而传播了谣言。

三、新闻采访手段发生变化

随着传播科技日新月异，新媒体层出不穷，新闻记者的采访手段也在悄然发生着变化。

新闻记者搜集资料的途径和以前有天壤之别。过去，记者们主要搜集文本资料，需要跑很多路，找不少人，但是随着网络出现，记者搜集资料变得简便和快捷，可以说是"一机在手，搜遍天下"。通过强大的搜索引擎，记者可以搜集各方面的材料和信息，即使来到新闻现场遇到突发情况,记者也可以通过手机网络查询需要的信息。除了搜索引擎,很多行业和单位也都建立有专门的数据库,储存了大量特定信息,记者可以按照自己采写新闻的目的分门别类地在这些公共数据库中搜集资料。

传统媒体的记者主要通过面对面访问和观察、体验采访、隐性采访以及电话访问等方式采访。当今时代,新媒体进一步拓展了记者的采访方式。比如记者可以在网络中开展网络调查,这种形式既方便又快捷,还便于统计,尤其采写精确新闻时可以大量用到。所谓精确新闻就是将社会科学的一些研究方法,比如实验法、问卷调查法等等应用到新闻的采访写作,通过搜集、整理、分析比较精确的数据来写作新闻。记者通过网络挂出问卷就可以比较便捷地搜集答案,不用再去实地调查,节约了大量时间和精力。随着融合媒介的出现,原来传统媒体记者采访方法相对独立的格局也被打破,记者在现场可能既要记录文本信息,还要摄录音频和视频信息,进入到一种万能采访的局面。这时候新闻记者不但采访方式要改变,采访观念也要革新。平面媒体记者的采访和写作是既联系又分离的两个步骤,记者采访完毕后需要对采访笔记再次编码而后传播信息。但是录音和电视采访中,记者采访的很多内容直接构成播出内容,采访过程直接映现在节目之中,这就要求记者有现场感,体现调查过程等等,这些观念在平面媒体中是没有或者比较淡化的。由于融合媒介中要求记者提供全媒体信息,所以采访中也要有全媒体思维,这对记者来说也是一种考验。

虽然随着新媒体的出现和发展,新闻采访实践活动发生了上述变化,但是也有一些东西尤其是新闻人对新闻采访核心和实质的关注会恒久不变。新闻采访的核心和实质主要体现在四力:一是新闻发现力。作为新闻记者应该有一双发现新闻的眼睛,能够拨云见日、披沙沥金,能够在看似没有新闻的地方发现新闻,能够在发生新闻的地方迅速抓住新闻,能够在新闻背后找到更多新闻;二是新闻策划力。尽管"策划"还是一个在新闻学界饱受争议的词语,但是媒体大刀阔斧地进行策划却是不争的事实，这里的策划既有遵循规律对新闻事实本身的策划，更有对新闻采访行为的策划，策划能力的高低强弱已经成为判断媒体和记者水平优劣的刻度与标尺；三是新闻获得力。获得力是核心中的核心，无论是新闻发现还是策划，最后都要落脚到实际采访，如果这种能力欠缺，记者只能有头无尾或者为别人做嫁衣，把一条绝好的新闻线索拱手让人；四是新闻鉴别力。古诗云："雄兔脚扑朔，雌兔眼迷离；双兔傍地走，安能辨我是雄雌？"新闻何尝不是这样？尤其在新媒体环境中，假新闻以及假新闻线索的生产、加工、传播更加便利，新闻记者更加需要心明眼亮、洞若观火，迅速判断和甄别虚假信息。

总之，新闻的发现力、策划力、获得力和鉴别力最后凝聚成了新闻记者的采访力，而对高超采访力的不懈追求是新闻记者成长的不竭动力，无论在传统媒体还是新媒体都概莫能外。

第二节　新媒体采访需要注意的问题

一、掌握多种采访技能

随着网络技术的普及，新闻媒体越来越呈现出和以前完全不同的面貌。媒体通过唯一或者唯二手段传播信息的格局完全被打破，电脑和手机只是作为一种各类信息的呈现终端而存在，这就要求新闻记者要学会多种采访技能，要能写、会拍、善播、懂摄。除了这些还要学习虚拟仿真技术、人工智能技术等等，要能够灵活运用多种新闻采访工具，这样记者采集的信息才能够类型多样，更好地在新闻媒体中传播。

2018年，澎湃新闻派出25名直播、文字和视频记者到三江源国家公园采访，记者除了运用传统的采访技能以外，还运用航拍、延时拍摄、定点VR视频、漫游VR视频、360度全景图片、H5等等多种信息呈现技术，最后受众看到的是一种多信息融合的全媒体互动产品，该报道最后获得了第 29 届中国新闻奖一等奖。

二维码 11.1　《三江源国家公园全媒体报道专题"海拔四千米之上"》

二、注意核实信息

和传统媒体相比，新媒体传播的信息呈指数级增长。这些信息数量庞杂、良莠不齐，尤其受制于新媒体监管难度的加大，更可能导致虚假信息泛滥。因此，新闻记者在新媒体环境中更加需要核实新闻信息。首先是新闻线索的核实，新媒体环境中，新闻记者较多依赖从网络获取新闻线索，比如网民的爆料，自媒体的信息等等，这些信息囿于采制者本人的业务能力、感情因素以及专业操守等等，经常会导致虚假信息出现。例如新冠疫情期间，网络中就充斥着各种各样的谣言，如果新闻媒体或者新闻记者以这些谣言为线索展开采访，一种可能是发现信息造假，竹篮打水一场空，既浪费了时间又不能播出新闻；还有一种可能就是有意或者无意地忽视虚假信息，最后炮制出假新闻，无论哪一种可能对新闻工作都是不利的。其次，新闻媒体和记者在转载网络新闻时一定要注意核实信息，这一点在下一章会专门阐释，这里就不再赘述。

三、多种方法融合使用

网络、手机媒介出现以后，新闻采访方法发生了巨大改变，但是这并不意味着传统的新闻采访方法被完全取代，相反，传统新闻采访方法借助新媒体平台正在不断融合、创新，焕发出更强大的生命力。就融合而言，首先传统采访方法和新媒体可以互相融合，比如在网络寻找相关资料、网上访谈、网上调查等等，都是将传统采访方法和新媒介相结合从而衍生出新的采访方法；其次，新媒体采访也可以融合多种采访方法，由于新媒体既可以传播文字、图片信息，也可以传播音视频信息，所以在采访中就需要使用多种采访手段，有的采访既需要在网络搜集资料，还需要进行网上访谈以及面对面访谈，还要到新闻现场拍摄画面，录制声音，有时候甚至还需要使用航拍以及人工虚拟技术等等，是多种采访方法的集合应用，所以带给受众完全不一样的全感体验，这也正是新媒体采访的创新所在，即在融合中创新，通过创新进一步融合。

总之，随着科学技术的不断进步，媒介也不会停下它发展的脚步，而这也必将会给新闻采访活动带来新的机遇和挑战。对于新闻记者来说，要不断地适应、改革、创新，这样才能不被传媒科技浪潮所抛弃。

第十二章 记录核实篇

在新闻采访中，记者还有一项重要的工作——记录。记者不仅要善于运用多种方法实施采访，还要善于记录。在新闻采访时记者会获取大量信息，如果记者不及时将这些信息记录和整理出来，那么有些信息就会像过眼烟云一样随着人的记忆消逝，等到记者撰写新闻时，缺少了这些信息，新闻作品就是不完整的，如果缺少了关键信息，可能就无法完成新闻采写任务。采访记录在新闻采访过程中很重要，但是做好记录却是不容易的，因为新闻记者面对的采访对象各式各样，有的人语速过快，有的人表达含混，有时候采访现场又有其他杂音，有时候采访场合根本无法记录。这些都会给新闻记者的记录制造困难，需要记者掌握技巧，平时多加练习，这样才能更加全面、准确、快速地进行采访记录。

第一节 采访记录的种类

新闻记者的采访记录大体有 5 类，分别是笔记、心记、画记、录记、摄记。

一、笔记（包含电脑记录）

笔记是最传统的一种采访记录方式，即新闻记者在采访时用笔和纸将信息记录下来。这种记录方式在报纸、广播、电视、网络等各种媒体的记者中广泛使用，对于报纸来说，它是最主要或者唯一的记录方式，对于其他媒体，是重要的辅助记录方式。随着电脑的大量应用，通过笔记本电脑或者 IPAD、手机等等进行采访记录越来越普遍，这些记录形成的电子文档也方便记者后期写作、编辑和传递。

笔记的优点是记录信息比较全面和持久。俗话说："好记性不如烂笔头"，在新闻现场，记者可以通过这种方式将需要的信息尽量记录下来，而且白纸黑字保持长久，不像心记一样在当时记的挺多，过了一段时间就会损失很多信息。再一个，用笔记录比较正式和庄重，在一些重要访问中，记者这样做会让对方感觉记者非常重视采访。

笔记也有一些缺点。在有些特殊访问中是不能用笔记录的，比如记者进行隐性采访时如果使用这种记录方法就容易暴露自己身份，给采访工作造成不便。再比如，记者乘车到山区采访，由于道路坑坑洼洼，车辆行驶颠簸不平，这时候就无法用笔记录。在用笔记录时，由于记者手中一直拿着笔和纸，这就会时时刻刻提醒采访对象在接受采访，他们之间进行的交流是一种职业行为而不是朋友式亲密无间的交流，这种障碍就使得他们之间的访问不容易触及深层话题，造成记者不容易了解对方的内心世界。另外，和录记、摄记相比，笔记是一种一次性记录方式，无法像这两种方式可以重复收听和观看，进行分析和鉴别。

二、心记

所谓心记，就是新闻记者采访时仅用大脑记忆，不借助其他辅助工具记录。心记的优点是可以有效降低记者介入感，因为没有其他辅助工具，记者这种记录方式就不容易影响采访对象的谈话情绪，双方可以像久违的朋友一样促膝谈心，帮助记者获取深层次信息。同时，心记也让记者更好地放开手脚，不像笔记一样，又得考虑提问什么问题，又得思考记录哪些内容，尤其对于一些刚刚参加新闻工作的记者，这种既问又记的方式可能会让他们手忙脚乱、无所适从。再一个，这种方式可以更好地隐蔽记者身份，尤其在隐性采访时，使用这种记录方法可以更好地保护新闻记者。

但是心记的缺点显而易见，人们对事物的记忆是有限的，也是逐渐衰减的，一个人不可能记住自己感受到的一切事物，如果采访中间记者在大脑中记忆了一些事物，结束采访后不立刻写作或者把内容整理出来就容易忘记。心记给人的感觉不太正式，尤其在访问高级领导或者专家名人的时候采用这种记录方法容易让对方感觉记者不太重视。

三、画记

画记是一种比较小众的记录方式，是新闻记者运用画图的方法记录新闻事件，比如足球比赛中的一次进攻配合，工厂车间中某个产品的生产流程，某个地方的地理方位等等，这些都可以通过图画的方式记录。

画记的好处是生动形象、一目了然，寥寥数笔就可以省略很多文字，在特殊情况下使用可以大量节约时间，但是其应用范围比较局限，不宜大范围使用。

四、录记

录记主要指新闻记者通过录音机、录音笔等设备在新闻现场录制相关声音信息。这种记录方法在各种媒体中都大量使用。这种记录方法记录信息比较全面、完整，能够将采访对象的话全部录制下来，而且可以反复收听，方便记者找到谈话重点。再一个，录音记录可以和其他记录方法配合使用，比如可以和笔记搭配起来，记者用笔记录核心要点，录音记录完整交谈，这样不但可以点面结合，还可以让新闻记者更加从容地采访和记录。但是记者如果完全依靠录音记录就会增加自己后期整理的难度，因为收听录音也是一项耗费时间的工作，有时候应用不当还会影响新闻时效性，这需要新闻记者警惕。

五、摄记

摄记是新闻记者通过录音、录像的方式记录信息，这种方式多用于电视记者采访。摄记是记录信息最全面的记录方式，它不但能够记录声音信息，还可以记录画面信息，能够最大程度记录和还原新闻现场，而且通过现场记录或者后期回看方便新闻记者寻找细节。摄记的缺点一是和录音记录一样后期整理花费时间较多；二是由于使用设备相对复杂，记者需要做一些前期准备工作。记录过程中会牵涉记者大部分精力，如果没有其他人配合，难以和其他记录方式搭配使用。

第二节　记者采访需要记录的内容

新闻记者在现场采访需要尽可能多地搜集信息、记录信息，但是他不可能网罗现场一切事物，需要有所取舍，这样在现场才可以采访得更加从容，写作时也不需要花费过多时间梳理采访笔记。那记者在现场需要重点记录哪些内容呢？笔者认为主要有以下几个方面：

一、记者采访时听到的内容

新闻记者最重要的采访方法是访问，因此记者听到的内容是采访记录的一个重点。新闻记者访问时需要记录听到的四个方面内容：

一是采访对象谈出的主要事实，这是构成新闻的最核心部分。新闻记者需要认真记录，尤其记录好事件的主要人物、发生的时间地点，事件发展的关键点和重要情节，在重要情节中发掘和记录细节。

二是采访对象谈出来的重要观点。主题是新闻作品的灵魂，主题虽然是新闻记者提炼，但是有经验的记者会从采访对象的谈话中寻找灵感，因为采访对象是新闻当事人，他们对新闻事件了解得更加全面，感受更加直接，能够谈出切中肯綮的观点和思想。而这往往是新闻主题的来源。对于这类内容记者应该重点记录。2010 年 8 月 7 日 22 时左右，甘南藏族自治州舟曲县城东北部山区突降特大暴雨，引发泥石流灾害，兰州军区某集团军防化团是最早到达舟曲开展救援的部队。新华社记者在采访该集团军政治部副主任刘志富时记录了对方这样一段话："灾难关头，'90 后'士兵的优异表现，足以说明中华民族的传统美德和人民军队的红色文化基因在年轻一代身上得到了很好的传承和发扬。"[①] 这段话表现了一种新闻主题：为人民服务，为人民牺牲的精神在当代军人血脉中得到了很好的延续。

三是采访对象有特色和代表性的语言。新闻作品要想写得生动、形象，就需要抓住人物有个性的语言。人民记者穆青是这方面的行家里手，他和采访对象交流的时候，都会记录带有鲜明个性的语言并写到自己的作品之中，例如，他写《县委书记的榜样》就记录了很多这样的语言，像"干部不领，水牛掉井""吃别人嚼过的馍没味道""不能干一天就干半天，不能翻一锨就翻半锨，用蚕吃桑叶的办法，一口口啃，也要把这碱地啃翻个个儿""穷，咱穷到一块儿；富，咱也富到一块儿"等等。再一个，记者还要记录一些代表性语言，它们能够体现人物的性格或者内心活动。2010 年 4 月青海玉树发生 7.1 级地震，新华社记者在采访时看到重庆消防总队南岸支队的战士张奇在救出一个乡亲后由于呼叫不到战友只好自己背着他，脚不慎踩到了一块有倒钉的木板，脚心被扎透，血流不止，记者问他时，他说："没事，我忍得住，救人要紧！"这句话虽然不长，但是能够表现消防官兵为了救人义无反顾的一种精神品质，类似这样的语言，记者在采访时一定要搜集和记录。

四是记者在现场听到的其他有价值信息。记者在现场除了要记录

---

① 新闻研究所编：《生命的味道：新华社记者亲历灾难手记》，[M]，北京：新华出版社，2015 年 11 月版，第 43 页。

和采访对象交流的内容，如果听到有价值的其他信息也应该一并记录下来，像能够表现新闻现场的背景音，现场人物议论的话语等等。美国 CBS 记者爱德华·默罗是广播现场报道的开拓者，二战时，他曾经到伦敦采访，录制了著名的《这里是伦敦》，由于广播采访和电视采访有一个共同特点，其采访过程直接构成新闻作品，所以记者录制的节目也可以看作是其采访记录的一部分。在《这里是伦敦》有这样一段："我站在屋顶上，俯瞰着伦敦全城……我想大概不出一分钟，在我们周围附近，就会听见炮声了。探照灯现在就是向着这一边移动。你就会听到两颗炮弹的爆炸声。听，炸弹响了……过了一会儿，这一带又会飞来一些弹片。弹片来了，愈来愈近了。飞机还是飞得很高。刚才我们也能听到一些爆炸——又响了，那是在我们上空爆炸的。早些时候，我们似乎听到许多炸弹落下来，落在几条街上。现在在我们头顶，就是高射炮弹的爆炸声。可是附近的炮又似乎没有开火。探照灯现在几乎射向我们头顶上空了。你们马上又要听到两声爆炸，而且是在更近的地方。听，又响了！声音是那样冷酷无情。"在这一段录音中，记者记录了飞机飞行、炮弹爆炸、高射炮开火等等声音，正是这些声音让听众宛如身临其境，真实感受到战场的激烈和残酷。

二、记者采访时看到的内容

除了听到的内容，新闻记者还要记录在现场看到的内容。在第八章观察中，笔者已经讲过，新闻记者观察时主要注意三个方面即观察人物、新闻环境和情景情节，尤其是细节。新闻记者记录的内容也主要是这样几个方面，要善于在观察到的内容中发现有价值的素材。例如新华社记者在采访内罗毕恐怖袭击的时候就目击和记录到这些情景：

2013 年 9 月 21 日下午，我被眼前一幕震惊了。昔日人流涌动的韦斯特盖特购物中心如今狼藉一片，满目是死伤者遗落的物品和殷红的血迹。救护车的警笛哀嚎而过。志愿者从购物中心内将一具具尸体搬出，小心地抬放到卡车上……

……作为记者，我需要获取第一手信息，需要尽力靠近事件发生中心去发现真相。我保持警惕，冒险和其他记者试图靠近购物中心大楼正门。

突然一阵枪声响起。"蹲下！蹲下！"有人高喊着。"看样子这帮武装人员向外开枪了。"身边一名记者低声说。我们躲在一辆白色小轿车后。不远处，几名肯尼亚野战军做好了射击的准备。

枪声平息后，人们很快重新站起来继续工作。在混乱的现场，信息是极其闭塞的。我无法得到最新的伤亡人数，也无从知道大楼内究竟是何惨状。停车场聚集着大量记者和志愿者，我只有不停地和他们说话，挖掘信息。

一位肯尼亚媒体的摄影记者给我看他拍到的照片。他头戴建筑工人用的塑料头盔，冒死进入大楼顶层拍了一组照片：手榴弹、孩子的尸体和满地的碎玻璃。

还在商场的印度裔肯尼亚人给我看他手机上的短信，这是他的朋友刚发来的。他们被武装分子挟持进了一层的 Nakumatt 超市，在那里，恐怖分子开始屠杀非穆斯林。

一群群人质被肯尼亚军警护送着离开购物中心。许多人举起双手做投降状，脸上挂着泪和惊恐，那表情正在叙说：我们刚从地狱逃出……

……军用直升机在上空盘旋，又有装甲车驶入现场。车上的肯尼亚野战部队包围了商场，并陆续进入商场。我告诉自己，晚上会有场恶战。无论多累，都要守住。[1]

---

① 新闻研究所编：《生命的味道：新华社记者亲历灾难手记》，[M]，北京：新华出版社，2015 年 11 月版，第 43 页。

在这篇记者手记中，记者记录的很多信息都是自己看到的，比如恐怖袭击现场的情景，人们的言行和表情等等，它们在新闻作品中都起着不可替代的作用。

三、记者采访时想到的内容

新闻记者在采访时还要记录想到的内容。新闻现场给新闻记者提供的是一种立体的"场"信息，记者可以听、看、嗅、摸，这些信息共同刺激记者的各种感官容易让新闻记者产生灵感，这时的灵感很可能就是新闻主题。但是这种灵感大多是昙花一现，记者如果在现场没有将它记录下来，回头写作时就可能再也想不起来，而失去了现场的这种"场"信息再想有同样的灵感就非常困难，因此记者要学会随时记录采访时自己的心理感受，尤其是那种让自己心潮澎湃，想要立刻直抒胸臆的东西。新华社记者张郁海湾战争时在科威特采访，当他看到科威特 700 余口油井被伊拉克军队点燃，燃起熊熊大火时，他记录了自己的心理感受："的确，在溃败之前在占领区进行如此烧掠，在历史上也是绝无仅有的。中世纪的争战中胜利者在打败对手之后进行的烧杀抢掠，多少还是以抢夺财产为目的。而点燃这数百口高产油田的暴徒并不会从他们的作为中得到丝毫收益，这只能是一种败军滥杀无辜、渲泄兽欲的疯狂。况且，这一暴行的受害者远远不止科威特，而是整个地球的生态环境。作为一个多少了解古今战争暴行的中国人，虽然并没有指望占领军像他们所力图要使世人相信的那样循规蹈矩，看到科威特战后油田大火的惨状，还是从心里认同那位科威特男子的咒语：'这不是人干的！'"[①] 记者在现场想到的内容后来就构成了作品的主题，这些内容如果离开现场可能就不会感受到，也就不会激发起记者的灵感。

---

① 张郁：《世纪之战目击记——一个中国记者的海湾战争采访录》，[M]，长沙：湖南文艺出版社，1993 年版，第 354 页。

四、记者采访时搜集的资料

在记者采访的素材中还有一个重要类别就是资料，像文件、档案、法律法规、信件、日记等等。这些资料在新闻作品中有不可替代的作用，尤其在一些特殊类型报道中，例如调查性报道，资料起到的作用更加显著。记者采访中间如果搜集到类似资料就需要立刻想尽一切办法记录和保存下来，因为有时候记者掩盖了自己的真实身份，还有的时候记者是在某些组织或者个人的监视之下，这时候记录资料就可能会遇到一些困难，需要记者开动脑筋、想方设法。2014 年，中央电视台记者报道杭州广汽贸易公司销售过期进口食品原料，在采访过程中，记者发现公司相关人员使用软件在电脑上篡改生产原料的检验报告单，记者就立刻用隐性摄像机将篡改的资料拍摄下来，成为证明对方违法的重要证据。

大体来说，新闻记者在采访新闻时需要记录这样四类内容。新闻事件性质不同，记者记录的重点也会有所差异。即使是面对同一个新闻事件，选取不同的角度，记者的采访和记录也会大相径庭。所以，法无定法，道无常道，新闻记者要根据新闻事件的性质、角度、主题等等灵活选择记录内容。

第三节　采访记录需要注意的问题

一、关注核心信息

新闻记者采访中要记录看到、听到、想到的内容，但是并不是说现场的所有信息都要原原本本记录下来，记者没有那么多时间也没有那么大的精力这样做，即使在录记和摄记中，这样的要求也无法不折不扣地完成。因此记者只能有选择、有重点地记录一部分内容，尤其选择那些最重要的。它们是构成新闻的核心要素，离开它们一则新闻就不能成为新闻，这主要指新闻的六要素：何人、何时、何地、干什么、为什么以及如何发展。在采访中，记者要抓住这些关键信息，采访记录中不能遗漏。有经验的新闻记者会养成好的采访习惯，来到现场首先将时间、地点、主要人物记录下来，以防遗忘。当然，这并不是说其他信息不重要，而是相对来说这些信息更加关键，更加不可或缺，记者也可以根据需要在其他信息中选择记录。

二、采取多种方法提高速度

在新闻采访中，采访对象是口语表达，而记者需要书面记录，二者的不对称地位要求新闻记者必须提高速度才能够记录更多信息。记者提高记录速度的方法多种多样，最基础的就是提高打字或者写字速度，记者在空闲时间可以有意识地训练自己这方面技能。以打字为例，记者一定要熟悉键盘上各个字母的位置，盲打要比看着键盘字幕打字快得多，只要记者持之以恒，很快就能够掌握这方面的技巧。再一个就是有重点地记，记者要能够对采访对象谈话的重点内容迅速判断，然后记录下来，对一些无关紧要的话语主动忽略，这样不仅能提高记录速度，也方便记者写作。有时候采访对象重点地方讲得过快，这时候记者可以提醒对方重复一遍，当然，提醒的时候要注意方式方法，不能生硬打断，可以说："您讲的非常重要，我没有记下来，您能不能把刚才的话再重复一遍？""您讲的太好了，能不能再给我重新讲一遍？"有些记者还采用速记方法提高速度，可以分为两种，一种是用专门的特殊符号系统进行记录，这需要长时间学习和训练；另一种是新闻记者在长期采访实践中自己创造并且熟练运用的一套快速记录方法，比如将一些较长的专有名词用简单的符号代替，将人名用姓氏代替等等，这些需要记者自己摸索和锻炼。提高记者记录速度的方法绝不仅仅只有这些，每个新闻记者都可以根据实际情况找出适合自己的方法来。

三、多种记录方法配合使用

前面已经介绍了记者记录的方法多种多样，并不是一次采访只能使用一种采访方法。由于这些采访方法尺有所长、寸有所短，记者可以将它们搭配起来使用，这样取长补短，就可以发挥最大效能。例如可以将心记和录记结合起来，这样采访对象的情绪不容易受干扰，记者也无须分散注意力，可以将精力全部放在组织问题和搜集重要信息上，特别是知道双方谈话被全程录制，就无须担心漏掉或者遗忘必须的信息。在采访结束后，记者还可以回放录音，做后期的记录整理工作。因此，新闻记者可以针对不同的采访任务，灵活选取多种记录方法配合起来使用。

四、及时整理采访记录

新闻记者采访之中的记录一般比较简单和潦草，即使使用笔记本电脑也会有一些错误或者遗漏，有时候因为时间紧急，记者只能记录几个关键词，这些都要求记者采访结束后在最短时间整理记录，因为按照人们的遗忘曲线，时间越长，则记忆内容越少，如果采访结束后停留时间过长，记者很多有效信息就无法回忆。《深圳特区报》总编辑陈锡添在邓小平南方视察时曾经陪同采访，当时并没有发稿任务，但是陈锡添敏锐地意识到邓小平这次南方视察意义非同寻常，他白天跟随邓小平采访，晚上回去以后立刻整理采访记录，大多要整理到凌晨 2 点以后才能休息，正是由于他敏锐的新闻嗅觉再加上扎实的采访和认真的记录，2 个月后，陈锡添采写的长篇通讯《东方风来满眼春》见诸报端，全国数百家媒体转载，《深圳特区报》一鸣惊人，销量每月增加 1 万份。

新闻记者比较常用的是将采访记录整理成采访笔记或者采访日记。这些笔记、日记不仅可以为当时的新闻写作提供便利，而且能够成为记者难得的资料，方便以后查阅和写作，有些甚至还可以直接在媒体发表。

第四节 新闻记者为什么要核实信息

2019 年冬季，全球暴发新冠肺炎疫情，就在各国政府和人民抗击疫情期间，无数假消息在各种媒体中传播。例如俄罗斯遣返 150 万名中国公民，新冠病毒是武汉病毒研究所人工合成，钟南山院士说饮高度酒可以预防新冠肺炎，湖南女子监狱暴发新冠肺炎疫情等等，可以说是不一而足。这些假消息出现的原因有很多，有的是西方国家为了掩盖自己应对不力故意"甩锅"给中国，有的是不法分子为了提高微信公众号阅读量和涨粉并进行非法牟利而故意编造谎言在网络散布，还有的是网民不明就里、以讹传讹。但是也有一些假消息、假新闻是新闻记者工作作风不扎实，采访不注意核实信息而造成的。

2020 年 1 月 31 日，某权威媒体微博发布消息称上海药物所、武汉病毒所联合发现双黄连可抑制新型冠状病毒。该消息一出立刻引发公众抢购潮，市场上的双黄连口服液、冲剂等等被一扫而空。很快，该微博又发布消息称中成药双黄连口服液可抑制新型冠状病毒目前仍是初步研究，上海公共卫生临床中心、华中科技大学附属同济医院正在开展临床研究，对病人如何有效还要做大量的实验。虽然这则消息不能简单判定为假新闻，但是新闻记者显然不该报道一条正在开展初步研究，对病人是否有效还未核实的新闻，而且是在武汉和中国暴发疫情最严重的时期，其引发的负面效应非常大。

不仅在疫情期间，平时类似的假新闻也屡见不鲜。《新闻记者》从 2002 年开始每年盘点媒体中出现的十大假新闻。例如 2018 年的十大假新闻是：1. 保研大学生破解彩票漏洞获刑；2. 淄博从未进过长春长生生产的疫苗；3.《读者》快发不出工资了；4. 内蒙女教师车祸瞬间推开 2 学生自己被撞身亡；5. 的哥见义勇为被奖励"甘A88888"车牌；6. 刘强东案涉案女子涉嫌诬陷被美警方收押；7. 万州女司机逆行致大巴坠江；8. 快递小哥因快递被偷雨中痛哭 20 分钟；9. 丁守中击败柯文哲当选台北市长；10. 小偷偷电瓶被电死向车主索赔 20 万。在这些虚假新闻中，有一些就是因为新闻记者采访时没有注意核实信息造成的。像《鲁中晨报》报道淄博市从未进过长春长生生产的疫苗，记者只关注了政府方面提供的线索，却没有通过其他消息源核实政府提供的材料，在报道刊出后，立刻有市民晒出孩子的接种记录。《河南商报》报道的《的哥见义勇为，政府奖励"甘A88888"车牌》则是因为实习记者听信单一信源并且将网上说法（来自百度知道认证团队）作为印证依据，再加上正值国庆假期，所以没有第一时间向当地主管部门进行求证以至于新闻失实。《重庆青年报》微博和《新京报》网发布的万州女司机逆行致大巴坠江则是因为媒体为了抢发新闻，在调查没有最后结果时就做出定性判断，导致假新闻出炉。《北京青年报》报道的快递小哥因快递被偷雨中痛哭 20 分钟则是因为视频拍摄网友看到快递员在雨中哭泣后自己推断原因是快递被偷，后经视频网站、微信账号以讹传讹后，"快递被偷"变成"事实"，再加上传统媒体的报道，推测最后变成了新闻事实。

网络的普及极大改变了新闻传播业的形态。专业与业余、传统与现代之间的界限越来越模糊，网络上的每个人都可以通过微博、头条、公众号、抖音等等发布所谓的新闻。这一方面使信息传播的速度和数量大大加快，使媒体能够获取更多新闻源，但同时也会加大新闻核实的数量和难度。这几年，新闻反转成为了网络热词。所谓新闻反转是指新闻事件在媒体报道后公众发现事实和报道相反，或者事件发展出现戏剧性转变。新闻反转的重要原因是新闻记者片面追求报道速度却忽视了核实新闻。由于不论是新闻反转还是新闻失实都会破坏媒体和记者的公信力，所以在网络时代，新闻记者核实信息的能力越来越重要，它已经成为和新闻发现能力、采访策划能力、新闻采访能力并列的一种新闻核心能力，需要记者认真培养。

第五节　新闻记者核实材料的方法

新闻记者核实材料的方法多种多样，具体说，主要有以下几个四方面。

一看消息来源是否权威、可靠。新闻记者获取新闻线索或者新闻素材大多依靠消息源提供，在记者了解这些信息的时候需要考察和辨别这些消息来源是否权威和可靠，其公信力有几许。一般来说，党委和政府部门、司法机构、仲裁机构以及专业新闻媒体等等提供的信息可信度较高。就具体的新闻事件而言，这一事件的亲身经历者以及目击者提供的材料比较可信。当然，这里的可信也是相对而言，指这些信息来源的虚假率相对较低，但绝不是全部真实，如果遇到重大新闻或者异常反常的材料，还需要记者运用其他核实方法求证信息。

二是多源求证。正所谓"孤证不立"，在新闻采访时，新闻记者需要多源求证，即通过两个以上与事件无关的独立消息来源对新闻进行核实，以确定消息的真实性。[①] 这里有两个要件，一是消息源应该是独立的，如果和新闻事件存在紧密的利害关系，则再多的信息源也会由于利益关系提供虚假信息；再一个就是多个信息源，通过多个信息源的互相印证让记者辨别事实真伪，避免出现记者因为采纳单一信息源而犯片面性错误。中央电视台《新闻调查》记者采访湖南益阳市发生的一起神秘的坠楼事件，记者除了采访事件当事人以外，为了找到坠楼的真实原因，记者走访了多个事件目击者，通过他们的回忆互相印证和还原事件过程，得出事实判断，正是由于采用了多源求证的方法，电视观众看完节目以后会感觉到电视作品是真实可信的。

---

① 李名亮编著：《网络编辑新闻事务》，[M]，上海：学林出版社，2015年1月版，第78页。

三是查找第一手资料。在新闻采访中，新闻记者应该主要依赖第一手材料，而不是道听途说、捕风捉影。特别是网络信息良莠不齐，例如有人为了经营自己的营销号不惜杜撰、拼接、捏造一些耸人听闻、极具新闻价值的信息。如果新闻记者偏听偏信，不去查找第一手资料，而是仅仅只做新闻信息的搬运工，那么就容易出现刊播虚假新闻的问题。在寻找第一手资料时，记者应该努力进入新闻现场，寻找新闻当事人、目击者，在现场进行观察、访问、体验感受，这样采集的素材一般来说才是真实可信的。

四是请相关人士核实材料。新闻记者在采访中不仅要自己核实信息，还可以借助相关人士核实。例如可以把写好的稿子或者采访记录让新闻当事人、被采访人以及被采访单位的领导审阅，请他们帮助自己核实材料。例如在访问时由于记者误听可能会导致记录信息不准确，这时候邀请访问人查看自己的访问记录就可以避免出现错误。在网络媒体中，由于消息众多，可以发动相关权威机构和网民进行核实。2007年和2008年沸沸扬扬的周老虎事件中网民的核实就起到了最关键作用。新冠疫情期间，新华社客户端专门推出"求证"互动平台，设置了"问答""求证""征集"三个版块的服务，其中"求证"版块主要是通过栏目和权威机构以及网民互动对真假难辨的信息进行辨别，核实求证。消息证实或者证伪以后再在新华社的客户端予以澄清。当然这种核实方法并不适用于所有采访，假如记者采访的是负面事件，而且采用了隐性采访的方法，这时候邀请上述人等查看采访记录就会给采访造成大麻烦，这就需要记者针对不同的采访对象灵活选择核实方法。

第十三章　风险规避篇

新闻采访是极富挑战性的一项工作。新闻工作者有时候要穿越枪林弹雨，有时候要登上冰山雪原，有时候要深入地震灾区，有时候要拍摄洪灾现场，有时候要记录犯罪事实，有时候要揭开黑色内幕。正如风险多大，收益往往就有多大一样，在新闻领域也有这样一条规律：风险多高，新闻价值含量往往就有多高。正是由作品价值、职业荣誉和社会责任共同汇聚的一种力量驱使无数中外记者为了采访高质量新闻作品而甘冒风险。

2004 年，凤凰卫视驻俄罗斯记者卢宇光在采访报道别斯兰人质事件的时候，恐怖分子从控制的学校冲了出来，边开枪边向记者的方向跑。卢宇光一边跑一边用卫星电话播报："现在恐怖分子已经向我们冲过来，打伤很多人，我们正在跑……恐怖分子冲过来了，向我们开枪……现在有几个人都躺在地下……我现在看不出来，我现在趴在地上，已经打伤了很多人……"恐惧过后，有过特种兵经历的卢宇光通过卫星电话向全球开始播报："这个时候的报道肯定是其他媒体没有的，慌张和颤抖并不重要，重要的是，我在第一线，我在现场，即使在下一秒钟可能会失去自己的生命。"这次采访以后，卢宇光成了凤凰卫视的"英雄"。

2014 年 11 月，美联社四名女记者来到东南亚就这里鱼奴的悲惨遭遇进行采访，她们在印度尼西亚的本吉纳岛等地采访从事渔业生产的渔民，发现他们过着奴隶一般的生活，被廉价地买卖，收入极低，长时间劳作，没有安全保障，不少人在被榨干后尸体被抛入大海。为了了解鱼奴的真实境遇，她们经历了种种风险，有一次她们看到捕鱼船上有渔民在求救，渔业公司为了不让她们采访威胁要撞翻她们的小船，并且派快艇向她们急冲过来，让她们感受到了死亡的威胁。但是记者没有放弃，报道获得空前成功，作品赢得 2016 年度普利策金奖（为公众服务奖），还帮助 2000 多名鱼奴获救。

新闻采访获得成功以后会带给记者巨大荣耀，甚至一次这样的采访就会让一名记者显赫一生，但是新闻记者在感受新鲜、刺激、荣光的同时千万不能忘记类似采访中蕴含着巨大的人身和法律风险。新闻史中有不少惨痛的案例：晚清时期的记者沈荩因为揭露《中俄密约》被清政府乱杖打死，俄罗斯女记者安娜·波莉特科夫斯卡娅因为自己的调查性报道被枪杀，美国《纽约时报》记者法尔勃因为保护新闻线人被判入狱，而在战场上牺牲的新闻记者就更不胜枚举了。据国际新闻记者联合会报告，在 2017 年至少有 81 名记者非正常死亡，250 名记者被拘押，有 32 名记者牺牲在阿富汗、叙利亚和伊拉克三个国家的战争中。据中国记协的信息，2017 年，有 31 名殉职、受伤和致残（其中殉职 4 人）的中国记者接受了记协的援助[①]。而据联合国教科文组织的调查报告显示，2016 年世界记者死亡人数是 93 名，2015 年是 135 名，据公开的资料显示，从 2005 年至 2015 年有 787 名记者遇害。

除了生命危险，法律诉讼也是新闻记者职业行为中必须审视的一种风险。我国从上世纪 80 年代中期出现新闻官司后，仅 1988 年上半年，全国法院受理的新闻侵权诉讼案件就达 200 多起。在第一次新闻侵权诉讼十年后的 1996 年，全国新闻侵权案件已超过 1000 件。到

[①] 中华全国新闻工作者协会从 2014 年起开始援助中国新闻工作者，援助共分 3 个等级：因公殉职 30 万元；严重伤残 5 万元；一般伤害 5000 至 1 万元。

2004 年 6 月底，全国各地发生的新闻侵权诉讼案件达 3000 多件。[①]
在这些新闻诉讼中，媒体的胜诉率并不高，只有 30％左右。

　　总体来看，新闻记者的采访工作具有一定的风险性，他们既面临
战争、灾害、犯罪、交通意外等带来的生命危险，同时还面临较大的
法律风险，但是面对这些风险，新闻记者不能望而却步、因噎废食，
要像俄罗斯著名调查记者安娜·波莉特科夫斯卡娅所说的那样："我
十分确信，危险是我的一部分。但是，我无法止步，因为这是我的职
责。"新闻记者需要注意的是在采访中不能逞匹夫之勇，而是要学会
尽可能保护自己，将风险降到最低，这也是本章的主题。

第一节　新闻记者要学会规避意外伤害风险

　　新闻记者在采访过程中有可能会遇到意外伤害，尤其是在关于战
争、地质灾害以及揭露犯罪的新闻报道中危险系数更高，新闻记者如
果能够做到以下几点就可以有效降低此类风险。

一、做好采前准备

　　古人云："凡事预则立，不预则废。"从保护新闻记者人身安全的
角度讲，这句话可以化用为"凡采访预则安，不预则危"。具体讲，
新闻记者特别要做好以下准备工作：

　　1. 风险预判。新闻记者要对将要进入的新闻现场以及采访的新
闻事件进行预判，预测将会遭遇哪些危险和困难，从而有针对性地做
好准备工作。例如新闻记者要考虑进入现场的路线哪一条比较安全，
是采用隐性采访还是普通采访的方式，进入现场后有可能会遇到哪些

---

　　① 刘海涛、郑金雄、沈荣：《中国新闻官司二十年》，［M］，北京：中国广播电视出
版社，2007 年 10 月版，第 3 页。

困难和危险，有可能遇到哪些采访对象，准备什么话题才不会露出马脚等等。特别在采访战争、犯罪、灾难方面的新闻时，新闻记者更要做好采前谋划，充分研判风险，针对可能出现的风险因素制定应对策略。

英国BBC著名调查记者马克·达理（Mark Daly）在到警察系统卧底采访之前接受了公司的角色训练。他的上司假设了很多他有可能遇到的险情，考验他的应对能力。例如，如果他目睹警察对黑人出言不逊，种族歧视，他该怎么办？是去阻止还是任其发生，只是把整个经过拍摄下来等等。① 这些训练使马克·达理获益匪浅，他在警察系统潜伏了将近7个月，搜集到英国警察系统存在大量种族歧视的证据，拍摄了一部名为《秘密警察》的纪录片，凭借这部纪录片，他获得了当年英国皇家电视协会的"最佳年轻记者奖"。

2. 知识准备。知识准备不仅是采访成功的通行证，也是保护记者生命安全的免死金牌。因为你只有对采访的事件、人物、地点有了充分了解，才能更好地对危险进行判断，才能够更加科学、合理地管控风险。有一个战地记者曾说："对于你所报道的东西和内容要有一定的了解。作为一个战地记者，光有一腔热情和进取心是不够的。比如说要对伊拉克问题进行报道的话，必须对这个问题的历史背景、来龙去脉以及现状和各方的态度都有个很透彻的了解，这样才能很准确地报道。而且对于一个做新闻报道的记者来讲，对新闻事件的知识有一个积累的过程，是平常工作中日积月累的结果。"②

新华社军事记者徐壮志也认为战地记者应该学习多种知识，提高他们的生存能力，这些知识主要有：

一是防核生化知识。比如，如何利用地形地物在核爆中减少冲击

---

① 崔莹：《做最职业的记者 对话英国名记者》，[M]，广州：南方日报出版社，2009年4月版，第69页。

② 刘继南：《国际战争中的大众传播》，[M]，北京：北京广播学院出版社，2004年9月版，第299页。

波、核辐射的危害，如何从水、气、动植物状况判断环境是否安全，以及几种主要生、化武器的防护知识。

二是战伤救助知识。枪弹无眼。懂得一些常规战伤处置方法，是十分必要的。

三是战斗知识。久经战斗的老兵能根据炮弹的破空声判断自己的位置是否安全。战场的不同区域，安全性不同。现代战争是非接触、非线性的，没有前线后方，每一点都可能受到攻击，记者要学会选择不易受攻击的安全位置。另外，低姿态奔跑、卧倒、隐蔽这些基本的战术动作，会减少中弹的危险。不要在战斗要点处长时间逗留。谨慎使用手中的相机，尽快拍完，立即更换立足点，以免被狙击手误盯上。

四是其他防护知识。如何在野外寻找水源，简单的饮水知识。学会依靠自然判断方向、时间。还有防晒、防暑、防冻、防蛇虫等知识。另外，还要了解战场的常见病，特别是传染病，提前注射疫苗，并做好其他防护准备。①

这些知识都是十分实用的战场知识，可以帮助战地记者有效降低意外伤害风险。

3. 物品准备。工欲善其事，必先利其器。物品方面的准备也可以为新闻记者的采访提供有力保障。

首先是设备准备，指新闻记者通过巧妙伪装设备不至于暴露真实身份，从而保障自己的安全，这一点在隐性采访时非常重要。记者曾华国有次在海南一个摩托车走私市场录音暗访，"我们看到忙碌的走私场景，激动得忘记了害怕。捂着采访机，装出一副大款的样子有条有理地向当地老板了解情况。在采访就要结束时，意想不到的事情发生了：装在口袋里的录音机转完了磁带，发出了'咔嚓'的一声。老

---

①　刘继南：《国际战争中的大众传播》，[M]，北京：北京广播学院出版社，2004 年 9 月版，第 329、330 页。

板警觉地看了笔者一眼。眼看天就要塌下来了，笔者急中生智，故意让口袋里的手机掉下来，发出更大的响声，借着捡手机弯腰的工夫，把采访机弄好，侥幸过关。"①

记者的物品准备既包括录音机、摄像机、照相机等相关设备，又包括汽车、急救包、记者证等其他物品，记者需要根据采访实际灵活选取。例如现在隐形摄像机的种类五花八门，有领夹式、眼镜式、皮包式、钢笔式、手机式等等，采访选用时既要考虑被采访事件的性质、环境，被采访人的特点，还要顾及采访人所扮演的角色等等。另外，新闻记者还要认真检查设备性能，不能让设备在使用过程中因为出现问题而让记者处于险地。

新闻采访时，记者还要准备相应的应急保障物品，为采访工作提供安全保障。中央电视台第一次派记者前往战乱地区采访是1995年波黑战争时期，记者出发前专门购置了5套防弹背心和钢盔以及急救包，还费尽周折购置了战争地区人身意外伤害保险，给记者采访提供了安全保障。

新闻工作者在没有携带相关的保障物品时应该因地制宜、灵活应对。有一年，河南省新乡市的周边县市发生严重的洪涝灾害，作为记者的笔者参加了相关报道。一天下午，时任河南省长李克强要到封丘县一个被洪水围困的村落慰问群众，当地驻军为随行人员准备了冲锋舟。笔者上船后看到有为大家提供的救生衣后就立刻穿了一件，但是有些记者不知出于何种原因即使看到有闲置的救生衣也没有穿。冲锋舟穿越波浪很快就接近了村子，当地电视台的记者为了抢拍镜头，船还没有停稳就跳了下去，原以为已经到了浅滩的他没有料到那个地方是一个很深的大坑，一跳下去水就没过了头，摄像机也不见了踪影，附近几个眼疾手快的群众立刻把他拉了上来。虽然这个记者躲过了一

---

① 曾华国：《中国式调查报道》，[M]，广州：南方日报出版社，2006年9月版，第37页。

劫，但是那架电视台里刚刚购置的最新型摄像机却不见了踪影。这件事情提醒笔者新闻工作是一项充满危险与挑战的工作，新闻工作者时刻都要具备安全意识，还要充分利用新闻现场的安全设施和装备，这样才能有做好采写工作的基础。

二、联络相关部门

新闻记者采访时还要学会和相关部门取得联络，尤其在中国，新闻记者更要和相关单位保持密切联系，这首先是中共党报理论的要求。中共党报理论中重要的一点就是报纸需要全党来办，群众来办，而不是仅仅依靠报馆中的几个人来办，如果仅仅是报馆中的几个人依据自己的爱好、兴趣来选择稿件，依照自己的意见来写社论，那这样的报纸就不是党报。当然，目前中国的媒体不全是党委的机关报、机关台，但是它们同样是党、政府和人民群众的耳目喉舌，同样要坚持中国共产党的领导，同样要接受中共党报理论的指导。

其次，联络相关部门可以方便新闻记者的采访和写作，给他们提供安全保障，尤其在一些特殊采访，比如战地采访、揭黑采访、国外的采访等等，如果有了相关部门支持和配合，记者就可以很大程度降低工作的危险系数。2003 年，广州《新快报》记者在调查跨省替考案的时候派出了多路记者，其中一路来到替考发生地武汉市，和当地媒体《楚天都市报》取得联系并且向当地警方报案，取得警方受理和保护，和警方一起进行调查，帮助警方抓获主要嫌疑人。对卧底揭露舞弊丑闻的《新快报》记者，武汉警方赞不绝口，一名办案民警说："我当了十多年警察，从来没有碰到过这样的事情，你们的记者太敬业了！"[1]

需要注意的是记者在联络相关部门的时候要甄别采访选题，有时

---

[1]　新快报《深度阳光》编辑委员会编著：《深度阳光：新快报调查性新闻十大案例》，[M]，北京：中国传媒大学出版社，2008 年 3 月版，第 129 页。

候新闻记者不宜一开始就联系相关部门，有时候联系相关部门时不宜将所有采访情况告诉对方，因为有些新闻选题是需要做好保密工作的，这样才能让新闻记者更好地规避风险。

三、做好保密工作

保密就是保守机密，不使秘密泄露的意识与行为。新闻记者在采访中必须树立保密意识，一方面不能因为自己的采访行为泄露了国家机密和商业秘密，同时记者还要意识到做好保密工作可以保障自己的人身安全。

首先，在一些特殊采访中，记者和通讯员（新闻线人）的身份要保密。如果他们的身份泄露就会给采访工作带来很多麻烦，尤其在一些揭露性采访中，被采访对象会千方百计地掩盖自己的不当行为，使记者采访受阻。中央电视台《焦点访谈》记者有次接到举报，山东枣庄市城头镇很多小作坊生产伪劣豆制品，在记者马上到达目的地的时候给当地相关部门打了电话，提出了采访请求，但是电话打了一会儿后，村头的喇叭里就传出了这样的声音："各个加工户注意了，中央电视台来检查质量方面的事，请把平时生产用的滑石粉这些物品放在其他地方，不要放在加工现场，查出你来，你会倒很大霉的。"这给记者采访造成很多不便。更重要的是，有时候身份泄露会给记者招致杀身之祸。曾经在《南方都市报》《京华时报》担任记者的石野曾经采访了很多黑幕，被人称为"打虎记者"，有一次采访就是因为记者证被对方发现，差一点命丧"虎"口，从记者回忆的文字中我们可以感受当时的一发千钧和惊心动魄：

不好，他们要求我们出示身份证！我的身份证这次虽然没有带出来，但我记得很清楚，我的记者证就在我的采访包里面，而邓世祥的记者证就在他身上，因为他没有带采访包。如果在这个时候被他们发现，我们的麻烦就大了。我慌忙回答他们说："我们都没有带身份证……我们今天只是路过这儿的……"就在这时，"双下巴"的双手在邓世祥裤子后面的衣袋里摸到他的记者证，这家伙当即吼道："他妈的，这是什么东西？快老实交代，不然就一刀捅了你！"几位劫匪一起打开记者证一看，不由大惊失色地叫起来："啊！是记者证，他们是记者！是《南方都市报》的记者！"言毕，几把尖刀齐刷刷地围住了我俩。屋子里的空气陡地像凝固了一样，寂静得连掉下一根针也能听得出来。[①]

不但新闻记者在某些特殊采访中要学会隐藏自己的身份，新闻媒体也要有这样的意识。《新快报》在对成人高考跨省替考案采访中，记者和猎头（专门组织集体替考的人）见面并且基本摸清替考的详情后正巧碰上了"非典"，成人高考的时间推迟。《新快报》一方面让记者继续和猎头保持联系，进一步摸清替考的各个环节；一方面要求报社和记者自己不能暴露身份，记者可以采访但是绝对不能在报纸以及其他媒体出镜，防止被猎头发现记者身份，不但采访工作前功尽弃而且有可能会给新闻记者个人带来安全方面的威胁。

四、善于用好新闻线人

新闻线人是给新闻媒体提供新闻线索的人，有的是给新闻媒体提供线索意图获得报酬的人。新闻线人在新闻采访中具有非常重要的作用，他们可以使新闻媒体快速获得新闻线索，采访独家新闻，节省采访时间，提高工作效率。2003 年 3 月 20 日，新华社巴格达分社的雇员贾迈勒·哈西姆·艾哈迈德作为留守雇员通过海事卫星电话向新华社中东总分社报告伊拉克战争爆发的消息，使新华社以 10 秒钟领先全球媒体。他本人因抢发开战消息而获得新华社最高奖项——"社长总编辑奖"，奖金额为 1000 美元，相当于伊拉克当地雇员 5 年的工

---

① 石野：《卧底记者 我的正义之旅》，[M]，北京：中国方正出版社，2005 年 1 月版，第 136 页。

资。目前很多媒体都设立有相关奖项，鼓励新闻线人提供新闻线索。

除了上述作用，用好新闻线人还可以为新闻记者的新闻采访提供一把保护伞，既能使新闻采访顺利进行，同时也可以更好地保护记者安全。这是因为新闻线人一般对新闻事件和现场更加熟悉，他们了解哪些地方会有危险，如何能够规避风险，当风险来临如何应对等等，这对人生地不熟的新闻记者来说是非常关键的。中央电视台副台长孙玉胜说："线人之所以是个宝，因为线人往往都是局内人，是那些深谙此中道行的明白人，他们能够引领着调查的方向，绕过重重的障碍，径直走到最核心的事实面前。"①

前文谈及的 4 名美联社记者揭露东南亚渔业中的奴役劳工现象中，记者就充分利用了新闻线人。她们在新闻线人的帮助和带领下摆脱了打手和士兵监视，采访到第一手资料，拍摄了大量照片，获得了第一手证据，这篇系列报道不但获得了普利策新闻奖而且帮助 2000 多劳工获得了自由。

在关注新闻线人给新闻记者采访带来安全保障的同时必须要关注对新闻线人人身安全的保护，因为类似案件已经发生了多起。2005年 3 月 6 日，河南电视台记者在新闻线人某市汽车运输公司一名驾驶员朱安阳的帮助下，通过暗访报道了某市收费站和超限站的工作人员乱罚款、收黑钱的问题。在新闻报道后，朱安阳的身份也被曝光，该市纠风办和交警支队不断寻找朱安阳，他在巨大的压力下服毒身亡。同样，山西某地报社记者高勤荣向中央电视台举报山西运城地区欺上瞒下，耗资 2 亿元建起了所谓的"渗灌工程"，但是大都没有起到灌溉作用。在中央电视台曝光后，高勤荣遭遇非常悲惨，"1998 年冬天，高勤荣去北京反映情况，被跟踪而去的运城警方带回运城，纪检、公安人员随即搜查了高勤荣在太原的家……1999 年 8 月，运城

---

① 孙玉胜：《十年：从改变电视的语态开始》，[M]，北京：生活·读书·新知三联书店，2003 年 8 月第一版，2005 年 7 月第三次印刷，第 500、501 页。

地区中级法院以受贿罪、诈骗罪、介绍卖淫罪分别判处高勤荣有期徒刑 5 年、3 年、5 年，决定执行有期徒刑 12 年。"[①] 2003 年，甚至有两名新闻线人因为举报粤东地区猖獗的制造假烟行为而被造假者活活打死。

保护新闻线人重点在为他们的真实身份保密，尤其在一些负面采访中，如果不为他们保密，就很容易招致打击报复。这不但会使新闻线人的人身安全受到威胁，同时也会使新闻媒体的声誉受损，以后很难再有新闻线人冒险给媒体提供新闻线索，会使媒体失去很多有价值特别是独家新闻信息。

广州媒体人周筱赟曾经曝光过铁道部 12306 订票网站信息公开、中华儿慈会 48 亿巨款神秘消失、嫣然天使基金事件等名噪一时的事件，他对新闻线人保护有独到的见解。他将保护新闻线人分为三重境界：第一重就是严格保守新闻线人的秘密，对任何人不透露新闻线人的信息，类似谍报工作中的单线联系；第二重是通过制造假信息来保护线人，让怀疑对象无限多，这样对方就很难确定哪一个是新闻线人；第三重则是只了解和掌握新闻事件的实物证据，自己都不了解新闻线人的真实身份。

虽然周筱赟的方法非常实用，但毕竟只是个别媒体工作者的经验之谈，如果想要切实对新闻线人有相对彻底的保护，必须重视相关制度的建设，从法律法规方面保护新闻线人的正当权益。

第二节　新闻记者要学会规避法律风险

法律风险主要指新闻工作者在实施职业行为的时候由于不了解相

---

① 孙玉胜：《十年：从改变电视的语态开始》，[M]，北京：生活·读书·新知三联书店，2003 年 8 月第一版，2005 年 7 月第三次印刷，第 500、501 页。

关法律、法规或者疏忽大意等原因使自身以及所在媒体陷入法律诉讼。上世纪 80 年代以前,围绕新闻展开的诉讼案件很少。从《民法通则》颁布实施以后,新闻官司的数量与日俱增。进入 21 世纪后,新闻官司数量急剧上升,新闻媒体的败诉率也居高不下。中国社科院新闻研究所的统计表明:当媒体被政府、企业或个人以名誉侵权起诉时,媒体在一审的败诉率是 69.27%。[①] 耶鲁大学金融学博士陈志武在实证分析了中国 210 起媒体诉讼案例后得出结论,中国媒体一审的败诉率达到了 63%[②],目前,每年全国的相关案件都有数百起。这些传媒诉讼主要涉及新闻作品侵犯名誉权、隐私权、著作权和肖像权,新闻采访行为涉嫌敲诈勒索、泄露国家机密以及制造虚假新闻等等。

新闻媒体和新闻记者记者陷入新闻官司之中会给新闻工作带来巨大麻烦,它使媒体和记者在新闻采编的同时必须分出一部分精力处理法律事务,严重影响了工作效率;它也使媒体和记者在触碰一些敏感选题的时候畏手畏脚,尤其挫伤媒体和记者开展舆论监督的积极性,驱使他们选择一些所谓安全、没有杀伤力的软性选题;最重要也是最直接的就是法律诉讼有可能会让新闻媒体承担巨额经济赔偿,让新闻记者惹上牢狱之灾。2010 年,《纽约时报》旗下《国际先驱论坛报》在一篇评论中将新加坡内阁资证李光耀父子加入"亚洲王朝政治"名单中,这有可能使得读者认为李显龙并不是通过自己的功劳当上新加坡总理的,李光耀父子将《国际先驱论坛报》告上法庭,法庭最后判决《国际先驱论坛报》公开向二人道歉,并向李光耀、李显龙以及吴作栋支付 16 万新元(约合 78 万元人民币),用来弥补造成的"名誉伤害"。

既然新闻诉讼会带来如此严重的危害,媒体和记者就应该高度重

---

① 郭松民:《〈人民日报〉如何为自己讨说法》,[N],北京:《中国青年报》2003 年 9 月 22 日。

② 陈志武:《从诉讼案例看媒体言论的法律困境》,[J],北京:《中国法律人》2004 年第 2 期。

视法律风险，多措并举予以防范。

一、学习和遵守新闻法律和纪律

法是由立法机关制定，国家政权保证执行的行为规则，它体现了统治阶级的意志，是阶级专政的工具。中国的法律体系大体可以分为四类：宪法、法律、法规和规章。宪法是国家的根本大法，其目的是为了调整国家和公民的关系，它以人权保障为终极价值追求。

法律是由全国人大及其常委会依据法定职权和程序制定和变动的，规定和调整国家、社会和公民生活中某一方面带根本性质的社会关系或者基本问题的一种法，它是我国法的形式体系的主导。[①] 法规是由国务院或者特定地方国家机关制定的规范性法律文件。规章则是有关行政机关依法制定的事关行政管理和管理行政的规范性法律文件的总称，分为部门规章和政府规章两种。[②]

新闻工作者平时就需要有法律、法规方面的积累，尤其主要从事新闻舆论监督工作的新闻记者更要有较高的法律修养。另外，在实际采访以前，新闻工作者要做好相关法律的临时准备，根据新闻事件的性质和对象有针对性地学习法律、法规知识。法律知识准备不仅可以为新闻工作者撑起一把保护伞，同时也可以使他们汲取营养，设计更加专业、精确而不失水准的问题。

2016 年 3 月 11 日，十二届全国人大四次会议在梅地亚中心举行记者会。《中国食品安全报》、中国食品安全网记者就新的《食品安全法》执法检查向人大相关负责人提问：

去年 10 月 1 日新修订的《食品安全法》正式实施，新法在旧法

---

① 刘伟主编：《法学概论》，[M]，成都：西南交通大学出版社，2016 年 1 月版，第 6 页。

② 刘伟主编：《法学概论》，[M]，成都：西南交通大学出版社，2016 年 1 月版，第 6 页。

的基础上有近70%的内容进行了修订，被称为史上最严厉的法律。新法实施仅半年多，两会以后全国人大就要启动新《食品安全法》执法检查工作，全国人大为什么如此紧迫地来开展这项工作？李克强总理在政府工作报告中谈道，要加快健全统一权威的食品安全监管体制，而目前我国只有70%的市和30%的县整合完成了食品安全监管职能，成立了独立的食品药品监管机构，仍然还有很多市县没有落实到位，请问这是否会作为执法检查的重点？

从这两个问题可以看出，新闻记者做了大量采前准备，不仅对新旧两个《食品安全法》都比较熟悉，而且对国家食品安全监管机构的设置情况也比较了解，正是在这样的基础上，记者才提出了非常专业的问题。

新闻记者的职业行为除了受到法律、法规、职业道德的约束以外，还会受到新闻纪律的限制。新闻（宣传）纪律是党、政府特别是党委宣传部门约束和管理新闻媒体以及新闻从业人员行为的制度和准则，是对新闻方面法律、法规的补充和完善。新闻（宣传）纪律也属于一种强制性规范，但与法律、法规相比较弹性更大，限制范围更加广泛，而且会伴随社会形势变化以及新闻宣传工作的需要发生随机变化。

我国高度重视通过新闻（宣传）纪律对新闻传播行为进行规范，例如在新修订的《中国共产党纪律处分条例》中就有关于新闻（宣传）纪律的内容：

第六章第45条规定：通过网络、广播、电视、报刊、传单、书籍等，或者利用讲座、论坛、报告会、座谈会等方式，公开发表坚持资产阶级自由化立场、反对四项基本原则、反对党的改革开放决策的文章、演说、宣言、声明等的，给予开除党籍处分。发布、播出、刊登、出版前款所列文章、演说、宣言、声明等或者为上述行为提供方便条件的，对直接责任者和领导责任者，给予严重警告或者撤销党内职务处分；情节严重的，给予留党察看或者开除党籍处分。

第46条也规定：通过网络、广播、电视、报刊、传单、书籍等，或者利用讲座、论坛、报告会、座谈会等方式，有下列行为之一，情节较轻的，给予警告或者严重警告处分；情节较重的，给予撤销党内职务或者留党察看处分；情节严重的，给予开除党籍处分：

（一）公开发表违背四项基本原则，违背、歪曲党的改革开放决策，或者其他有严重政治问题的文章、演说、宣言、声明等的；

（二）妄议党中央大政方针，破坏党的集中统一的；

（三）丑化党和国家形象，或者诋毁、诬蔑党和国家领导人、英雄模范，或者歪曲党的历史、中华人民共和国历史、人民军队历史的。发布、播出、刊登、出版前款所列内容或者为上述行为提供方便条件的，对直接责任者和领导责任者，给予严重警告或者撤销党内职务处分；情节严重的，给予留党察看或者开除党籍处分。

学者郑保卫曾经将党和政府的新闻（宣传）纪律概括为12个方面，例如关于重大新闻发布和重大事件报道的规定主要有：涉及党和国家重要会议及重大事件的新闻通常由新华社统一发布；与党和政府的现行政策不一致的报道和言论不能刊登；尚未确定的内部政策和改革方案，未经主管单位批准不能刊登；标注密级的文件、电报内容不能公开报道；内部资料、内部文件未经主管单位批准不能刊登等等。关于党和国家领导人及军队领导干部的宣传报道纪律主要有：凡刊播党和国家领导人工作、生活的稿件须送审；关于党和国家领导人的讲话和活动的报道须送审；关于表扬和宣传领导干部的稿件，省部级要报中组部，师以上干部要报军区政治部审稿等等。[1] 除此之外，在突

---

① 郑保卫主编：《新闻法制学概论》，[M]，北京：新华出版社，2009年8月版，第118页。

发事件、司法工作、军队工作、重大灾难、疫情、民族宗教、涉外工作、舆论监督等方面，我国都有相应的新闻纪律，新闻工作者在采写编辑新闻时不能违反。

二、在采访中注意搜集和保存证据

所谓证据，就是判断和认定事实的根据。在新闻报道，尤其是新闻舆论监督类报道中，证据起着非常重要的作用，它可以揭示事件真相、阐明报道主题，使报道更加生动形象，除此之外，证据还可以让新闻记者自证真实，避免出现虚假新闻，另外一旦出现新闻官司，证据又是新闻记者的一把保护伞，让他们能够全身而退。

在新闻报道中，很多虚假新闻就是新闻记者没有采访到证据或者是没有采访到真正的证据造成的。2016年2月，一篇题为《春节纪事：一个病情加重的东北村庄——返乡日记》的文章在《财经》杂志微信公众号推出后立刻吸引了无数眼球，这篇文章描述了东北农村的种种"乱象"：父亲濒死，儿子却在用低保金"行乐痛快"；老人因为活得高寿倍感内疚，经常被晚辈打骂……这篇文章后来被证实是一则假新闻，新闻记者并没有到实地认真采访，而是根据过往返乡见闻和当年的春节电话采访而成，没有掌握有力的证据。

2011年，国家新闻出版总署出台的《关于严防虚假新闻报道的若干规定》非常重视证据的获取。它规定：新闻记者从事新闻采访报道必须坚持真实、准确、全面、客观、公正的原则，深入新闻现场调查研究，充分了解事实真相，全面听取新闻当事人各方意见，客观反映事件各相关方的事实与陈述，避免只采用新闻当事人中某一方的陈述或者单一的事实证据……新闻记者开展批评性报道至少要有两个以上不同的新闻来源，并在认真核实后保存各方相关证据，确保新闻报道真实、客观、准确，新闻分析及评论文章要在事实准确的基础上做到公正评判、正确引导……新闻机构要建立健全受理公众举报、投诉、核查、处置和反馈工作的程序机制……实事求是核查新闻采编环节和采访证据，及时公布核查结果，妥善处理新闻报道引起的纠纷。

在出现新闻官司时，如果记者掌握了有力证据也可以免受牢狱之灾。2011年，《东方早报》记者葛熔金报道"杭州某文物检测机构将假文物鉴定为真"时就是依靠强烈的证据意识形成了完整的证据链。当年7月，记者了解到杭州一个文物鉴定机构将赝品鉴定为真品，用来获取鉴定费。记者进行了周密采访后在《东方早报》上刊登了系列报道《花了800元假文物被"专家"鉴定为真》《中国收藏家协会不认杭州实验室》，被曝光机构将《东方早报》和葛熔金告上法庭，要求赔偿30万元。在这起案件中，记者就是凭借强烈的证据保存意识获得了胜利。从一开始，葛熔金就重视搜集和保存证据，尤其是录音、录像等等，所撰写的报道也都是建立在证据基础之上。例如，记者前期到古玩市场购买假文物，到被曝光机构以及到浙江省文物考古研究所鉴定的过程都有录音和录像证据。被曝光机构在2011年7月对文物检测时使用了"中国收藏家协会学术研究部科学检测实验室"的公章，但是在中国收藏家协会的官网上，明确"科学检测实验室已从2010年11月5日起停止检测工作"。为了确保这一信息的真实性，记者不但联系了中国收藏家协会核实此事，还请该协会出具盖有公章的证明材料作为证据支撑。正是由于记者在前期非常注意保留证据，所以在报社的代理律师看到这些证据后明确告知采访证据链已经很完整，可以节省他大量的取证时间。①

三、严格遵守新闻工作者职业道德

新闻工作者的职业道德是新闻从业者在行使职务行为时必须遵守的准则和规范。我国在1991年由中华全国新闻工作者协会制定并通过了《中国新闻工作者职业道德准则》，后来又在1994年、1997年、2009年对这一准则进行了修订。这一职业道德准则既是对新闻记者

---

① 葛熔金：《从胜诉案例谈记者自我保护》，[J]，北京：中国记者，2014年2月刊。

行为的规矩和约束，同时又是一种提醒和保护，提醒新闻工作者的行为边界在哪里，通过警示其不越界而达到一种保护目的。

例如《中国新闻工作者职业道德准则》规定新闻工作者要坚决反对和抵制各种有偿新闻和有偿不闻行为，不利用职业之便谋取不正当利益，不利用新闻报道发泄私愤，不以任何名义索取、接受采访报道对象或利害关系人的财物或其他利益，不向采访报道对象提出工作以外的要求。新闻工作是神圣和高尚的工作，不容许被金钱所玷污，更不能沦落为一些媒体和个人进行变相敲诈的工具。但是在实际的新闻工作中还是有个别记者禁不住金钱的诱惑，最后受到法律严惩。

2012年至2013年，广东某报记者陈永洲相继在报纸发表10余篇关于中联重科的报道，内容涉及"利润虚增""利益输送""畸形营销"等等。2013年10月，陈永洲被长沙警方以"涉嫌损害商业信誉罪"刑拘。其所在报纸连续两天刊发《请放人》《请再放人》，在舆论掀起轩然大波。后经查明，记者陈永洲在报道过程中收受了贿赂，报道中含有大量不实内容。陈永洲最后被吊销新闻记者证，因为损害商业信誉和非国家工作人员受贿被判处有期徒刑1年10个月。

上述这个例子是新闻记者确实在新闻采写过程中收受了贿赂而受到法律的制裁，但是在有些采访中，新闻记者根本没有和对方有任何经济往来，而对方为了混淆视听，扰乱新闻记者正常的采访活动，会污蔑和诽谤新闻记者收取了对方的钱财，这时候，新闻记者的洁身自好就显得尤其重要。当然，新闻记者能够做到洁身自好不仅仅依靠独善其身，还要依靠宣传管理部门和所在媒体的鼎力支持。《焦点访谈》的记者在地方采访时除了必要时候和当地宣传部门接洽外，不和被采访单位和个人发生任何经济方面的往来，不使用对方的车辆，不接受对方的宴请，不使用对方的通信工具。这样既能够保证采访工作顺利进行，同时也可以省却大量麻烦，保护新闻记者。而有些新闻媒体虽然热衷于舆论监督，但是他们将舆论监督看成是一种变相获取利益的手段和工具，不但不给新闻记者提供充足的资金支持，让被采访单位负担记者的衣食住行，还鼓励他们在采访时吃拿卡要，为所在单位提供便利。这种行为不仅严重影响了新闻媒体的公信力，还会给新闻采访埋下隐患，一旦新闻报道损害了被采访单位的利益，就可能会引来新闻诉讼，记者前期行为的不检这时候就会在司法裁判中起到负面作用。

再比如，《中国新闻工作者职业道德准则》规定新闻记者要保守国家秘密。那么新闻记者就要了解哪些属于国家机密，这些机密公开的层次是什么，不应该公开的国家机密要严格保密。我在从事新闻工作的时候有一次到当地驻军去慰问，和我同去的报社记者将驻军的番号、地理位置、驻军首长的名字都在报纸上公布，那时候这些还都属于军事机密，后来采写报道的记者以及相关的编辑受到严厉批评。除了军事机密，新闻记者更应该注意的是商业秘密，因为国家机密一是记者不容易接触到，再一个有比较严格的保密制度和规定，所以泄密的几率相对较小。而新闻记者要采访大量的企事业单位，有一些单位又对哪些属于商业秘密懵懂无知，所以就容易造成新闻泄密。尤其在一些暗访中，由于记者隐瞒了真实身份，被采访对象就会在不知不觉中将生产工艺、原料配方、技术参数等泄露给他们，导致商业秘密的泄露，给相关企业带来或大或小的损失。

综上所述，新闻工作的职业道德准则不是新闻工作者开展职务行为时的牵绊和限制，而是一种保障和护卫，它可以帮助新闻工作者规避道德乃至法律风险，保护他们顺利实施新闻的采写工作。

尽管上文探讨了很多新闻记者防范风险的手段和措施，但是新闻记者最重要的是具备风险意识，要意识到新闻记者是一种高风险职业，它不仅是和平时期非正常死亡率最高的职业之一，而且稍有不慎，就有可能被推上被告席。所以，新闻记者要将这种风险意识贯穿新闻工作始终，通过多种措施将风险系数降到最低。